ADAC Reiseführer

Ungarn

von Anneliese Keilhauer

Intro

Unterwegs

Karten und Pläne

☐ Service

Leserforum

Die Meinung unserer Leserinnen und Leser ist wichtig, daher freuen wir uns von Ihnen zu hören. Wenn Ihnen dieser Reiseführer gefällt, wenn Sie Hinweise zu den Inhalten haben – Ergänzungs- und Verbesserungsvorschläge, Tipps und Korrekturen – dann kontaktieren Sie uns bitte:

Redaktion ADAC Reiseführer
ADAC Verlag GmbH
Am Westpark 8, 81365 München
Tel. 089/76 76 41 59
reisefuehrer@adac.de
www.adac.de/reisefuehrer

Ungarn Impressionen

Land der Magyaren

Magyarország, das ›Land der Magyaren‹, bietet dem Besucher weit mehr als landläufige Klischees von Puszta-Romantik, Csárdás und ›Zigeunermusik‹, Paprika und Gulyás!

Überraschende Vielfalt

Im Westen, entlang der österreichischen Grenze, schwingen die Ostalpen in sanften Wellen aus. Die **Kleine Ungarische Tiefebene** geht über in die lieblichen Hügel des Bakony-Waldes und die bizarren Vulkankegel am **Balaton** (Plattensee). Von diesem, dem ›Ungarischen Meer‹, Mitteleuropas größtem See, geht zu allen Jahreszeiten – besonders im Frühling und Herbst – ein unvergleichlicher Zauber aus. Nördlich von Budapest zählt das **Donauknie** zu den schönsten Abschnitten des Stroms. Das **Nordungarische**

Oben: *Wagemutige Reiter bewahren das Erbe der wilden Steppenvölker*
Links unten: *Wenn der Primas aufspielt, hängt der Himmel voller Geigen*

Oben: *Nächtlicher Lichterglanz verzaubert Kettenbrücke und Parlament in der ungarischen Hauptstadt vollends*
Links Mitte: *In Budapest ergänzt die üppig-barocke Dreifaltigkeitssäule die eher strengen Formen der Matthias-Kirche*

Bergland lädt mit seinen herrlichen Tropfsteinhöhlen und Karstregionen sowie dem weltberühmten Tokajer-Weingebiet ein. Landschaftlich interessantester Teil ist aber die schier endlose Weite der **Großen Ungarischen Tiefebene** mit ihrer Steppenfauna und -flora, mit Salzseen, Wanderdünen und echter *Puszta*, also urtümlichem Weideland.

Sprachlich und ethnisch nimmt Ungarn eine Sonderstellung in Europa ein. Ungarisch gehört wie Finnisch, Estnisch und einige sibirische Sprachgruppen zur *finno-ugrischen Sprachfamilie*. Aus ihrer Urheimat im Grenzgebiet zwischen Europa und Asien trugen die Magyaren (Ungarn) mit eurasischen Steppenvölkern das Reiternomadentum bis nach Mitteleuropa. Seit der Staatsgründung durch den heiligen König Stephan (Szent István) um die Wende zum 2. Jahrtausend ist Ungarn ein *Vielvölkerstaat* mit einer überaus farbigen und reizvollen Kultur.

Kunst und Kultur

Zunächst beeindruckt das **reiche Erbe** der Kelten und Römer (Aquincum in Óbuda, Szombathely, Gorsium-Herculia, Baláca). Den Besucher erwarten mittelalterliche ›Bilderbuch-Städte‹ (Sopron, Kőszeg,

Buda), zauberhafte Barockstädte (Eger, Győr, Székesfehérvár, Vác, Szentendre) sowie großartige Bauensembles im Stil des Klassizismus und Historismus (Pest, Szeged, Debrecen). **Burgen und Schlösser** der Renaissance (Visegrád, Sárospatak, Diósgyőr, Pácin) und des Barock (Fertőd, Gödöllő, Keszthely, Ráckeve) künden von einstigem feudalem Lebensstil.

Außergewöhnlich vielfältig und interessant ist das Erscheinungsbild religiöser Kunst und Bräuche. **Kirchen und Klöster** der *Katholiken* im Stil der Romanik (Ják, Lébény, Ócsa, Bélapátfalva, Vizsoly), der Gotik (Pannonhalma, Veszprém, Nyírbátor, Sopron, Siklós, Velemér) und des Barock (Sümeg, Győr, Tihany, Eger, Kalocsa, Szentgotthárd) sind Meisterwerke der Baukunst, Plastik und Malerei. *Orthodoxe Kirchen* der Serben (Ráckeve, Eger, Miskolc, Szentendre) entfalten die Mystik der byzantinischen Bilderwelt, **Synagogen** halten die Erinnerung an den Tempel in

Oben: *Anmutiger Arkadengang vor dem Bischofspalast auf der Burg in Eger*
Mitte: *Kunst und Kultur förderten die Fürsten Esterházy auch auf Schloss Fertőd*
Unten: *Nichts für Stubenhocker: Ein feuriger Csardas bringt das Blut in Wallung*
Rechts oben: *Das Oberland des Balaton prägen die Berge Gulács und Badacsony*
Rechts unten: *Inspirierende Schönheit atmet der klassizistische Bibliothekssaal in der Zisterzienserabtei von Zirc*

Jerusalem (Budapest, Szeged, Szolnok) wach. Eine Besonderheit bilden die Gotteshäuser der *Reformierten/Calvinisten*, deren Ausstattung von puritanischer Strenge (Debrecen) bis zu farbenfroher Bauernkunst in abgelegenen Dörfern (Ormánság, Szenna, Csaroda) reicht. Sie bewahren, ebenso wie die Kirchen der Griechisch-Katholischen (*Unierten*), in höchst eindrucksvoller Weise die archaische Holzbaukunst der Karpaten. Türkische **Moscheen**, Türben, Minarette und Kup-

pelbäder (Budapest, Pécs, Eger) setzen reizvolle orientalische Akzente. Die Badekultur der Osmanen lebt weiter in vielen prunkvollen **Thermal- und Heilbädern** (Gellért- und Széchenyi-Bad in Budapest). Die tief verwurzelte **Volkskunst** mit ihrem asiatischen Gepräge verleiht den fantasievollen Schöpfungen des *national-ungarischen Jugendstil* unvergleichlichen Zauber (Budapest, Kecskemét, Szeged, Debrecen, Kiskunfélegyháza).

Lebendige Tradition

Kunst-, Kultur- und Naturdenkmäler wurden und werden liebevoll restauriert, Brauchtum und Kunsthandwerk vielerorts gepflegt. Bei Volksfesten werden oft

noch die überaus reich bestickten **Trachten** getragen. Zentren der Volkskunst sind Kalocsa in der Tiefebene, die őrség im Südwesten, die Baranya zwischen Pécs und Mohács, der Landstrich Ormánság an der Drau, Hollókő und Mezőkö-

vesd im Norden. Reisen, Ferien und Kuren in Ungarn werden nicht zuletzt dank der spezifisch ungarischen Gastlichkeit, Herzlichkeit und Liebenswürdigkeit zu einem wahren Vergnügen!

Der Reiseführer

Das Buch beschreibt in fünf Kapiteln von Westen nach Osten alle wichtigen Sehenswürdigkeiten des Landes, dazu aber auch viele wenig bekannte – doch nicht minder eindrucksvolle – Kostbarkeiten. Besonders ›Schatzsucher‹ sollen ermuntert und angeregt werden, abseits der Hauptrouten auf Entdeckungsreise zu gehen. In Budapest (vgl. auch ADAC Reiseführer Buda-

Links oben: *Zum Trocknen aufgereiht: Paprika und Knoblauch an der Schnur*
Mitte oben: *Typische farbenprächtige Blumenstickerei aus Kalocsa*
Links unten: *Die Idylle täuscht: Gänse in Massentierhaltung*
Mitte: *Bunte Folklore en miniature*
Oben: *Reizende Altstadtgassen prägen viele Städte, wie hier Jurisics tér in Kőszeg*
Unten: *Im Budapester Café Gerbeaud scheint die Zeit stehen geblieben zu sein*

pest) und den größeren Städten gilt es, manch stimmungsvollen Winkel oder Arkadenhof, eine kleine Kirche oder ein Biedermeier-Café zu erkunden.

Den Besichtigungspunkten sind **Praktische Hinweise** mit Informationsstellen, Hotel- und Restaurantadressen und sonstigen wichtigen Spezialitäten wie etwa Weinkellern angegliedert. Besonders empfehlenswerte Glanzpunkte sind als **Top Tipps** hervorgehoben. Detaillierte **Übersichtskarten** in den Umschlagseiten und zahlreiche **Pläne** erleichtern die Orientierung vor Ort. Ausführlichere Hintergrundinformationen enthält das **Ungarn Kaleidoskop** mit seinen farblich abgesetzten Kurzessays. Am Ende des Buches fasst **Ungarn aktuell A bis Z** Nützliches und Wissenswertes von Anreise bis zu Verkehrsmitteln übersichtlich zusammen. Hinzu kommt ein ausführlicher **Sprachführer**.

Geschichte, Kunst, Kultur im Überblick

Von Reiterhorden, Türken und Habsburgern, Calvinisten und Kuruzzen – von Reformen, Bädern und Kuren

500 000 v. Chr. Die Funde in Vértesszőllős bei Tata gehören zu den ältesten Siedlungsspuren in Europa.

150 000 v. Chr. Spuren des Bükker Urmenschen in der Szeleta-Höhle bei Miskolc.

35 000 v. Chr. Lehmgrube von Lovas am Balaton.

um 5500 v. Chr. Von der Balkan-Halbinsel breiten sich Ackerbau und Viehzucht in der Tiefebene aus.

2000–80 v. Chr. Indogermanische Stammesverbände aus Südrussland dringen nach Westen vor. Glockenbecher- und Hügelgräber-Kultur.

800–400 v. Chr. Hallstatt-Kultur: Illyrische Pannonier leben in Westungarn, Reitervölker (Kimmerer, Thraker, Skythen) bewohnen den Osten Ungarns.

seit 400 v. Chr. Latène-Kultur der Kelten, besonders der Boier im Westen und der Erawisker um Budapest.

um 10 v. Chr. Die Römer unterwerfen die illyrisch-keltischen Pannonier.

10 n. Chr.–433 n. Chr. Römische Provinz Pannonia. Donaulimes zur Grenzsicherung. Die Via Aemilia folgt in Westungarn der prähistorischen Bernsteinstraße zum Mittelmeerhafen Aquileia. Einführung des Weinanbaus. Seit 303 ist das Christentum bezeugt.

106 Teilung der Provinz Pannonia unter Kaiser Trajan: Hauptstadt von Oberpannonien ist Carnuntum bei Wien, von Nieder- oder Unterpannonien Aquincum (Óbuda). Savaria (Szombathely) bleibt religiöses Zentrum und Sitz der Zivilverwaltung.

166–180 ›Barbaren‹-Einfälle durch Markomannen und Quaden sowie iranische Sarmaten.

433–453 Herrschaft der Hunnen über das Karpatenbecken. Nach Beseitigung seines Bruders Bleda ist Attila (Etzel) bis zu seinem Tod 453 Alleinherrscher.

454–563 Völkerwanderung: Germanen (Rugier, Heruler, Ostgoten, Skiren, Gepiden, Langobarden) in Ungarn.

568 Die Awaren aus Innerasien erobern das Karpatenbecken.

6.–8. Jh. Einwanderung von Slawen und turkstämmigen Wolga-Bulgaren.

791 und 796 Karl d. Gr. unterwirft in zwei Feldzügen die Awaren.

799 Die Pannonische Mark (Ostmark) reicht bis an die Raab, wo bajuwarische und fränkische Siedler leben.

895/896 Landnahme. Sieben Magyarenstämme unter dem Fürsten Árpád erobern das Karpatenbecken.

898–968 Raubzüge der Magyaren suchen ganz Europa heim. Zerfall der Karolingischen Ostmark.

955 Otto I. schlägt die Magyaren auf dem Lechfeld vor Augsburg.

972–1301 Árpáden-Dynastie.

972–997 Großfürst Géza (Geisa). Beginn der Christianisierung. Gründung der Erzabtei Pannonhalma. Gézas Sohn Vajk erhält in der Taufe durch den Passauer Bischof Pilgrim den Namen Stephan (István). 996 heiratet Stephan Gisela von Bayern, eine Schwester Kaiser Heinrichs II.

997–1038 König Stephan I. (gekrönt im Jahre 1000). gründet einen christlichen Feudalstaat nach westlichem

◁ *Vielgefürchtet: Attila, der Hunnenkönig*

Vorbild mit zehn Bistümern, darunter Esztergom und Kalocsa als Erzbistümer.
1038 Nach dem Tod Stephans I. Thronkämpfe, Einfälle östlicher Reiternomaden.
1046–60 König Andreas (Endre) I. Stiftung der Benediktinerabtei Tihany 1055.
1077–95 Ladislaus (László) I. Er festigt erneut die Einheit des Staates, Eroberungen bis an die Adria.
1151–62 Unter Géza II. Beginn der Ansiedlung Deutscher (›Sachsen‹) in Siebenbürgen und Oberungarn.
1172–96 Béla III. Erste feste Königsresidenz in Esztergom. Wirtschaftliche Blüte durch Bergbau in Oberungarn und Siebenbürgen (Gold, Silber, Salz).
um 1200 Der Anonymus (Bischof Peter von Győr?) verfasst die erste Geschichte der Ungarn, die ›Gesta Hungarorum‹.
1205–35 Andreas (Endre) II. Die ›Goldene Bulle‹ (1222) stärkt die Rechte des Adels gegenüber der Krone.
1235–70 Béla IV. 1241/42 Mongolensturm. Der Wiederaufbau gilt als ›zweite Landnahme‹. Bettelorden (Franziskaner, Dominikaner) in den Städten. Kaufleute und Handwerker kommen aus Italien, Wallonien, Frankreich, Deutschland, darunter viele Juden. Ansiedlung von 40 000 Reiternomaden (Kumanen, Jazygen) in der Tiefebene. Ungarn wird ein Vielvölkerstaat.
1290–1301 Andreas (Endre) III.
1308–42 Karl I. Robert von Anjou. Ungarn steht in der Goldproduktion an erster Stelle in Europa. Prägung von Goldmünzen ›Florentiner‹ = Forint.
1342–82 Ludwig I. der Große (Nagylajos) von Anjou. Buda ist Hauptstadt und Königsresidenz. 1367 Gründung der Universität Pécs.
1387–1437 König (Kaiser) Sigismund von Luxemburg. Heirat mit König Ludwigs elfjähriger Erbtochter Maria.

Einflussreich: Fürst Ferenc Rákóczi II.

Erstarken der Städte, v. a. in Oberungarn.
1445–57 László V. (Ladislaus Posthumus, Sohn Albrechts von Habsburg und Elisabeths von Luxemburg). Thronkämpfe.
1456 Reichsverweser János Hunyadi besiegt die Türken vor Belgrad.
1458–90 König Matthias (Mátyás) I. Corvinus, Sohn des János Hunyadi aus rumänischem Kleinadel. Buda und Visegrád sind die ersten Zentren des Humanismus und der Frührenaissance nördlich der Alpen.
1490–1526 Herrschaft der böhmischen Jagiellonen.
1514 Bauernaufstand des György Dózsa blutig nieder geschlagen.
1526 Vernichtende Niederlage gegen die Türken bei Mohács. König Ludwig II. Jagiello fällt, Ungarn geht in Erbfolge an die Habsburger.
1526–64 König Ferdinand I. (ab 1558 deutscher Kaiser). Gegenkönig János Zápolya (1526–40), ein Günstling der Türken.
1540–1697 Die Türken beherrschen das ungarische Kernland zwischen Raab und Theiß. Dem Hause Habsburg verbleibt nur das ›Königliche Ungarn‹, ein schmaler Gebietsstreifen im Westen sowie Oberungarn (Slowakei). Hauptstadt und Sitz des Reichstages ist Preßburg (Pozsony/Bratislawa). Siebenbürgen und die Gebiete östlich der Theiß bilden ein weitgehend selbstständiges Fürstentum.
1635 Péter Pázmány, der Kardinalprimas von Ungarn, gründet die Universität Nagyszombat (Tyrnau, heute Slowakei), aus der die Budapester Universität hervorgeht. Gegenreformation im Königlichen Ungarn.
1657–1705 König (Kaiser) Leopold I. 1671 Magnatenverschwörung und Hinrichtung der Anführer.
1672 Beginn des Kuruzzenaufstandes gegen die Habsburger, 1677–84 unter Führung des Siebenbürgener Fürsten Imre Thököly.
1686 Buda wird den Türken entrissen.
1697 Prinz Eugen von Savoyen besiegt die Türken endgültig bei Zenta an der Theiß. Österreich wird Großmacht.
1703–11 Nationaler Freiheitskampf (Kuruzzenkrieg) unter dem Siebenbürgener Fürsten Ferenc Rákóczi.
1711 Friede von Szatmár, Rákóczi geht ins türkische Exil.
1711–40 Karl III. (Kaiser Karl VI.). Belgrader Türkenfrieden (1739), Grenzen gelten bis 1918.
1740–80 Königin (Kaiserin) Maria Theresia. Reformen in Verwaltung, Gesundheits- und Schulwesen, Milderung der Leibeigenschaft. Ansiedlung süddeutscher Katholiken (›Donauschwaben‹).
1780–90 König (Kaiser) Joseph II. Aufgeklärter Absolutismus, Aufhebung der Leibeigenschaft.
1781 Toleranzpatent gewährt nichtkatholischen Konfessionen beschränkte Religionsfreiheit.
1792–1835 König Franz II. (Kaiser Franz I.) und Staatskanzler Clemens Fürst Metternich.

Maria Theresia, Kaiserin von Österreich und Königin von Ungarn, zu ihrer Zeit Grande Dame der europäischen Geschichte

1825–48 Magyarisierung des Geisteslebens und wirtschaftliche Reformen. ›Reformgraf‹ István Széchenyi.

1848 Im März Beginn der Bürgerlichen Revolution in der Pester Innenstadt. Seit September 1848 bewaffneter Kampf gegen die Kaiserlichen unter Graf Josip Jelačič und Fürst Alfred Windischgrätz.

14.4.1849 Unabhängigkeitserklärung in Debrecen. Lajos Kossuth ist Reichsverweser bis 11. August. Die Revolution wird mit Hilfe der Russen niedergeschlagen, Kossuth geht ins Exil.

1848–1916 König (Kaiser) Franz Joseph I.

1867 ›Ausgleich‹. Doppelmonarchie (k.u.k.) Österreich-Ungarn. Das Königreich Ungarn hat eine eigene Verfassung, Verwaltung und Gesetzgebung. Krönung Kaiser Franz Josephs I. als König von Ungarn in der Matthias-Kirche von Buda.

28.6.1914 Mit der Ermordung des Thronfolgers Franz Ferdinand in Sarajewo beginnt der Erste Weltkrieg.

1916 König Karl IV. (Kaiser Karl I.).

16.11.1918 Nach Ende des Ersten Weltkriegs wird die Republik ausgerufen.

1919 Mihály Graf Károlyi wird provisorischer Präsident. Räterepublik, maßgeblich geprägt von Béla Kun. Erzherzog Joseph als Reichsverweser.

1920 Friede von Trianon. Ungarn verliert etwa 70 % seines Staatsgebietes an Rumänien, die Tschechoslowakei, Jugoslawien, Österreich und Italien.

1920–44 Nikolaus (Miklós) von Horthy, Reichsverweser des ›Apostolischen Königreiches Ungarn‹.

1921 Versuche des ehem. Königs Karl, den Thron wiederzugewinnen, scheitern.

1938 Südliche Slowakei ungarisch.

1940 (30.8.) Nach dem Wiener Schiedsspruch durch Deutschland und Italien gibt Rumänien Ostungarn und einen Teil Siebenbürgens zurück.

1941 Ungarn tritt auf der Seite Deutschlands in den Krieg gegen die Sowjetunion ein.

19.3.1944 Deutsche Truppen besetzen Ungarn, von August bis Dezember rückt die Rote Armee vor.

1945 Waffenstillstand und Neuwahlen: Die Kleinlandwirtepartei gewinnt 60 % der Stimmen. Großgrundbesitz wird durch Landreform enteignet.

1.2.1946 Ausrufung der Republik.

Die Stephanskrone schmückt Karl IV., daneben Königin Zita und Kronprinz Otto

Imre Nagy

János Kádár

Gyula Horn

1947 Friedensvertrag von Paris, sowjetische Truppen bleiben im Land.
1949 Volksrepublik Ungarn. Ministerpräsident Mátyás Rákosi verfolgt einen stalinistischen Kurs.
1953 Regierungschef Imre Nagy fordert demokratische Neuorientierung.
1955 Sturz Imre Nagys.
21.–24. 10. 1956 Ein Volksaufstand bricht aus und wird von Sowjettruppen niedergeschlagen. Imre Nagy wird verhaftet und später hingerichtet. 200 000 Ungarn flüchten nach Westeuropa und Nordamerika.
1956 János Kádár, bis 1988 Chef der Ungarischen Sozialistischen Arbeiterpartei, bestimmt die Politik.
1968 Einführung des Neuen ökonomischen Mechanismus. Wirtschaftliche Liberalisierung.
1989 Im Juni baut Ungarn Grenzhindernisse zu Österreich ab. Posthumes Staatsbegräbnis für Imre Nagy und seine Gefährten. Tod von János Kádár. Ungarn öffnet seine Westgrenze für DDR-Bürger. Proklamation der Republik Ungarn und Änderung der Verfassung.
1990 Erste freie Parlamentswahl. József Antall (†1993) vom konservativen Demokratischen Forum wird Regierungschef. Die Stephanskrone erscheint wieder im Staatswappen.
1991 Ungarn tritt aus dem Warschauer Pakt aus und die Rote Armee verlässt das Land. Die Außenpolitik Ungarns ist auf die Annäherung an Westeuropa ausgerichtet.

1994 Der Sozialist Gyula Horn wird Ministerpräsident. Ungarn beantragt die Aufnahme in die EU.
1998 Viktor Orban von der Bürgerlichen FIDEZ-Partei wird Ministerpräsident. Beginn der Beitrittsverhandlungen zur EU.
1999 Ungarn tritt der NATO bei.
2000 Der parteilose Ferenc Mádl wird zum Staatsoberhaupt gewählt.
2002 Wahlen führen zur Ablösung der Regierung. Ministerpräsident wird der parteilose, den Sozialdemokraten nahestehende Péter Medgyessy.
2004 Am 1. Mai erfolgt der EU-Beitritt Ungarns. Nach dem Rücktritt von Péter Médgyessy übernimmt am 29. September der Sozialist Ferenc Gyurcsány das Amt des Ministerpräsidenten.
2005 László Sólyom gewinnt die Wahl zum Staatspräsidenten.
2006 Die Regierung kündigt Reformen gegen die Überschuldung des Staates an. Im Herbst kommt es in Budapest zu Krawallen.
2007 Am 21. Dezember wird Ungarn Teil der Schengenzone.
2008 Am 2. März stört der Orkan Emma die Stromversorgung und den Flugverkehr in Budapest.

◁ *Lajos Kossuth führte Mitte des 19. Jh. die ungarische Unabhängigkeitsbewegung*

Jugendstil-Majolika vom Feinsten schmücken die Rathausgiebel von Kiskunfélegyháza

Unterwegs

Westungarn – Ebene, Berge und ein See

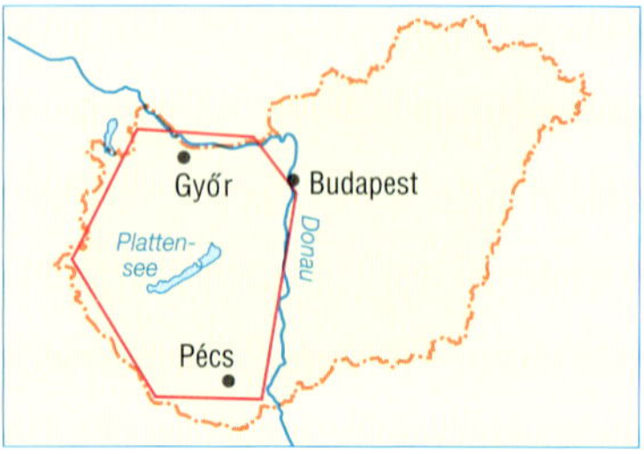

Transdanubien, das Land jenseits der Donau, nennen die Ungarn den Westteil ihres Staatsgebietes. Im Nordwesten erstreckt sich, nur etwa 200 m über dem Meeresspiegel gelegen, die aus fruchtbaren Lehm und Lössböden bestehende **Kleine Ungarische Tiefebene** (Kisalföld), auch *Oberungarisches Tiefland* genannt, mit dem Zentrum Győr bis an den Rand des Neusiedler Sees. Die natur- und kulturhistorischen Schätze um den See gehören seit 2001 zum UNESCO-Welterbe. Entlang der österreichischen Grenze erreichen die Ausläufer der Ostalpen in den Soproner und Kőszeger Bergen Höhen von bis zu 558 m. Etwa in der Mitte Westungarns verläuft das **Transdanubische Mittelgebirge**, das im Bakony-Wald mit dem Zentrum Veszprém bis 709 m aufsteigt. Eingebettet in bizarre Vulkankegel liegt der **Balaton** (Plattensee), Europas größter, aber nur 3–4 m tiefer See. Das **Transdanubische Hügelland** mit dem Zentrum Pécs inmitten des maximal 680 m hohen Mecsek-Gebirges ist überwiegend mit Löss bedeckt und sehr fruchtbar. Hier wie am Balaton gedeihen Wein und Obst im Überfluss – auch Südfrüchte, Edelkastanien und Mandeln.

1 Mosonmagyaróvár

Gemütliches Landstädtchen um die geschichtsträchtige ›Alte Burg‹.

Wenige Kilometer vom Grenzübergang *Nickelsdorf/Hegyeshalom* entfernt liegt Mosonmagyaróvár (35 000 Einwohner), die erste Stadt auf ungarischem Boden. Moson (Wieselburg) und Magyaróvár (Ungarisch-Altenburg) waren ursprünglich selbstständige Ortschaften, die erst 1939 – auch namentlich – zusammengeschlossen wurden. Einst war Wieselburg Sitz eines Komitats. Das österreichische Bundesland Burgenland leitet seinen Namen übrigens von den vier ehemaligen Komitaten Wieselburg, Pressburg, Ödenburg und Eisenburg ab.

Geschichte Die strategisch wichtige Lage an der Mündung der Leitha (Lajta) in die Kleine (Mosoner) Donau hatten schon die Römer erkannt. Auf den Resten ihres Kastells *Arx Flexum* erbauten die Magyaren die als **Porta Hungarica**, als Tor zu Ungarn, heiß umkämpfte Grenzburg. Beim Vormarsch der Türken auf Wien brannte sie zweimal ab.

Seit dem Mittelalter war Ungarisch Altenburg ein wichtiger Umschlagplatz für ungarisches Vieh auf dem Weg in die Kaiserstadt Wien. Ende des 18. Jh. kam die Ortschaft in den Besitz Herzog Alberts von Sachsen-Teschen. 1818 gründete er hier eine landwirtschaftliche Fachschule (heute Teil der Agraruniversität Keszthely), an der 1822/23 der Dichter Nikolaus Lenau studierte.

Besichtigung Der alte Stadtkern ist sehenswert. Die **Alte Burg** (Óvár), ein zweistöckiger Bau, ist durch ein tunnelartiges Burgtor oder über eine Brücke zu erreichen. Sie liegt auf der Leitha-Insel. Unweit davon, auf dem Hauptplatz, steht die spätbarocke *Pfarrkirche* mit Fresken von Franz Schellmayer. Neben dem historischen Gasthof ›Fekete Sas‹ (Schwarzer Adler) in der Hauptstraße reihen sich einige Barockhäuser.

Die Fernstraße E 60/75 Wien–Budapest führt am **Hanság Museum** (Szent István Király út 1, Mai–Sept. Di–So 10–18, sonst 12–16 Uhr) vorbei, dessen bedeutende archäologische und volkskundliche Sammlung die Besiedlung des Hanság-Gebietes bis zum Neusiedler See dokumentiert.

Lohnend ist der Umweg über die **Kleine Schütt** (Szigetköz), die landschaftlich reizvolle Donauinsel zwischen dem Hauptstrom und seinem Nebenarm, der Kleinen Donau. Etwa auf halben Weg zwischen Mosonmagyaróvár und Győr steht das Renaissanceschloss *Hédervár*, im Mittelalter eine der wichtigsten Verteidigungsburgen Westungarns.

2 Lébény

Älteste romanische Sippenkirche Westungarns.

5 km südlich der Fernstraße E 60/75 Wien–Budapest ist Lébény wegen seiner höchst eindrucksvollen **Pfarrkirche** einen Besuch wert. Gestiftet von den Grafen Csépán und Pot von Győr, avancierte sie zum Prototyp westungarischer Sippen- und Geschlechterkirchen.

Während der Türkenkriege wurde die angeschlossene *Benediktinerabtei* zerstört und die Kirche schwer beschädigt. Erhalten blieb im wesentlichen der **Außenbau**, eine dreischiffige Basilika mit halbkreisförmigen Ostapsiden und zwei wuchtigen Westtürmen. Während der umfassenden Restaurierungen wurden Mitte des 19. Jh. Teile des Nordturmes und die Turmhelme nach rheinländischer Art ergänzt. Das West- und das Südportal ziert noch der ursprüngliche plastische Schmuck: Pflanzenornamente, Zackenmuster und ein Engelrelief.

Im **Inneren** überdauerten die originalen Kreuzrippengewölbe unter der Herrschaftsempore im Westteil sowie die Bündelpfeiler mit Knospenkapitellen im Mittelschiff. Die Barockgewölbe ließen die Jesuiten von Győr einziehen.

Wunderschön erhalten ist das Südportal der Basilika der ehemaligen Benediktinerabtei

Die Türme der romanischen Pfarrkirche bestimmen das Stadtbild von Lébény

3 Győr

Raab

Plan S. 20

TOP TIPP

Reizvolles barockes Stadtbild mit Wiener Flair und Kirchen mit bedeutenden Kunstschätzen.

Ausschlaggebend für die Gründung der ›Stadt der Flüsse‹ war die Lage an der Mündung von Rábca (Rabnitz), Rába (Raab) und Marcal in die Kleine Donau. Der keltischen Befestigung *Arrabona* folgten die gleichnamige römische Stadt und im 6. Jh. der Hauptort der Awaren. König Stephan stiftete Anfang des 11. Jh. das Bistum Győr. Immer wieder verwüsteten Kriege, Brandkatastrophen und zuletzt 1594–98 die türkische Besatzung die Stadt. Davon erholte sich Győr erst im 17. Jh. – und wuchs zu einem Handelszentrum für landwirtschaftliche Produkte heran. Während der Napoleonischen Kriege siegte 1809 Napoleons Adoptivsohn Eugéne de Beauharnais (1781–1824) in der ›Schlacht an der Raab‹. Gefördert durch den Anschluss an die Eisenbahnlinie Wien–Budapest konnte sich Győr schließlich zu einem wichtigen Industriezentrum entwickeln. Heute ist Győr mit 127 000 Einwohnern die größte Stadt der Kleinen Ungarischen Tiefebene.

Besichtigung Die Südseite der Fernstraße Wien–Budapest (Szent István út) beherrscht das **Rathaus** ❶, ein monumentaler Neobarockbau mit einem 60 m hohen Turm.

Günstigster Ausgangspunkt für die Stadtbesichtigung ist der **Bécsi kapu tér** ❷ (Wiener-Tor-Platz) am Ufer der Raab mit seinen barocken Bürgerhäusern. Die **Karmeliter-Kirche** ❸ entwarf der Ordensbaumeister Martin Witwer 1721 als ovale Kuppelanlage nach römischem Vorbild. Martino Altomonte schuf die vier *Seitenaltarbilder*, der Karmeliterbruder Franz Richter die *Plastiken*.

In der Platzmitte ehrt ein **Denkmal** den Dramatiker Károly Kisfaludy (1788–1830). Zu den schönsten Stadtpalästen zählen das **Altabak-Haus** ❹ (Nr. 12) mit gotischen Konsolen an der Seitenfront und das **Ott-Haus** (Nr. 13), erbaut um das Jahr 1780 für Bischof Ferenc Graf Zichy. Auf dem Domkapitelhügel (Káptalan domb) liegt der älteste Teil der **Bischöflichen Burg** ❺ (Püspökvár) vom Beginn des 11. Jh. Den gotischen Torturm ließ Bischof Kálmán 1337 errichten, um 1480 folgte die Burgkapelle. Von der Raab aufwärts staffeln sich gewaltige Basteien, mit deren Errichtung italienische Festungsbaumeister 1537 begannen. Die Sforza-Bastei dient heute als **Lapidarium** der Erzdiözese (März–Okt. 10–16 Uhr).

Die **Flussinsel** ❻ (Sziget) zwischen Raab und Rabnitz wird vom gewaltigen Kuppelbau der ehem. Synagoge über-

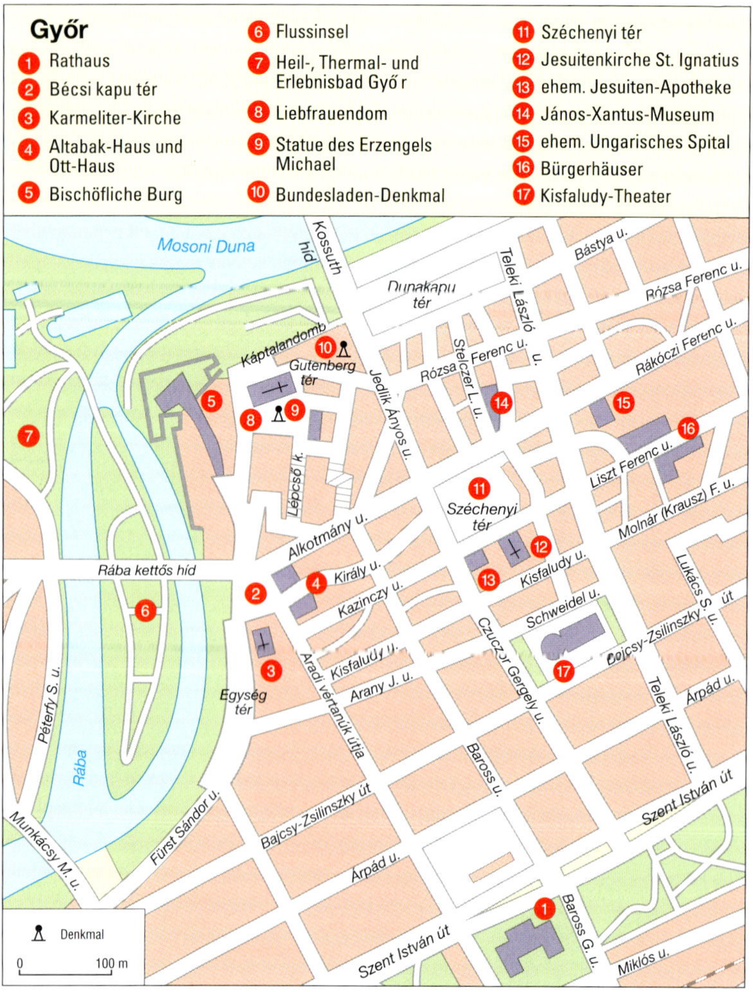

ragt. Und auf der gegenüberliegenden Halbinsel zwischen Raab und Kleiner Donau verspricht das 2003 eröffnete **Heil-, Thermal- und Erlebnisbad Győr** 7 (Fürdő tér 1, www.gyortermal.hu, So–Do 9–20.30, Fr/Sa und Fei 9–21 Uhr) mit zwei Riesen-Rutschen, Wildwasserkanal, Massagebecken und Saunagarten Spaß für die ganze Familie.

Die Baugeschichte des **Liebfrauendoms** 8 (Székesegyház) umfasst eine Zeitspanne von 1000 Jahren. Der Bischöflichen Burg zugewandt ist der jüngste Teil, die klassizistische *Westfassade* (1823) nach Entwürfen des Ödenburger Baumeisters Jakob Hendler. An der Südseite springt die gotische *Ladislaus-Kapelle* (um 1400) vor. Den ältesten Bauabschnitt bilden die drei spätromanischen *Ostapsiden* vom Beginn des 13. Jh. über dem von König Stephan um 1010 gestifteten Urbau. In die *Nordfront* wurden römische Altarfragmente zur Dämonenabwehr eingemauert. Im **Inneren** blieb die Grundstruktur der dreischiffigen romanischen Basilika erhalten, wenngleich überwuchert mit barocker Pracht. 1645 zog der italienische Baumeister Giovanni Battista Rava das frühbarocke Tonnengewölbe ein, um 1770 vollendete Melchior Hefele die Umbauten im Zopfstil und entwarf dazu einen klassizisierend kühlen *Hochaltar*. Das Altarblatt ›Mariä Himmelfahrt‹ malte Franz Anton Maulbertsch, der auch

Hübsche Straßencafés laden in der verkehrsberuhigten Altstadt von Győr zu einer Rast

Die Ladislaus-Kapelle ist südlich an den Liebfrauendom angebaut, davor zückt Erzengel Michael sein Flammenschwert

Beeindruckend gearbeitetes Kopfreliquiar des Heiligen Ladislaus

die großen Tafelbilder in den Seitenschiffen sowie die herrlichen **Fresken** schuf. An den ersten Chorpfeilern schildern **Bleireliefs** von Jacob Gabriel Mollinarolo Begebenheiten aus dem Leben der heiligen Ungarnkönige des 11. Jh.

Die gotische **Ladislaus-Kapelle** an der Südseite bewahrt das kostbarste Stück des Domschatzes: eine in der zweiten Hälfte des 14. Jh. geschaffene gotische **Reliquienbüste** des heiligen König Ladislaus (reg. 1077–95). Ihre erstaunlich lebensnahen Züge erinnern an römische Porträtköpfe und nehmen damit Merkmale der Frührenaissance vorweg.

Auf dem Apor Vilmos tér südlich des Domes wurden die Grundmauern der romanischen Michaels-Kapelle frei gelegt. Die dramatisch bewegte barocke **Statue des Erzengels Michael** 9 findet ihr Vorbild im ›Teufelssturz‹ von Lorenzo Mattielli an der Wiener Michaelerkirche.

Wenige Schritte von den Domapsiden entfernt befindet sich auf dem kleinen Gutenberg tér das **Bundesladen-Denkmal** 10, gestiftet von Kaiser Karl VI., entworfen von Joseph Emanuel Fischer von Erlach und 1731 ausgeführt vom Kaiserlichen Hofbildhauer Antonio Corradini. Geistiger Hintergrund dürfte wohl eine Rückbesinnung auf die jüdischen Wurzeln des Christentums gewesen sein.

Das **Zentrum** der Bürgerstadt bildet der weiträumige **Széchenyi tér** 11, dessen Mitte die barocke *Mariensäule* einnimmt. Bischof Leopold Graf Kollonitsch stiftete sie 1686 anlässlich der Rückeroberung Budas aus der Hand der Türken.

Die Südseite des Platzes beherrscht die **Jesuitenkirche St. Ignatius** 12 mit dem ehem. Jesuitenkolleg, seit 1802 ein Gymnasium der Benediktiner. Ursprünglich hatte die strenge, frühbarocke Giebelfassade von 1635 nach dem Vorbild römischer Jesuitenkirchen keine Türme; diese kamen erst 1726 hinzu. Die schönen Fresken (1744) im **Inneren** der Wandpfeilerkirche sind das einzige Werk des österreichischen Barockmalers Paul Troger in Ungarn: über der Orgel das Engelskonzert, im Schiff die Verkündigung an Maria – mit dem typischen ›Troger-Blau‹ am Mantel –, im Chor die Dreifaltigkeit sowie die vier Evangelisten. Vom gleichen Meister stammt das Hochaltarblatt. Die Statuen der hll. Petrus, Paulus, Josef und Johannes Nepomuk schnitzte Johann Joseph Rössler aus Wien, die Kanzel der Preßburger Bildhauer Ludwig Gode.

In der **ehem. Jesuiten-Apotheke** 13 (Széchenyi patika, Mo–Fr 7.30–16 Uhr) an der Ecke des Kollegiumgebäudes ist die barocke Stuckdecke (um 1700) mit geschwungenen Akanthusranken, Putti und Gemälden aus dem Marienleben erhalten.

Das Städtische **János-Xantus-Museum** 14 (Di–So 10–18 Uhr) an der Nordseite des Széchenyi tér (Nr. 5) diente in der Barockzeit den Äbten der Benedikti-

An den Alten und Neuen Bund erinnert das barocke Bundesladen-Denkmal

Stolz thront die Abtei von Pannonhalma auf einem bewaldeten Hügel hoch über der Ebene

nerabtei Pannonhalma [Nr. 4] als Stadtresidenz. Der Name des Museums erinnert an den Naturforscher und Weltreisenden des 19. Jh., Janós Xantus. Präsentiert werden Archäologie, Volkskunde und Kunstgeschichte der Kleinen Ungarischen Tiefebene. Den Festsaal schmücken Barockgemälde.

Am **Stock im Eisen** vor dem Nachbarhaus Széchenyi tér 4 hinterließen reisende Handwerksburschen ihre ›Visitenkarte‹ in Form von Nägeln, die sie in einen Baumstumpf schlugen.

Empfehlenswert ist ein Blick in den stimmungsvollen Spätrenaissance-Laubenhof des **ehem. Ungarischen Spitals** 15 (Ecke Rákóczi Ferenc/Teleki László utca), das Bischof György Graf Széchenyi 1666 für die ungarischen Bürger der Stadt stiftete. Alle Altstadtgassen säumen wertvolle **Bürgerhäuser** 16, besonders in der Liszt Ferenc utca, Kazinczy utca (›Rosalien-Haus‹ Nr. 21) und Király ucta (›Napoleon-Haus‹ Nr. 4, Nr. 6, 10, 12 mit Laubenhof, Nr. 17 ›Angarano-Haus‹).

Für das **Kisfaludy-Theater** 17 (Czuczor Gergely utca), eines der moderneren Bühnenhäuser Ungarns (1978), entwarf Victor [s. S. 61] die Wandverkleidungen aus Keramik.

i Praktische Hinweise

Information

Tourinform, Árpád utca 32, Győr, Tel./Fax 96/31 17 71, www.gyor.hu. Unter Tel./Fax 96/31 77 09 gibt es Informationen zur gesamten Region.

Hotels

*****Klastrom**, Zechmeister utca 1, Győr, Tel. 96/51 69 10, Fax 96/32 70 30, www.klastrom.hu. Stimmungsvolles Hotel im ehem. Karmeliter-Kloster am Ufer der Rába.

*****Rába**, Árpád utca 34, Győr, Tel. 96/88 94 00, Fax 96/88 94 14, www.danubiushotels.com/raba. Konferenzhotel im Zentrum mit Restaurant und Wellness Programm.

4 Pannonhalma

TOP TIPP

Älteste Benediktinerabtei und bedeutendstes Kloster Ungarns.

Weithin sichtbar krönt die **Erzabtei St. Martin** (www.bences.hu, Kloster- und Kellereiführungen, Juni–Sept. tgl. 9–17, April/Mai/Okt Di–So 9–16, Nov.–März 10–15 Uhr) den aus der Kleinen Ungarischen Tiefebene aufragenden ›Heiligen Berg Pannoniens‹, *Mons Sacer Pannoniae*, 21 km südlich von Győr.

Fränkische Siedler vermuteten in dem nahen Römerkastell Savaria Sicca den Geburtsort des hl. Martin und weihten ihm Anfang des 9. Jh. eine Kirche. Großfürst Géza berief 996 die ersten Mönche aus Italien und aus dem Benediktinerkloster Břevnov bei Prag. Sein Sohn, König Stephan I., besiegelte 1001 die Gründungsurkunde. Pannonhalma bedeutete einen *Markstein der Christianisierung Ungarns* und der Hinwendung zur weströmisch-lateinischen Kirche. 1575 brannten

Nicht umsonst wird die Mönchspforte auch Porta speciosa, Kostbare Pforte, genannt

In der Krypta fanden zahlreiche hoch geborene Gläubige ihre letzte Ruhestätte

die Türken die Klostergebäude nieder, 1786 verfügte Kaiser Joseph II. die Aufhebung. Aber schon 1802, während der Säkularisation (!), berief Kaiser Franz I. die Benediktiner zurück, die bis zum heutigen Tage hier wirken und ein landesweit geschätztes Gymnasium unterhalten.

Die klassizistischen **Klostergebäude** stammen überwiegend aus der Zeit der ›zweiten Gründung‹ Anfang des 19. Jh. Um 1830 vollendete Johann Packh den 55 m hohen, klassizistischen **Westturm**, dem etwa ein Drittel des alten Kirchenbaus zum Opfer fiel. Von der Urkirche blieb oberirdisch nichts erhalten. Die heutige frühgotische **Kirche** wurde 1225 im Beisein von König Andreas II. geweiht. Unverkennbar haben Baumeister und Steinmetzen des Zisterzienserordens die schlichte Schönheit des Raumes bestimmt. Dem Geist der Benediktiner entspricht dagegen die dreischiffige **Krypta** unter dem stark erhöhten Chor. Hier ruht Stephanie von Belgien (1864–1945), die Witwe des Kronprinzen Rudolf von Österreich-Ungarn, mit ihrem zweiten Gemahl, Elemér Fürst Lónyay.

Vom südlichen Seitenschiff führt die **Mönchspforte**, ein prächtiges spätromanisches Stufenportal aus dem 13. Jh., in den spätgotischen **Kreuzgang** (1486). Dieser weist enge stilistische Verwandtschaft zum Ehrenhof im Palast von Visegrád [Nr. 50] auf. Figuren, Masken und Grimassen an den Gewölbekonsolen unter dem Kreuzrippengewölbe symbolisieren Tugenden und Laster.

Den **Prunksaal** der **Bibliothek**, ein Meisterwerk des ungarischen Klassizismus, entwarfen die Architekten Johann Packh und Franz Engel um 1830. Das Deckenfresko zeigt Minerva, die römische Göttin der Weisheit, der Kunst und des Handwerks. Ungarns einzige Ordensbücherei, die am ursprünglichen Standort verblieb, hat einen Bestand von etwa 300 000 Bänden, Wiegendrucken und Handschriften, darunter die *Gründungsurkunde* der Abtei Tihany von 1055. Diese enthält im lateinischen Text auch etwa 100 altungarische Wörter, die das älteste ungarische und zugleich finno-ugrische Sprachdenkmal darstellen. Ähnlich kostbar ist die aus dem 12. Jh. stammende Abschrift der Gründungsurkunde von Pannonhalma.

Die der Bibliothek angegliederte **Gemäldegalerie** besitzt beachtliche Werke italienischer, niederländischer und deutscher Meister (16.–18. Jh.).

Würdiger Aufbewahrungsort für die Gelehrsamkeit von Jahrhunderten ist der prächtige Bibliothekssaal der Benediktinerabtei von Pannonhalma

5 Fertőd

Größte und schönste Schlossanlage Ungarns, bedeutendstes Bauwerk des ungarischen Rokoko und Stammsitz der Parteigänger der Habsburger.

Nahe der Straße 85 von Sopron nach Győr liegt Fertőd mit dem berühmten **Schloss Esterházy** (April–Okt. Di–So 10–18, sonst 10–16 Uhr). Den Kern der Anlage von Eszterháza bildete das Jagdschloss Süttör, das 1761/62 zu einer monumentalen Dreiflügelanlage um einen Ehrenhof ausgebaut wurde, dem ›Ungarischen Versailles‹.

Weithin berühmt war der prunkvolle Hof Fürst Míklos Esterházys für die glanzvollen Feste, Konzerte und Opernaufführungen. **Joseph Haydn** wirkte fast 30 Jahre lang als Hofkapellmeister in Eisenstadt und Eszterháza. Hier komponierte er 1772 seine legendäre ›Abschieds-Symphonie‹.

Fürst Anton Esterházy verlegte 1790 die Hofhaltung nach Eisenstadt, und Schloss Esterházy verlor schließlich auch das Opernhaus, das Marionettentheater und die reizvollen Nebengebäude. Das Hauptgebäude aber wurde nach Schäden im Zweiten Weltkrieg restauriert.

Ein äußerst prachtvolles schmiedeeisernes Rokokogitter führt in den **Ehrenhof**. Der Rundgang beginnt im **Gartensaal** (Sala terrena), den zarte Stuckaturen und Fresken zieren. Einige Gemächer im Obergeschoss bewahren Chinoiserie-Malereien aus dem Süttörer Jagdschloss. Im Mitteltrakt liegen die teilweise noch

Wahrscheinlich lustwandelte schon Joseph Haydn im Ehrenhof des Schlosses von Fertőd

mit Originalmöbeln und -öfen ausgestatteten **Prunkräume**. Daneben ist das **Joseph-Haydn-Museum** untergebracht.

Jedes Jahr im Juli und August werden auf Schloss Esterházy die *Haydn-Festspiele* abgehalten.

6 Nagycenk
Großzinkendorf

Stammschloss der Grafen Széchenyi, heute Gedenkmuseum, Hotel und Gestüt.

Viele Straßen, Plätze und Denkmäler in Ungarn tragen den Namen der gräflichen **Familie Széchenyi**, die in der ungarischen Geschichte eine bedeutende Rolle spielte. Graf Ferenc Széchenyi etwa schenkte 1802 dem Staat seine Kunst- und Buchschätze. Sein Sohn István Széchenyi (1791–1860) förderte umfangreiche Wirtschaftsreformen. Das barocke Herrenhaus seiner Familie, ca. 15 km südöstlich von Sopron, ließ er um 1840 zum **Schloss** umgestalten. Heute fungiert es als Hotel.

In der alten Lindenallee gegenüber vom Schlosspark stehen Lokomotiven und Eisenbahnwaggons aus dem Budapester Verkehrsmuseum. Vom Schlossbahnhof bis zur 3,6 km entfernten, reizvoll restaurierten Bahnstation Fertőboz (Hidegség) verkehrt die **Széchenyi-Museumsbahn** (April–Sept. Sa/So/Fei).

Im **Dorf** Nagycenk – etwa 1 km an der Straße 84 in Richtung Sárvár – erinnert ein **Denkmal** vor der neoromanischen *Pfarrkirche St. Stephan* an den ›Reformgrafen‹ István Széchenyi, der im klassizistischen Familienmausoleum unweit der Pfarrkirche beigesetzt wurde.

Sopronhorpács

Auf dem Weg nach Süden (Straße 84) empfiehlt sich ein kurzer Halt in Sopronhorpács. Das aufwendige spätromanische Stufenportal der **Pfarrkirche St. Peter und Paul** wurde nach mehrmaliger Zerstörung und Veränderung Anfang der

1960er-Jahre vorbildlich rekonstruiert. Den Urbau stiftete Ende des 12. Jh. das mächtige Geschlecht Osl als Sippenkirche, später gehörten Dorf und Kirche dem Prämonstratenser- und Augustinerorden.

i Praktische Hinweise

Hotel

***Hotel Kastély**, Kiscenki út 3, Nagycenk, Tel./Fax 99/36 00 61. Barockes Schlosshotel aus dem 18. Jh. mit Restaurant, Garten, Festsälen und Tennisplatz.

7 Sopron
Ödenburg

TOP TIPP *Historische Altstadt mit den meisten gotischen Baudenkmälern Ungarns.*

›Öde Burg‹ nannten bayerische Siedler zu Beginn des 9. Jh. die von Awaren verlassene Festung inmitten römischer Ruinen. Der ungarische Stadtname leitet sich ab von *Suprun*, dem ersten Gespan (Gutsverwalter) des Komitats.

Geschichte Bewohnt ist das Land um den Neusiedler See bereits seit dem 5. Jahrtausend v. Chr. Auf Illyrer, Boier und Römer, auf Hunnen, Germanen und Awaren folgten schließlich Anfang des 10. Jh. n. Chr. die Magyaren.

1277 erhielt Sopron die Privilegien einer königlichen Freistadt. Schon zu Beginn der *Reformation* bekannte sich die überwiegend deutschsprachige Bürgerschaft zu den Lehren Luthers, 1557 gründete sie ein evangelisches Lyzeum und widersetzte sich erfolgreich der Gegenreformation. Als Deutsch-Westungarn nach dem Ersten Weltkrieg zu Österreich kam, entschied sich Ödenburg im Dezember 1921 in einer (damals umstrittenen) Volksabstimmung für den Verbleib bei Ungarn.

Besichtigung Von Mongolen- und Türkennot verschont geblieben, bewahrt Sopron (57 000 Einwohner) den umfang-

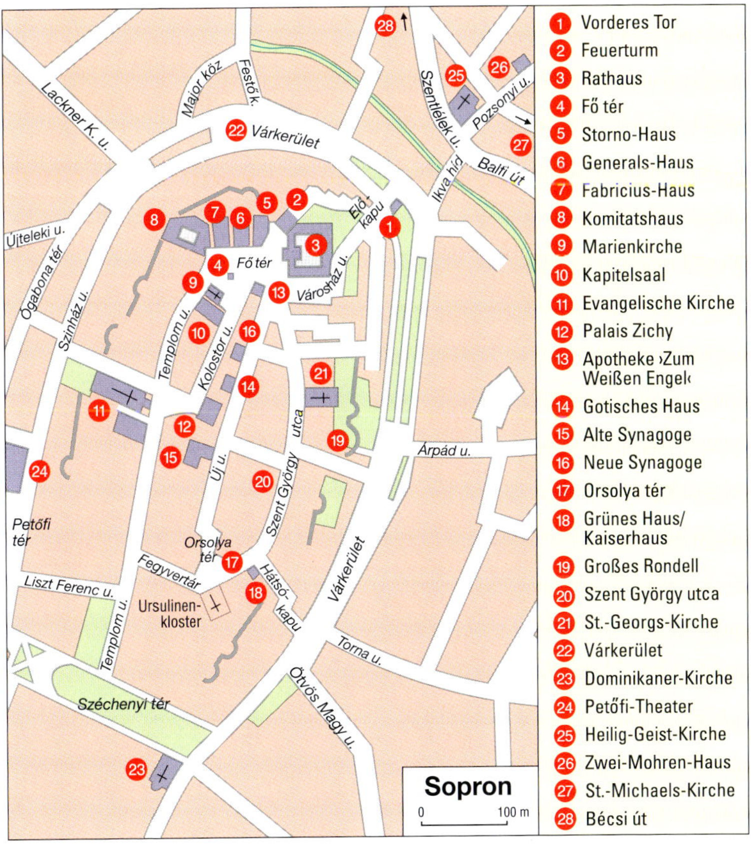

reichsten mittelalterlichen Baubestand ganz Ungarns und damit ein geradezu einzigartiges **Stadtbild**. In den Torwegen erhaltene *Sitznischen* für Wachen und Gesinde waren auch für Weinausschank und -handel wichtig; besonders der Handel mit Rotwein, ›Blaufränkischer‹, bildete einen wichtigen Wirtschaftsfaktor. Die stimmungsvollen **Arkadenhöfe** stammen aus der Spätrenaissance oder dem Frühbarock, die meisten Fassaden wurden nach dem großen Stadtbrand von 1676 barockisiert.

Von Norden führt das **Vordere Tor** 1 (Elő kapu) zum 60 m hohen **Feuerturm** 2 (Várostorony, April–Okt. Di–So 10–18 Uhr), dem Wahrzeichen der Stadt. Der Turmschaft mit der Arkadengalerie stammt aus der Renaissancezeit, der aufgesetzte Uhrturm mit der mehrstöckigen Zwiebelhaube ist barock. Die Galerie bietet einen prächtigen Rundblick. Am Südportal des Turmes erinnert das **Relief** der ›Hungaria‹ im Kreise der Soproner Bürger an die Volksabstimmung von 1921. Rechts vom Feuerturm schließt sich das **Rathaus** 3 an, ein klobiger Bau des Historismus (spätes 19. Jh.).

Der von eindrucksvollen Bürgerpalästen gesäumte **Fő tér** 4 (Hauptplatz)

Italienisches Flair in Sopron, nicht zuletzt dank Storno-Haus und Feuerturm

nimmt die Stelle des römischen Forums und des mittelalterlichen Marktplatzes ein. Die barocke *Dreifaltigkeitssäule* im Zentrum des Platzes entstand 1695–1701 nach dem Vorbild der Pestsäule am Graben in Wien. Vor der gedrechselten Wolkensäule, über der die Heilige Dreifaltigkeit im Strahlenkranz thront, knien die Stifterfiguren, Johann Jakob Graf Löwenburg und seine Gemahlin Katharina Thököly, umringt von Heiligen.

Die Ecke zum Feuerturm nimmt das **Storno-Haus** 5 (April–Sept. Di–So 10–18, sonst 10–14 Uhr) ein, das im 19. Jh. der aus dem Tessin eingewanderten Künstlerfamilie Storno gehörte und heute im 1. Stock das *Historische Stadtmuseum* und im 2. Stock die *Storno-Sammlung für Wohnkultur* enthält. Der Spätrenaissance-Arkadenhof zählt zu den schönsten der Stadt. Das **Generals-Haus** 6 (auch Lackner-Haus, Fő tér 7) reicht in seinen Anfängen ins 14. Jh. zurück. Wesentliche Umbauten nahm der Bürgermeister und Stadtrichter Christoph Lackner im frühen 17. Jh. vor, um 1830 wurde der klassizistische Balkon angefügt. Der Arkadenhof beherbergt Steinfiguren des benachbarten **Fabricius-Haus** 7 (Fő tér 6, April–Sept. Di–So 10–18, sonst 10–14 Uhr). Im gotischen Keller wird die bedeutende archäologische Sammlung der Stadt gezeigt. Prunkstück der frühmittelalterlichen Abteilung ist der Cunpald-Kelch, den Meister Cunpald um 760/780 wohl für einen fränkisch-bayerischen Bischof fertigte. Die Westseite des Hauptplatzes beherrscht das monumentale klassizistische **Komitatshaus** 8 mit seinem vierteiligen Säulenportikus.

Das interessanteste Gotteshaus von Sopron ist die **Marienkirche** 9, die nach einer volkstümlichen Legende auch *Ziegenkirche* (Kecske templom) heißt. Der Name kommt wohl von der Stifterfamilie Geißler, die eine Geiß im Wappen führt. Ältester Teil der Kirche ist der französisch beeinflusste frühgotische Chor (um 1280). Das annähernd quadratische, dreischiffige Langhaus mit seiner qualitätvollen **Bauplastik** stammt ebenso wie der Turm aus der Zeit der Hochgotik. Im südlichen Seitenschiff ist die **Kanzel** erhalten, von der Johannes Capristan um 1450 zum Kreuzzug gegen die Türken aufgerufen hatte. 1625 wurde in der Marienkirche Kaiser Ferdinand II. zum König von Ungarn gekrönt. Die künstlerisch wertvolle Ausstattung im Stil des Spätbarock schuf ein anonymer Bildschnitzer um 1750.

Die mächtige Dreifaltigkeitssäule beherrscht den stimmungsvollen Soproner Hauptplatz

Im ehem. Franziskaner-Kloster, rechts von der Marienkirche, befindet sich der **Kapitelsaal** ⑩, ein Juwel der Hochgotik von etwa 1330. Als Ort der Mönchsbeichte trägt er vorzügliche *Konsolreliefs*, einen symbolhaften ›Seelenspiegel‹. Der romanischen Bildsprache folgend, versinnbildlicht der Bär die Trunksucht, der Affe den Geiz, die Frau die Eitelkeit, der Krebs die Unbeständigkeit, Mann und Frau stehen für die Wollust usw. Die Schlusssteine – Lamm Gottes, Engel, Pelikan, Evangelistensymbole – verweisen dagegen in die Sphäre der Erlösung.

Die Templom utca (Kirchengasse) führt zur **Evangelischen Kirche** ⑪ aus dem 19. Jh. mit dem *Evangelischen Museum* (Mai–Sept. Mi–Fr 10.30–14, Sa /So 14–17 Uhr) im Nachbarhaus Nr. 12. In der Kolostor utca (Klostergasse) verdient das **Palais Zichy** ⑫ Beachtung, des Weiteren das Haus Nr. 7 mit romanischen Sitznischen im Flur sowie an der Ecke zum Fő tér (Hauptplatz) die **Apotheke ›Zum Weißen Engel‹** ⑬, heute *Apothekenmuseum*, (Patikamúzeum, April–Sept. Di–So 10–18, sonst 10–14 Uhr). In der Új utca (Neue Gasse) wohnten seit Ende des 13. Jh. die Juden. Das hübsch restaurierte **Gotische Haus** ⑭ Nr. 16 dient als *Denkmalamt*.

Die **Alte Synagoge** ⑮ (Ó Zsinagóga, Mai–Sept. Di–So 9–17, Okt. 10–14 Uhr) – eines der ältesten jüdischen Bethäuser in Europa und das besterhaltene seiner Art in Ungarn – wurde Mitte des 14. Jh. erbaut, nach der Vertreibung der Juden 1526 zu einem Wohnhaus umgestaltet, 1975 in ursprünglicher Form wieder hergestellt und heute museal genutzt. Vom Straßenhof führt ein gotisches Portal in den rechteckigen **Betsaal**, dessen Mitte die Bema einnimmt, die ›Tribüne‹ für die Tora-Lesungen. Das rituelle Tauchbad (*Mikwe*) kann im Nebenhof besichtigt werden. Die **Neue Synagoge** ⑯ (Új Zsinagóga), ebenfalls mittelalterlichen Ursprungs, überdauerte nur mehr in spärlichen Resten im Hof des Hauses Új utca 11.

Die südliche Begrenzung der Uj utca bildet der **Orsolya tér** ⑰ (Ursulinenplatz) mit der neogotischen Ordenskirche und der kleinen *Sammlung katholischer Kirchenkunst* (Katolikus Gyűjtemény, Mai–Okt. Mo, Do, So 10–16 Uhr).

Wenige Schritte weiter beeindruckt das **Grüne Haus** ⑱, ein stattlicher Frühbarockbau mit Arkadenhof. Seinem römischen Ursprung verdankt es die Bezeichnung Caesar ház (Kaiserhaus). Heute beherbergt es die *Sammlung Horváth József* (Do–So 10–13 Uhr). Der Maler (1891–1961) verewigte seine Heimatstadt auf zahlreichen poetischen Aquarellen.

Die Hátsó kapu utca stößt auf den Burgring (Várkerület). Die mittelalterliche **Stadtmauer** folgt im wesentlichen der ovalen Stadtanlage aus römischer Zeit. Eindrucksvollster Teil ist das **Große Ron-**

Der markante Turm der Marienkirche überragt die Altstadt von Sopron

dell 19, eine Barbakane (Rundbastei) aus dem 16. Jh.

Ein schmales Gässchen führt zurück zur Altstadt, in die von ehem. Adels- und Patrizierpalais gesäumte **Szent György utca** 20 (St.-Georgs-Gasse). Besonders eindrucksvoll ist die Häuserzeile Nr. 12 bis Nr. 16 (Palais Eggenberg, Löffelholz-Haus, Palais Széchenyi-Erdődy). Die gotische **St.-Georgs-Kirche** 21 übernahmen die Jesuiten während der Gegenreformation und veränderten sie 1685 in frühbarocken, ordenstypischen Formen. Vom mittelalterlichen Bestand verblieben über den Eingängen die beiden Tympanonreliefs (um 1410/20) der ›Drachenheiligen‹ Georg und Margareta.

Schönste Bürgerhäuser am **Várkerület** 22 (Burgring) sind das Rejpal-Haus Nr. 7 und die Apotheke ›Zum Goldenen Adler‹ (Arany Sas patika) Nr. 29. Den Széchenyi tér beherrscht die barocke **Dominikaner-Kirche** 23, heute Pfarrkirche St. Judas Thaddäus. Die gegenüberliegende Platzseite säumt eine geschlossene Häuserzeile im Stil des romantischen Historismus (Mitte 19. Jh.). Das **Petőfi-Theater** 24 am Petőfi tér, ein eindrucksvoller Jugendstilbau, entstand nach Plänen des Otto-Wagner-Schülers István Medgyaszay.

Vom Várkerület leitet eine schmale Gasse über den *Ikva-Bach* in ein malerisches Vorstadtviertel, in dem früher Handwerker und Kleinbauern lebten, deren typische Wohnhäuser sich z. B. an der Brücke über den Bach erhalten haben. Die kleine gotische **Heilig-Geist-Kirche** 25 (Szentlélek templom) schmückte der Barockmaler Stephan Dorffmeister aus Wien 1782 mit Fresken. Etwa fünf Gehminuten entfernt liegt das **Zwei-Mohren-Haus** 26 in der Preßburger Straße (Pozsonyi út) 9,

Ein experimentierfreudiges Gesicht zeigt die Jugendstil-Fassade des Petőfi-Theaters

Soprons schönstes Beispiel des volkstümlichen Barock. Die nahe **St.-Michaels-Kirche** 27 (Szent Mihály templom), die erste Pfarrkirche der Stadt, reicht in ihren Anfängen ins 11. Jh. zurück. Im 14. Jh. zu einer gotischen, dreischiffigen Hallenkirche mit Fassadenturm erweitert. Später mehrfach verändert, wurde sie schließlich im 19. Jh. durch den heimischen Baumeister Ferenc Storno regotisiert. Die *Grabkapelle* im alten Friedhof bewahrt ein spätromanisches Tympanonrelief mit Drachen und Lebensbaum-Motiven.

In der **Bécsi út** 28 (Wiener Straße) besaß der Johanniterorden ein Hospiz. Die gotische **Johannes-Kirche** kam in der Gegenreformation an die Jesuiten; im 19. Jh. erfolgte die Restaurierung in neogotischen Formen. Das gotische **Lenart-Kreuz**, weitere 150 m stadtauswärts, markiert einen Treffpunkt für Pilgerfahrten nach Mariazell (Steiermark). Die historische **Backstube** (Bécsi út 5) ist *Bäckerei- und Konditoreimuseum* (Mai–Aug. Di–So 10–13 Uhr).

i Praktische Hinweise

Information

Tourinform, Liszt Ferenc utca 1, Sopron, Tel. 99/51 75 60, Fax 99/51 75 27, www.sopron.hu

Hotels

****__Best Western Pannonia Med Hotel__, Várkerület 75, Sopron, Tel. 99/31 21 80, Fax 99/34 07 66, www.pannoniahotel.com. Elegantes Haus im Zentrum mit Restaurant, Wellness- und Fitnesscenter.

Palatinus Szálló, Új utca 23, Sopron, Tel. 99/52 38 16, Fax 99/52 38 17, www.palatinussopron.com. Moderne Pension in der denkmalgeschützten Innenstadt.

Weinkeller

Cézár Borozó, Hátsókapu 2, Sopron, Tel. 99/31 13 37. Weinkeller im Grünen Haus.

8 Fertőrákos

Südlich des Neusiedler Sees zwischen Weinbergen und Eichenwäldern findet sich manch kunsthistorische Kostbarkeit.

Als Fertő tó (Sumpfsee) bezeichnen die Ungarn den **Neusiedler See** wegen seiner geringen Wassertiefe und seines breiten Schilfgürtels.

Die Südseite des Sees schätzten die Bischöfe von Győr als Sommersitz. Während der Türkenzeit residierten sie ständig in Fertőrákos (Kroisbach), etwa 6 km nordöstlich von Sopron. Um 1745 ließ Bischof Ferenc Graf Zichy das alte **Schloss** aus dem 16. Jh. im Spätbarockstil umgestalten und von italienischen Meistern mit Rokoko-Stukkaturen und allegorischen Bildern ausstatten. Der **Steinbruch** an der Ortseinfahrt wurde schon von den Römern und später zum Bau der Wiener Ringstraße genutzt. Seine 20 m hohen Wände bestehen aus sog. Leitha-Kalkstein. 1992 wurde in der Nähe ein **Mithräum** entdeckt, ein Heiligtum des persischen Lichtheros Mithras aus dem 2./3. Jh. n. Chr.

Balf

In den schwefelhaltigen **Thermalquellen** von Balf (Wols), 7 km östlich von Sopron, suchten schon die Römer Heilung von rheumatischen Beschwerden. Im 18. Jh. entwickelte sich hier ein kleiner, stimmungsvoller Kurort.

Hidegség

In dem Dorf an der Straße nach Fertőd bewahrt die *Pfarrkirche St. Andreas* bäuerliche Wandmalereien aus dem 12./13. Jh.: Christus in der Mandorla, gerahmt von Evangelistensymbolen sowie Apostelfiguren. Aus gotischer Zeit stammen die Chornische und das Ölbergfresko.

9 Kőszeg
Güns

Eine der schönsten Burgstädte Mitteleuropas, malerisches Ausflugsziel am Fuße des Günser Gebirges (Kőszegi hegység).

Die Lage als **Grenzfestung** im Westen Ungarns bestimmte das Schicksal der Stadt: Anfang des 10. Jh. errichteten die Magyaren im Tal der Güns (Gyöngyös) eine Holzburg, die den Mongolen zum Opfer fiel. Um 1250 gründeten die Grafen von Güssing die erste Steinburg. Während der Türkenkriege diente Kőszeg als Sperrfeste zum Schutze Wiens. Nach Verwüstungen durch Haiduken und Kuruzzen verloren Burg und Stadt im 18. Jh. ihre strategische Bedeutung.

Besichtigung Der **Burgring** (Várkör) folgt ungefähr dem Verlauf der mittelalterlichen Stadtmauer. Außerhalb der Altstadt erhebt sich die neogotische **Herz-Jesu-Kirche** mit der barocken Pestsäule. In die Altstadt führt das **Heldentor** (Hősi kapu), errichtet 1932 zum 400. Jahrestag der ruhmreichen Verteidigung gegen die türkische Übermacht.

Mittelpunkt der Altstadt ist der von stattlichen Bürgerhäusern gesäumte **Jurisics tér**. Die gemalte Barockfassade des seit dem 14. Jh. in mehreren Bauphasen entstandenen **Rathauses** links vom Heldentor schmücken u. a. die Wappenmedaillons Ungarns, der Stadt und des Burghauptmanns Miklós Jurisics. Das *Pfarrhaus* aus dem 14./15. Jh. gegenüber der Kirche besitzt prächtige Barockstuckaturen. Einige Renaissancehäuser an der Ostseite tragen Sgraffito-Ornamente. Die ehem. **Jesuiten-Apotheke ›Zum Goldenen Einhorn‹** (Di–Sa 10–17 Uhr) ist als Museum zugänglich. Die barocke *Mariensäule* nimmt die Stelle des Prangers ein, der alte Stadt- und Marktbrunnen erhielt Ende des 18. Jh. ein Gehäuse im Zopfstil.

Beherrscht wird der Jurisics tér vom hohen Fassadenturm der **St.-Emmerich-Kirche**, die 1615–20 von den evangelischen Bürgern der Stadt errichtet wurde. Die Porträtmedaillons der Reformatoren an den Ecken der Traufleisten folgen dem Geist der Renaissance. Ende des 17. Jh. wurde die Kirche rekatholisiert und dem hl. Emmerich (Imre) geweiht. Dargestellt ist er auf dem *Hochaltarblatt* von Stefan Dorffmeister d. J. (1805) im Kreis der Apostelfürsten Petrus und Paulus sowie der heiligen Ungarnkönige Stephan und Ladislaus. Ein Werk des Barockmeisters Franz Anton Maulbertsch ist das Tafelbild ›Mariä Heimsuchung‹ links vom Hochaltar.

Hinter der schlichten Barockfassade der **Pfarrkirche St. Jakob** verbirgt sich ein dreischiffiger gotischer Hallenbau-von. Der **Innenraum** bewahrt gotische Fresken im südlichen Seitenschiff: die Heiligen Drei Könige, die hll. Christophorus, Elisabeth und Barbara sowie eine Schutzmantelmadonna. Im barocken *Hochaltar* steht eine spätgotische Muttergottesstatue (um 1500).

In der benachbarten **Rájnis József utca** fällt die aus Verteidigungsgründen ›sägezahnartig‹, also stufenweise versetzte Anordnung der mittelalterlichen Häuser auf. Die **Günser Burg** nimmt die Nordwestecke der Stadtanlage ein. Nur zwei von ursprünglich fünf Türmen überdauerten seit dem 13. Jh. Den Laubenhof ließ König Matthias 1482 mit Renaissancefenstern versehen. Die letzten Veränderungen im Barockstil nahmen die Fürsten Esterházy vor, seit 1695 Herren von Güns. Heute beherbergt die Burg das *Kulturzentrum* sowie einen Teil des *Städtischen Museums* (Di–So 10–17 Uhr) mit einer Sammlung zu Burg- und Stadtgeschichte und dem regionalen Weinbau. Schöne **Barockhäuser** säumen die Chernel-Gasse, benannt nach dem Historiker Kálmán und dem Botaniker Istvan Chernel.

Die Hügel im Norden der Stadt krönt die *Kalvarienberg-Kirche* mit ihrer dreitürmigen Barockfassade.

Das rote Rathaus von Kőszeg blickt zurück auf eine jahrhundertelange Baugeschichte. Barocke Zutat ist die geometrisch belebte Fasssade mit Wappenbildern

Praktische Hinweise

Hotel

**Aranystrucc, Várkör utca 124, Kőszeg, Tel. 94/36 03 23, Fax 94/56 33 30, www.aranystrucc.hu. Einfaches Haus mit Restaurant am Burgring.

10 Szombathely

Steinamanger

Eindrucksvolle Funde der Römerstadt Savaria.

Der deutsche Name bezieht sich vermutlich auf einen Meilenstein, den die Truppen Karls d. Gr. während des Awarenfeldzugs Ende des 8. Jh. als einzigen Rest der alten Römerstadt vorfanden. Die Bezeichnung Szombathely, der ›Samstagsort‹, stammt von den im 10. Jh. stets am Samstag abgehaltenen Markttagen.

Geschichte Aus einem Umschlagplatz an der Bernsteinstraße bzw. der Via Aemilia entwickelte sich die Römerstadt **Savaria**, einer der bedeutendsten und reichsten Orte nördlich der Alpen und zeitweilig die Hauptstadt der Provinz Pannonien. Ein Erdbeben vernichtete Savaria 455. Die Mongolen brannten 1241 die Burg der Bischöfe von Győr nieder. Erst der Erhebung zum Bischofssitz unter Maria Theresia 1777 verdankt die Stadt ihren historischen Kern. Heute ist sie Hauptstadt des Komitats Vas (90 000 Einwohner). Das rege Kulturleben findet alljährlich im Sommer seinen Höhepunkt in den **Savaria-Festspielen**.

Besichtigung Den **Dom Mariä Geburt** am Berzsenyi Dániel tér ließ János Szily, der erste Bischof von Szombathely, durch den bewährten Barockbaumeister Melchior Hefele errichten. Während der langen Bauzeit forderte der Kirchenfürst wohl eine stärkere Hinwendung zur neuen Stilrichtung des Klassizismus, mit der Hefele offensichtlich rang. Entsprechend starr wirkt die 1790 vollendete Zopfstilfassade; die wenig vorteilhaften Spitzhelme wurden erst nach Hefeles Tod aufgesetzt. Wesentlich eleganter ist dagegen das bereits 1783 von Hefele fertig gestellte **Bischöfliche Palais** links vom Dom, ein Spätbarockbau mit Zopfstildekor. Der **Innenraum** des Domes verlor bei einem Bombenangriff im Zweiten Weltkrieg seine Fresken und Ausstattung. Einzig der

Barocker Zopfstil oder Klassizismus? Der Dom von Szombathely zeigt den Widerstreit

Hochaltar nach Entwürfen von Hefele blieb erhalten.

Rechts vom Dom bewahrt der **Ruinengarten** (Mitte März–Nov. Di–So 9–17 Uhr) römische und frühchristliche Ausgrabungen. Zunächst verdient das große *Fußbodenmosaik*, Teil der Quirinus-Basilika des 4. Jh., rechts vom Eingang (unter dem Schutzdach) Beachtung. Hinter der Domapsis sind Mauerreste der mittelalterlichen *Rundburg* der Bischöfe von Győr zu sehen, weiter rechts unter den Bäumen ein höchst eindrucksvolles Originalstück der **Römerstraße** aus schwarzen Basaltblöcken, die Savaria und Sopianae (Pécs) verband. Grundmauern aus fischgrätartig angeordneten Ziegeln (opus spicatum) markieren die Zollstation sowie Läden und Tavernen.

Den trichterförmig angelegten **Fő tér** (Hauptplatz) säumen Gebäude vom Spätbarock bis zu Jugendstil und Moderne. Die Ecke zur Aréna út nimmt die im Kern mittelalterliche, heute spätbarocke **Franziskaner-Kirche** mit dem anschließenden Kloster ein.

Stadtauswärts ist in der Ferne die frühere Dominikaner-Kirche **St. Martin** (Szent Márton) zu sehen. Der hl. Martin wurde der Überlieferung nach um 316 in Savaria geboren. Über seinem vermeintlichen Geburtshaus entstand eine Kapel-

Im Iseum erinnern Bodenmosaike an die römische Vergangenheit von Szombathely

le, im 9. Jh. weihten Salzburger Missionare die erste Pfarrkirche.

Das historistische Gebäude in der Kisfaludy Sandor utca 9 beherbergt das **Savaria-Museum** (www.savariamuseum.hu, Di, Do/Fr 10–17, Mi 10–20, Sa 9–14 Uhr,), eine der besten Provinzsammlungen Ungarns. Im Keller sind Römersteine, Schmuckstücke der Awaren und romanische Skulpturen aus Ják [Nr. 12] ausgestellt.

Das **Isis-Heiligtum** (Iseum; Rákóczi Ferenc utca, zzt. geschl.) zählt zu den seltenen Kultstätten der ägyptischen Göttin außerhalb des Mutterlandes. Die Isis-Mysterien kamen über Griechenland und Rom nach Pannonien. Seit 188 n. Chr. sind

Die einstige Synagoge von Szombathely mutet orientalisch an

sie in Savaria bezeugt. Im 5. Jh. zerstörte ein Erdbeben den Tempel, 100 Jahre später nutzten ihn die Langobarden als Friedhof. Der freigelegte *Heilige Bezirk* besteht aus Höfen mit Prozessionsgängen. Ein vierteiliger Säulenportikus führt zum Allerheiligsten. Der *Relieffries* zeigt Isis mit einer Kultrassel in der Hand auf ihrem Hund reitend sowie weitere Göttinnen und Götter. Im Sommer wird im Iseum Mozarts ›Zauberflöte‹ aufgeführt.

Die benachbarte **Kunsthalle** (Szombatelyi Képtár, Di, Do–So 10–17, Mi 10–19 Uhr) zeigt Wechselausstellungen zeitgenössischer Künstler. Schräg gegenüber dient die 1881 in maurischen Formen erbaute ehem. **Synagoge** als Konzertsaal.

Beim Anglerteich (Horgásztó) am westlichen Stadtrand (Arpád utca 30) liegt das **Freilichtmuseum des Komitats Vas** (Vasi Falumúzeum, April–Okt. Di–So 9–17 Uhr). Auf ca. 6 ha Fläche wird die bäuerliche Kultur der Komitate Vas und Zala, in denen neben Magyaren auch Slowenen und Wenden (›Windische‹) siedelten, lebendig.

i Praktische Hinweise

Information

tourinform, Kossuth L. utca 1-3, Szombathely, Tel. 94/51 44 51, Fax 94/51 44 50, www.szombathely.hu

Hotels

******Claudius**, Bartók Béla korút 39, Szombathely, Tel. 94/31 37 60, Fax 94/31 47 71, www.claudiushotel.hu. Modernes Sport- und Thermalbad-Hotel im Park.

****Savaria**, Mártírok tere 4, Szombathely, Tel. 94/31 14 40, Fax 94/32 45 32. Altmodisches Jugendstilhotel im Zentrum der Stadt.

11 Sárvár

Kurstadt mit dem bedeutendsten Burgschloss Westungarns im Renaissancestil.

Die Ortsmitte beherrscht das eindrucksvolle **Burgschloss**, dessen Anfänge in das 11. Jh. zurückreichen. Das heutige Aussehen verlieh ihm Mitte des 16. Jh. der Palatin *Tamás Nádasdy*. In der Schlossdruckerei erschienen 1539 die ersten Bücher in ungarischer Sprache: das Neue Testament und eine lateinisch-ungarische Grammatik von János Sylvester.

Mehr als 100 Jahre lang blühte Sárvár als Zentrum des Humanismus und der Reformation. 1671 aber wurde der damalige Burgherr Ferenc III. Nádasdy wegen seiner Beteiligung an der Magnatenverschwörung gegen Kaiser Leopold I. hingerichtet. Sárvár wechselte fortan mehrfach den Besitzer, zuletzt fiel die Herrschaft als Heiratsgut an das Haus Wittelsbach. Bayerns letzter König Ludwig III. starb hier 1921 im Exil.

Den **Prunksaal** zieren frühbarocke Stuckaturen (1653) von Andrea Bertinelli und Deckengemälde des Meisters H. R. M. (wohl Hans Rudolf Miller). Dargestellt sind Schlachten gegen die Türken. Die Seitenwände des prächtigen Saales schmückte Stephan Dorffmeister um 1770 mit Szenen aus dem Alten Testament. Das **Nádasdy-Museum** (Di–So 9–17 Uhr) zeigt Objekte zur Geschichte der Burg und der Familie Nádasdy sowie Volkskundliches aus dem Komitat Vas.

Bükfürdő

Die **Thermalquellen** von Bükfürdő (Bad Bük), etwa auf halbem Wege zwischen Sárvár und Kőszeg, zählen zu den ergiebigsten in Mitteleuropa.

i Praktische Hinweise

Hotel

******Danubius Health Spa Resort Bük**, Termál körút 27, Bükfürdő, Tel. 94/88 94 00, Fax 94/88 94 32, www.danubiushotels.com/buk. Hotelkomplex mit umfangreichem Sport- und Wellnessangebot inkl. Golf- und Tennisplatz.

12 Ják
St. Georgen

Dorf mit der eindrucksvollsten romanischen Sippenkirche Ungarns.

Vor dem Mongolensturm 1241/42 bestanden in Ungarn etwa 90 Sippen- oder Geschlechterkirchen, mit denen der Adel Macht und Reichtum demonstrieren wollte. Kennzeichnen für diesen Kirchentypus ist eine Herrschaftsempore im Westteil. Ják folgt dem Bauschema einer dreischiffigen Basilika mit drei Ostapsiden und einem wuchtigen Turmpaar im Westen.

Die spätromanische **St.-Jakobs-Kapelle** links von der Hauptkirche diente wohl ursprünglich als Tauf- und Pfarrkir-

Das Westportal der St.-Georg-Basilika zeigt deutlich seinen romanischen Ursprung

Überraschender Ornamentenreichtum an den Säulen von St. Georg in Ják

Stille Größe verkörpert der romanische Innenraum der St.-Georgs-Kirche von Ják

che der Dorfgemeinde und später als Karner (Beinhaus). Die Hauptkirche **St. Georg** stiftete 1214 Márton (Martin) von Ják, gen. der Große. Während der Türken- und Religionskriege erlitt die Kirche schwere Schäden. Um die Wende zum 20. Jh. begann eine umfangreiche Restaurierung.

Von der wertvollen **Bauplastik** blieb erstaunlich viel erhalten. Im Südportal erscheint das Lamm Gottes zwischen zwei Drachen, im Ostteil neben dämonenabwehrendem Getier ein jugendlicher König (Christus?). Prunkstück ist das großartige **Stufenportal** an der Westfassade, das bedeutendste Werk spätromanischer Bauplastik in Ungarn. Im Treppengiebel stehen Apostelfiguren, zuoberst sieht man Christus. Im fantasievoll gestalteten Gewände wechseln Tiere und Fabelwesen mit Flechtband- und Palmettenstäben zwischen normannisch anmutenden Zackenbögen.

Im **Innenraum** blieben originale Kreuzrippengewölbe im Chorquadrat, im nördlichen Seitenschiff und unter der Herrschaftsempore erhalten. In der Südwestecke überdauerten **Freskenreste** im Zackenstil der ausklingenden Spätromanik. Hinter dem Hochaltar erscheint St. Georg im Drachenkampf.

Csempeszkopács

In Csempeszkopács, etwa 25 km östlich von Ják, errichtete die Bauhütte von Ják eine der schönsten spätromanischen *Dorfkirchen* Ungarns. Alte Bäume und rotes Ziegelgemäuer bilden den idyllischen Rahmen. Das Südportal trägt Reliefs des Gotteslammes mit zwei Drachen, dazu ›normannische‹ Zackenbögen. In der Apsis kamen Freskenreste von Apostelköpfen aus dem 13. Jh. zum Vorschein. Die Ausstattung ist spätbarock.

13 Szentgotthárd
St. Gotthard

Grenzort im Tal der Raab mit prächtiger spätbarocker Stiftskirche.

St. Gotthard zählt zu den ältesten Gründungen des Zisterzienserordens in Ungarn – 1183 kamen die ersten Mönche aus Troisfontaines in Lothringen. Nach der

Zerstörung in den Kuruzzenkriegen diente die romanisch-gotische Kirchenruine als Kornspeicher, heute wird sie als Theatersaal genutzt.

Der Bau der neuen Stiftskirche, der heutigen **Pfarrkirche**, wurde 1748 nach Plänen von Franz Anton Pilgram begonnen. Ihre elegante Einturmfassade wurde zum Leitbild für Dorfkirchen in ganz Ungarn. Eine beglückende Einheit bilden der **Innenraum** und seine qualitätvolle Ausstattung. Stephan Dorffmeister schuf 1784 das **Monumentalgemälde** der berühmten Türkenschlacht von St. Gotthard und Mogersdorf, dem burgenländischen Nachbarort: Am 1. August 1664 errang das kaiserliche Heer von 25 000 Mann einen überwältigenden Sieg gegen die vierfache Übermacht der Türken. Der Zisterzienserbruder Matthias Gusner malte im zweiten Gewölbejoch den ›Triumph der Kirche‹ sowie die Altarblätter ›Mariä Himmelfahrt‹, ›Hl. Bernhard von Clairvaux‹ und ›Hl. Gotthard‹.

Kunstvoll gemalte Geschichte ist in der Szentgotthárder Pfarrkirche zu bewundern

Glockenturm von Pankasz in der Őrség

14 Őrség

Die Grenzregion südlich von Szentgotthárd ist ein ethnographisch geschlossenes Gebiet von besonderem Reiz.

Őrség, zu deutsch ›Wart, Grenzwacht‹, heißt das anmutige, waldige Hügelland im Dreiländereck Ungarn–Österreich–Slowenien. In diesem Ödland begannen die Magyaren nach der Niederlage auf dem Lechfeld 955 ein Wehrsystem aufzubauen, das 18 privilegierte Wehrsiedlungen umfasste. Die Grenzwächter lebten nicht in Straßendörfern, sondern in lose zusammengefügten Gruppen von Holzgebäuden (ungarisch: *szer*). Sitz des Majors der Grenzwächter war die Burg von **őriszentpéter**, heute ein Dorf mit 1300 Einwohnern, etwa 23 km südöstlich von Szentgotthárd. Von der Wehranlage blieb nichts erhalten, wohl aber die schlichte romanische Kirche aus dem 13. Jh. Typische Bauernhäuser und Kornspeicher mit strohgedeckten Walmdächern sind beim Ort **Szalafő**, 17 km südöstlich von Szentgotthárd, beidseitig des Zala-Flusses als Freilichtmuseum *Pityerszer* erhalten.

Viele Bewohner blieben während der Rekatholisierung ihrem calvinistischen Glauben treu. Kennzeichen der reformierten Gemeinden sind hölzerne Grabpfähle und Glockentürme. Der schönste Glockenturm mit weit vorkragender ›Schürze‹ (Schindel- oder Strohdach) steht in **Pankasz**, 7 km östlich von Őriszentpéter.

Einst von Wasser umgeben: Barockschloss der Familie Batthyány in Körmend

Etwa 16 km südwestlich von Őriszentpéter erreicht man das Dorf **Velemér**. Die kleine romanische Kirche liegt rund 1 km südlich des Ortes einsam am Waldrand (Schlüssel im Haus mit der Aufschrift ›templom kulcsa‹). Johannes Aquila schuf dort 1377/78 mit seinem Freskenzyklus ein vorzügliches Beispiel des oberitalienischen Weichen Stils.

15 Körmend

Schlösser und historische Bauernhäuser.

Die kleine Stadt Körmend an der Raab wurde im 13. Jh. gegründet. Baulich ausgerichtet ist sie auf das **Schloss Batthyány**, ursprünglich eine Wasserburg, die im 18. Jh. im Stil des französischen Barock umgestaltet wurde. Die Fürsten Batthyány zählten zu Ungarns führenden Magnatengeschlechtern. Der *Schlosspark* mit seinen seltenen alten Bäumen steht unter Naturschutz.

Der frühere Wagenschuppen beherbergt das **Rába-Museum** (Mo–Fr 10.30–16.30 Uhr) zu Naturraum, Siedlungsgeschichte und Volkskunde des Raab-Tales.

Egervár

Etwa auf halbem Wege von Vasvár nach Zalaegerszeg kann das **Schloss Egervár** besichtigt werden. Tamás Nádasdy, der Burgherr von Sárvár [Nr. 11], ließ die mittelalterliche Grenzfeste Mitte des 15. Jh. zu einem viertürmigen Renaissance-Burgschloss umbauen. Schönster Teil ist der barocke Arkadenhof aus der Patronanz der Grafen Széchenyi.

Zalaegerszeg

Die Industriestadt Zalaegerszeg (65 000 Einwohner) entwickelte sich aus einer ehem. Grenzburg. Den historischen **Stadtkern** bilden einige Gebäude im Spätbarockstil: das Rathaus, Bürgerhäuser und die Pfarrkirche St. Maria Magdalena mit Fresken und Hochaltarbild von Johann Cymbal. Ein Jugendstilhaus neben der Kirche beherbergt das **Göcsej-Museum** (März–Mitte Okt. Di–So 10–18 Uhr) zur Siedlungsgeschichte und Volkskunde des Landstrichs Göcsej. Das **Falumúzeum** (März–Mitte Okt. Di–So 10–18 Uhr) zur Geschichte des Ortes liegt im Westteil der Stadt, malerisch um eine alte Mühle an der Zala. 2 km entfernt lockt Ungarns größtes Erlebnisbad **Aqua City** (Tel. 92/59 91 07, www.aquacity.hu, tgl. 10–19 Uhr).

Praktische Hinweise

Hotel

*****Arany Bárány**, Széchenyi tér 1, Zalaegerszeg, Tel. 92/55 00 40, Fax 92/55 00 41, www.aranybarany.hu. Qualitätvoll, zentral gelegen, in historischem Ambiente.

16 Sümeg

Kleinstadt mit Ungarns größter Burgruine. In der Pfarrkirche der schönste spätbarocke Freskenzyklus des Landes, ein Meisterwerk von Franz Anton Maulbertsch.

Die Reste der gewaltigen **Festung** thronen weithin sichtbar auf dem 270 m hohen Kalksteinkegel von Sümeg. Von der gotischen Wehranlage der Bischöfe von Veszprém überdauerte der quadratische *Wohnturm* aus dem 14. Jh. Renaissancebastionen verstärkten die mittelalterliche Ringburg zu einer wichtigen Grenzfestung gegen die Türken. Anfang des 18. Jh. etablierte Fürst Rákóczi hier einen Hauptstützpunkt gegen die Habsburger. 1714 brannte die Burg aus und blieb fortan Ruine. Nach der Restaurierung beherbergt sie heute ein kleines **Museum** zur Burggeschichte.

Das Städtchen Sümeg am Fuße des Burghügels verdankt dem Veszprémer Bischof Márton Bíró von Padány das reizvolle Gepräge einer kleinen Fürstenresidenz. Um 1750 ließ er das alte **Bischöfliche Palais** zu einem eleganten Spätbarockbau umgestalten. Rund 100 Jahre später stiftete Bischof György Graf Széchenyi die benachbarte **Franziskaner-Kirche** und das dazugehörige Kloster.

Im spätbarocken **Herrenhaus** am Kirchplatz (Szent István tér) wurde der Dichter Sándor Kisfaludy (1772–1844) geboren. Sein jüngerer Bruder Károly war ein erfolgreicher Dramatiker. Im gleichen Gebäude zeigt ein kleines *Museum* Objekte zur Siedlungsgeschichte von Sümeg seit der Jungsteinzeit.

TOP TIPP

Weitaus bedeutendste Sehenswürdigkeit Sümegs ist die **Pfarrkirche Christi Himmelfahrt** (Deák Ferenc utca). Hinter ihrem unscheinbaren Äußeren verbirgt sich der schönste spätbarocke **Freskenzyklus** Ungarns, der den gesamten Innenraum einbezieht. Sogar die Altäre sind als Fresken ausgeführt. Zunächst sollte man die zarten Pastellfarben im natürlichen Licht auf sich wirken lassen, erst danach ist die Beleuchtung

Das elegante Bischöfliche Palais liegt unterhalb des Festungshügels von Sümeg

ratsam (Münzautomat in der Vorhalle). **Franz Anton Maulbertsch**, der Hauptmeister des Wiener Spätbarock, malte den Zyklus 1757/58 in etwa 16 Monaten. Jugendlicher Schwung verbindet sich mit innigen Lichtstimmungen und geheimnisvollen Hell-Dunkel-Kontrasten.

Das **Bildprogramm** beginnt unter der Orgelempore mit Szenen aus dem Alten Testament. Im ersten Gewölbejoch des Langhauses folgt die Verkündigung, am rechten Seitenaltar Christi Geburt und die Anbetung der Hirten, am linken Seitenaltar die Beschneidung. Im nächsten Abschnitt folgt rechts die Anbetung der Weisen aus dem Morgenland und links die erschütternde Kreuzigung. Der dritte Seitenaltar links zeigt den Aufbruch der Kirche um den Apostel Petrus, der Seitenaltar rechts die eindrucksvolle Auferstehung. Im Chorgewölbe schwebt Christus in seiner Verklärung. Das dreiteilige **Altarfresko** präsentiert in der Mitte das Kirchweihfest ›Christi Himmelfahrt‹, rechts die leidende und kämpfende, links die triumphierende Kirche mit Maria als Verkörperung des Neuen Bundes. Vier Kirchenväter und vier Bischöfe an den Seitenwänden des Chores beschließen das Bildprogramm. Der Auftraggeber Bischof Bíró hat sich über der Orgelempore abbilden lassen.

In den Fresken der Pfarrkirche von Sümeg hat sich der Künstler Maulbertsch selbst als Hirt mit dem Käselaib porträtiert (links)

i Praktische Hinweise

Information

Tourinform, Kossuth Lajos utca 15, Sümeg, Tel./Fax 87/55 02 75, www.sumeg.hu

Hotels

******Kapitány**, Tóth Tivadar utca 19, Sümeg, Tel./Fax 87/55 01 66, www.hotelkapitany.hu. Modernes Hotel in schöner Lage mit Sportangebot: Schwimmen, Reiten und Fitness.

*****Vár**, Vak Bottyán utca 2, Sümeg, Tel./Fax 87/35 23 52, www.hotelvar.hu. Einfache Unterkunft mit Garten unweit der Burg.

17 Nagyvázsony

Malerischer Ort um die alte Burg.

Bei der Pfarrkirche St. Stephan zweigt die Straße von Westen zum Ortskern von Nagyvázsony um den mächtigen, 30 m hohen Wohnturm der **Kinizsi-Burg** ab. König Matthias hatte sie 1472 dem Pál Kinizsi geschenkt. Mitte des 17. Jh. ging sie in den Besitz des kaisertreuen István Zichy über. Das in einem 12 ha großen Naturpark gelegene **Schloss Zichy** dient heute als Hotel.

In Nagyvázsony können außerdem die alte **Poststation** und das interessante **Haus der Volkskunst**, ein typisches Laubenhaus aus dem Bakony, besichtigt werden. Am Hang oberhalb der Burg verdient die kleine **Evangelische Kirche** aus dem 18. Jh. Beachtung.

18 Pápa

Eine der schönsten Landstädte Westungarns.

Im 18. Jh. verliehen die Fürsten Esterházy Pápa das noble Gepräge einer Magnatenresidenz. Zentrum ist die **Pfarrkirche St. Stephanus Märtyrer** auf dem Hauptplatz (Fő tér). Ihre elegante Doppelturmfassade darf geradezu als Musterbeispiel des Zopfstils gelten. Jakob Fellner, Hofarchitekt der Esterházy, und Franz Anton Pilgram zeichneten für die Planung verantwortlich. Den **Innenraum** schmückte Franz Anton Maulbertsch 1782 mit Fresken aus dem Leben des Erzmärtyrers Stephanus. Ein Detail im *Chorgewölbe* zeigt die Erscheinung des hl. Stephanus vor der Fürstin Sarolta, der Mutter König Stephans. Das Gemälde des *Hochaltars* stammt von Hubert Maurer aus Wien und stellt die Steinigung des Kirchenpatrons dar. Philip Prokop fügte später die heiligen Ungarnkönige Stephan und Ladislaus hinzu.

Schloss Esterházy hinter der Pfarrkirche errichtete Josef Großmann aus Tata um 1780 im Spätbarockstil über den Resten einer mittelalterlichen Burg. Als Gast der Fürsten Esterházy schuf hier Otto Nicolai (1810–1849) Teile seiner Oper ›Die Lustigen Weiber von Windsor‹. Im Schloss ist heute ein Schloss- und Heimatmuseum (zzt. wegen Renovierung geschl.) untergebracht.

In der Hauptstraße (Fő utca) reihen sich stattliche Bürgerhäuser aus dem 18. und 19. Jh. aneinander. Ein Juwel des Rokoko bildet die kleine **Liebfrauen-** oder **Benediktiner-Kirche** (Fő utca 10). 1742 wurde sie von Paulinermönchen erbaut und prächtig ausgestattet. Rund 40 Jahre später, nach Auflösung des Ordens, zogen Benediktiner ein.

Im 16. und 17. Jh. war Pápa ein Zentrum der Reformation. Das Haus Fő utca 6 dient als **Museum der Reformierten Westungarns** (Di–Fr 8–16 Uhr). Die calvinistische *Kirche* verbirgt sich gemäß den Vorschriften des Toleranzpatents von 1781 im Hof.

Ganna

In dem Örtchen Ganna, 12 km südlich von Pápa, kann man das Esterházysche Familienmausoleum besichtigen. Fürst Nikolaus ließ es 1808 zusammen mit der Pfarrkirche Zum Heiligen Kreuz von Hofbaumeister Charles-Pierre de Moreau in klassizistischen Formen errichten.

i Praktische Hinweise

Information

Tourinform, Kossuth utca 18, Pápa, Tel./Fax 89/31 15 35, www.papa.hu

19 Zirc

Frühere Stiftskirche und bedeutende Bibliothek.

König Béla III. gründete 1182 die **Zisterzienserabtei Nova Claravallis** und berief Mönche aus dem burgundischen Kloster Clairvaux. Zirc spielte eine wichtige Rolle bei der Erschließung des Bakony. Um 1750 wurde die **Kirche** im Spätbarockstil erneuert und ausgestattet. Die Fresken

Ehrfurcht gebietend bewacht ein steinerner Löwe das Schloss Esterházy in Pápa

stammen von Josef Wagenmeister, das Hochaltarbild – ordenstypisch ›Mariä Himmelfahrt‹ – sowie das kleine Ovalbild der hl. Maria Magdalena auf dem rechten Seitenaltar malte Franz Anton Maulbertsch.

Die Stiftsgebäude beherbergen ein naturhistorisches **Museum des Bakony-Gebietes** (Mitte April–Mitte Okt. Di–So 9–17, sonst 10–16 Uhr) und den eleganten, klassizistischen **Bibliothekssaal** (Di–Fr 8–19, Sa 8–13 Uhr) mit 60 000 Bänden und kostbaren Wiegendrucken. Zugänglich ist auch der stimmungsvolle Stiftsgarten mit seinen vielen seltenen Baumarten.

Burgruine Csesznek

Die eindrucksvolle Ruine Csesznek, etwa 12 km nördlich von Zirc, krönt einen Felssporn am Nordrand des Bakony. Im 13. Jh. wurde sie als Stammsitz der Herren von Csesznek genannt und wechselte später mehrfach den Besitzer. Türken, Kuruzzen, Erdbeben und Blitzschlag besiegelten den Verfall.

20 Veszprém

Historische ›Stadt der Königinnen‹ auf einem markanten Felssporn am Rande des Bakony-Waldes.

Die Hauptstadt des gleichnamigen Komitats Veszprém (65 000 Einwohner) mit einer Universität ist heute aufgrund ihrer äußerst reizvollen Lage und ihrer Nähe zum Balaton eines der beliebtesten Fremdenverkehrszentren des Landes.

Geschichte Seit Ende des 9. Jh. gehörte die *Burg* auf einem langen, strategisch günstigen Dolomitkamm zum Familienbesitz der Árpáden. Seit Ungarns erster *Königin Gisela* galt Veszprém als Stadt der Königinnen. Vom Beginn des 14. Jh. an vereinten die Bischöfe geistliche und – durch das Privileg, die jeweiligen Landesherrin zu krönen – auch weltliche Macht in ihren Händen.

1552 fiel die Stadt an die Türken und wechselte danach mehrfach den Besit-

Ausstattung und Inhalt sind in der Abteibibliothek von Zirc gleichermaßen erlesen

Veszprém war einst stolze Residenzstadt der ungarischen Königinnen

zer. Erst nach der Rückeroberung durch die Habsburger 1709 erhielt sie ihr heutiges Aussehen, beherrscht vom Barock- und Zopfstil.

Besichtigung Ausgangspunkt des Rundgangs ist der **Óváros tér** (Altstadtplatz) am Fuße des Burghügels. Das **Pósa-Haus** zieren Zopfstil-Ornamente. Die Platzseite gegenüber säumen Jugendstilhäuser mit elegantem Dekor nach westeuropäischer Art. Der **Stadt-** oder **Feuerturm** bietet eine herrliche Aussicht.

Hinter dem neoromanischen **Burg-** oder **Heldentor** (Hősök kapuja) mit kleinem Burgmuseum öffnet sich die mittelalterliche Burgstadt entlang der **Vár utca** (Burggasse). Am Standort der Äußeren Burg erhebt sich der mächtige Komplex des früheren **Piaristen-Gymnasiums**, die klassizistische Piaristen-Kirche dient heute als Ausstellungsraum. Dann weitet sich die Burggasse zu einem Platz mit der spätbarocken **Dreifaltigkeitssäule** (1750). Die ehem. Franziskaner-Kirche, heute **Pfarrkirche St. Stephan**, nimmt mit ihrer neoromanischen Fassade (1909) Bezug auf den gegenüber liegenden Dom.

Der neoromanische **St.-Michaels-Dom** geht zurück auf einen 866 vom Salzburger Erzbischof Aldwin geweihten Vorgängerbau, den König Stephan 1001 zum Dom erweitern ließ. Feuer und Kriegseinwirkungen zerstörten das ehrwürdige Gotteshaus nahezu vollständig. In der Krypta ruhen einige Bischöfe und Königinnen, jedoch nicht – wie fälschlicherweise angenommen – Königin Gisela, die nach dem Tode ihres Gemahls in ihre bayerische Heimat zurückkehrte und um 1060/65 als Äbtissin von Niedernburg in Passau starb.

Die Dreifaltigkeitssäule vor St. Stephan trägt Statuen der hll. Martin und Rochus

Seite an Seite wacht das steinerne Königspaar Stephan und Gisela über Veszprém

Prächtigstes Gebäude auf dem Burgberg ist das **Erzbischöfliche Palais**, ein Meisterwerk des ungarischen Zopfstils (um 1765) nach Plänen von Jakob Fellner. Der Palast ist heute zusammen mit Gisela-Kapelle und St.-Georgs-Kapelle Teil des **Königin-Gisela-Museums** (Mai–Mitte Okt. Di–So 10–17 Uhr). Die U-förmige Anlage um einen Ehrenhof und der reichgeschmückte Mittelrisalit folgen der Tradition hochbarocker Schlossbauten, allerdings mit klassizistischen Anklängen. Zwischen Bischofspalais und Dom wurde das reizvolle barocke **Propstpalais** errichtet. Ein klassizistisches Portal führt zur sog. **Gisela-Kapelle** (Gizela kápolna), einem Juwel der Frühgotik in Ungarn. Sie blieb als einziger Teil der mittelalterlichen Residenz der Königinnen erhalten. Begonnen wurde sie um 1230, rund 170 Jahre nach Königin Giselas Tod. Bei der Restaurierung wurden die Reliefschlusssteine des zerstörten Obergeschosses auf die vorhandenen Kreuzrippen gesetzt. An der Nordwand überdauerten *Originalfresken* des 13. Jh. in byzantinischer Manier, wohl das Werk eines italienischen Wanderkünstlers.

An der Nordseite des Domes folgen die Ausgrabungen der **St.-Georgs-Kapelle** (Szent György kápolna). Vermutlich als Taufkapelle errichtet, erfuhr das Gebäude mehrfache Umbauten, zuletzt zu einer achteckigen Kapelle im spätgotischen Stil als Grablege des Bischofs und Vizekanzlers Albert Vetési († 1508). Im Kanonikerhaus gegenüber befindet sich die **Kirchenkunstsammlung** des Bistums Veszprém.

Von der **Aussichtsbastei** am Nordrand des Burghügels, die von den 1938 aufgestellten Figuren des ersten ungarischen **Königspaares Stephan I. und Gisela** überragt wird, bietet sich ein reizvoller Blick auf die Unterstadt und bis hin zum Bakony-Wald.

Die prächtige Fassade des Bischöflichen Palais zieht alle Blicke auf sich

Überregionalen Ruf genießt das bemerkenswerte Theater von Veszprém

In der Neustadt verdient das **Desző Laczkó Museum** (Mitte März–Mitte Okt. Di–So 10–18, sonst 12–16 Uhr) an der Elisabeth-Promenade (Erzsébet sétány) einen Besuch. Die Planung des 1908 entstandenen Gebäudes oblag dem Jugendstil-Architekten István Medgyaszay. Gezeigt wird Archäologie seit der Steinzeit, u. a. aus der 30 000 Jahre alten Grube von Lovas, des weiteren Bauplastik aus dem St. Michaels-Dom, das Marienfresko der Gisela-Kapelle sowie Volkskunde und Militärgeschichte. Medgyaszay entwarf auch das **Stadttheater** unweit vom Museum (Óvári F. utca).

i Praktische Hinweise

Information

Tourinform, Vár utca 4, Veszprém, Tel./Fax 88/40 45 48, www.veszpreminfo.hu

Hotel

*****Hotel Gizella**, Jókai Mór utca 48, Veszprém, Tel. 88/57 94 90, Fax 88/57 94 91, www.hotelgizella.hu. Modernes Hotel in historischem Gebäude unter der Burg.

21 Herend

Herrliches Porzellan und römische Mosaiken.

Der kleine Ort Herend (3000 Einwohner), 15 km nordwestlich von Veszprém an der Straße E66 gelegen, erlangte durch die 1839 von Moritz Fischer gegründete gleichnamige Porzellanmanufaktur Weltruhm. Die Firma erregte mit ihren zauberhaften Blumen- und Schmetterlingsdekors, die von der chinesischen Porzellanmalerei beeinflusst sind, bereits auf der Weltausstellung 1851 in London Aufsehen. Die schönsten Stücke sind im hiesigen **Porzellankunst-Museum** (April–Okt. tgl. 9–17.30 Uhr, Nov.–März Di–Sa 9–16.30 Uhr) ausgestellt.

Bei *Nemesvámos*, etwa 5 km südwestlich von Veszprém in Richtung Tapolca, lädt die historische **Betyár Csárda** (s. u.) zu ungarischen Köstlichkeiten ein.

Nur etwa 1 km weiter in Richtung Balaton lohnt ein Besuch der **Römischen Villa** von **Baláca**, einer der schönsten antiken Landgüter Transdanubiens. Fußbodenmosaiken, Wandgemälde und Kleinfunde dokumentieren den Lebensstil in der römischen Provinz zwischen dem 1. und 4. Jh. n. Chr.

Am Dorfrand von **Öskü**, 10 km östlich von Veszprém, steht eine interessante romanische **Rundkirche** vom Ende des 11. Jh. Sie überdauerte als einziger Teil der Burg des Geschlechts der Újlaky die Türkenkriege.

i Praktische Hinweise

Restaurant

TOP TIPP **Betyár Csárda**, Csárda sugár út 1, Nemesvámos, Tel. 88/26 50 87. Der historische Landgasthof bietet köstliche Geflügelspezialitäten.

Mit ungewöhnlich anmutenden Formen besticht die Rundkirche von Öskü

Das stimmungsvolle Spiel von Sonne und Wolken taucht den größten Binnensee Europas in ein zauberhaftes Licht ▷

22 Balaton
Plattensee

TOP TIPP *Der See gilt als Inbegriff von Schönheit, Freiheit und Unendlichkeit, ja als ›Ungarisches Meer‹.*

Schön ist der Balaton zu jeder Jahreszeit, am schönsten aber wohl während der warmen, ›goldenen‹ Sonnentage des Herbstes. Die unvergleichlichen Lichtstimmungen haben Maler, Dichter und Schriftsteller beflügelt. Der indische Literaturnobelpreisträger Rabindranath Tagore pries 1926 bei einem Kuraufenthalt in Balatonfüred die »einzigartige, wunderbare Schönheit des Himmels und des Wassers«.

Mit einer Oberfläche von 598 km^2 – 77 km Länge, bis zu 14 km Breite – ist der Balaton knapp vor dem Genfer See der größte See Mitteleuropas. Seine geringe Wassertiefe von maximal 3–4 m bewirkt eine rasche Erwärmung auf etwa 25 bis 27 °C. Berüchtigt ist das Gewässer nur wegen der schweren Sommergewitter, die plötzlich aufziehen und gefährliche Sturmböen mit sich bringen.

Entstanden ist der Balaton vor rund 20 000 Jahren durch den Einbruch des Pannonischen Meeres infolge vulkanischer Tätigkeit. Zugleich türmten sich am **Nordufer** bizarre Vulkankegel auf. Landschaftlich ist dieses Ufer stärker gegliedert und abwechslungsreicher als die Südseite; auch dem Kunstfreund bietet sich hier mehr. Das **Südufer** kennzeichnen dagegen ausgedehnte Rasenflächen und feine Sandstrände, die seicht ins Wasser abfallen und sich besonders gut für Badeferien mit Kindern eignen. Am Südwestende liegt das Sumpfland um den **Kleinen Plattensee** (Kis Balaton) mit seiner vielfältigen Tier- und Pflanzenwelt. Zu Geologie, Fauna, Flora und Wirtschaft des Balaton gibt das *Balaton-Museum* in Keszthely hervorragend Auskunft [Nr. 29].

Sogar am vielbesuchten Plattensee kann man ungestörte Zweisamkeit genießen

23 Balatonalmádi-Vörösberény

Kunstschätze von der Romanik bis zum Barock.

Die ehem. Jesuitenkirche von Vörösberény, heute ein Ortsteil von Balatonalmádi, ging aus einem von Großfürst Geza um 990 gestifteten Kloster für griechische Nonnen hervor. Kaiser Ferdinand II. schenkte 1626 den Jesuiten von Győr die seit den Türkenkriegen verwaisten Klostergüter. Die heutige spätbarocke **Pfarrkirche St. Ignatius** besitzt reizvolle Fresken von Franz Xaver Bucher aus Schaffhausen (um 1777), die die Ordensgeschichte der Jesuiten und die weltweite Mission illustrieren.

Auf dem alten Dorfhügel von Vörösberény – etwa 200 m weiter nördlich – wurde Ende des 13. Jh. die **Reformierte Kirche** als Wehrkirche errichtet. Den romanisch-gotischen Urbau übernahmen die Calvinisten im 17. Jh. als Ruine.

Felsőörs

Die frühere **Propsteikirche St. Maria Magdalena** in Felsőörs, 5 km von Balatonalmádi, ist eine gelungene Mischung romanischer und barocker Stilelemente. Der wuchtige Westturm und das prächtige Stufenportal mit seinen urtümlichen Verknotungen zur Dämonenabwehr stammen vom Ende des 12. Jh. Nach schweren Schäden während der Türkenzeit veranlasste Bischof Bíró von Veszprém Mitte des 18. Jh. die Wiederherstellung und Ausstattung im Stil des Spätbarock.

Alsóörs

In dem Dorf Alsóörs, 5 km westlich von Balatonalmádi am Fuße des Somlyóhegy, verdient das **Türkenhaus** (Török ház) einen Abstecher: Ein kleiner Adelssitz vom Ende des 15. Jh., dessen Form in barocken Kelterhäusern um den Balaton weiterlebt. Der turbanähnliche Schornstein nährte die Mär, hier habe der türkische Steuereintreiber gewohnt.

i Praktische Hinweise

Information

Tourinform, Városháza tér 4, Balatonalmádi, Tel./Fax 88/59 40 80, www.balatonalmadi.hu

24 Balatonfüred

Bad Plattensee

Traditionsreichster Kurort am Plattensee mit dem noblen Flair der Monarchiezeit.

Der Ortskern von Balatonfüred um den **Gyógy tér** (Kurplatz) birgt noch immer Reminiszenzen an das Reformzeitalter Mitte des 19. Jh., als sich hier die Intelligenzija, Geburts- und Geldadel ein Stelldichein gaben. Schon 1632 berichtete der deutsche Geograph Martin Zeiller von der heilenden Wirkung der hiesigen Quellen. Das *Kurbad* für Herz- und Kreislauferkrankungen nahm seit dem frühen 18. Jh. einen schier unaufhaltsamen Aufschwung. Zunächst wurden nur Badehäuser und Trinkpavillions gebaut, später auch regelrechte Sanatorien. Im Umfeld des Kurbetriebes konnte sich 1831 das erste ständige Theater in ungarischer Spra-

Kühnen Blickes flankieren Fischer und Fährmann die Uferpromenade von Balatonfüred

che etablieren. Das *Herzsanatorium* gründete der ›Reformgraf‹ István Széchenyi. Im Gasthof Horváth veranstaltete der Hausherr am 26. Juli 1825 für seine Tochter Anna den berühmten **Annen-Ball**, der bis heute als Traditionsfest weiterlebt. Außerdem ließ er 1846 erstmals ein Dampfschiff auf dem See zu Wasser. Am früheren **Korso** (Blaha Lujza utca) besaßen der Dichter Mór Jókai und die Volksschauspielerin Luisa Blaha eine Sommervilla. Die klassizistische **Rundkirche** wurde 1846 erbaut.

TOP TIPP

Die **Uferpromenade** trägt heute den Namen des indischen Dichters und Literaturnobelpreisträgers Rabindranath Tagore, der bei einem Kuraufenthalt 1926 einen Baum pflanzte und damit eine Tradition begründete, der später zahlreiche Prominente folgten.

i Praktische Hinweise

Information

Tourinform, Kisfaludy utca 1, Balatonfüred, Tel. 87/58 04 80, Fax 87/58 04 81, www.balatonfured.hu

Konditorei

Kedves, Blaha Lujza utca 7, Balatonfüred

Hotels

*****Annabella**, Deák Ferenc utca 25, Balatonfüred, Tel. 87/88 94 00, Fax 87/88 94 12, www.danubiusgroup.com/annabella. Haus mit eigenem Strand und guten Sportmöglichkeiten.

*****Margaréta**, Széchenyi út 29, Balatonfüred, Tel. 87/34 38 24, Fax 87/34 10 88, www.hotelmargareta.hu. Gediegenes Mittelklassehotel am See.

Restaurant

Baricska Csárda, Baricska dülő, Balatonfüred, Tel. 87/34 31 05. Landgasthof mit ›Zigeunermusik‹ (geöffnet März–Okt.).

Noch heute genießen Kurgäste im Heilbad die herrliche Anlage des Sanatoriums

Blickpunkt der hügeligen Tihany-Halbinsel ist die turmbekrönte Benediktinerabtei

25 Tihany

Schönster Teil des Plattensees mit sehenswerter barocker Abteikirche.

Als weithin sichtbares Wahrzeichen krönt die einstige Stiftskirche die bis zu 230 m hohe und 5 km lange **Halbinsel Tihany**, die wegen ihrer eigenartigen und reizvollen **Landschaft** rund um zwei kleine Seen, den Belső tó und den Külső tó, unter Naturschutz gestellt wurde.

Besiedelt ist Tihany mit dem gleichnamigem Ort seit der Bronzezeit vor etwa 3000 Jahren. Die Römer erbauten hier später ihre Sommervillen. Mitte des 11. Jh. lebten in Höhlen an der Nordseite der Halbinsel russische Basilianer-Mönche.

TOP TIPP 1055 stiftete König Andreas (Endre) I. die **Benediktinerabtei Tihany** (Mai–Sept. tgl. 9–18, April/Okt. 10–17, sonst 10–16 Uhr), die vom Mutterkloster Pannonhalma aus besiedelt wurde. Kirche und Wehranlagen brannten in den Türken- und Kuruzzenkriegen nieder. Der Neubau der zweitürmigen spätbarocken **Stiftskirche** begann 1740. Die reiche **Rokoko-Ausstattung** (1753–65) ist das Werk des Laienbruders Sebastian Stuhlhoff. Die *Kanzel*, eine der schönsten im Lande, schmücken Figuren der Kirchenväter Augustinus, Ambrosius, Gregor und Hieronymus sowie Reliefs der Christlichen Tugenden. Auf dem *Hochaltar* stehen die Statuen des Ordensgründers Benedikt und seiner Zwillingsschwester Scholastika sowie der heiligen Ungarnkönige Stephan und Ladislaus. Das Hochaltarblatt (1822) zeigt den hl. Bischof Ananius von Orleans. Die *Deckengemälde* im Kirchenschiff entstanden erst Ende des 19. Jh. Besonders sehenswert ist die **Sakristei** mit Fresken von Ambrogio Dornetti und Schnitzwerken von Sebastian Stuhlhoff (1786).

Die archaische **Krypta** mit ihren wuchtigen Rundpfeilern zählt zu den großartigsten erhaltenen Baudenkmälern des Hochmittelalters in Ungarn. Im Mittelschiff fand der Klostergründer, König Andreas I., im Jahr 1060 seine letzte Ruhestätte. An der Wand hängt eine Kopie der Gründungsurkunde von Tihany; das Original befindet sich in der Bibliothek von Pannonhalma [Nr. 4].

In den **Stiftsgebäuden** ist ein Museum untergebracht: im Keller ein Lapidarium und im 1. Stock die Eötvös-Sammlung, benannt nach Loránd (Roland) Eötvös, dem Begründer der Geophysik.

TOP TIPP Wenige Schritte entfernt, in einem ehem. Wirtschaftsgebäude des Klosters, lädt das **Café Rege** mit seiner prächtigen Aussichtsterrasse zum Genießen und Entspannen ein. Im Zentrum von Tihany wurden einige Bauern- und Fischerhäuser mit typischen Laubengängen als *Freilichtmuseum* gestaltet.

Der Balaton ist bekannt für plötzliche Wetterumschwünge, doch die Segler im sicheren Hafen von Tihany genießen unbekümmert den strahlenden Sonnenschein

Balatonudvari

In dem Dorf Balatonudvari liegt direkt an der Straße 71 eine einzigartige Sehenswürdigkeit: der denkmalgeschützte **Herzenfriedhof** mit etwa 50 herzförmigen Grabsteinen, die meist aus der Biedermeierzeit stammen. Den ersten Grabstein dieser Art widmete vor rund 200 Jahren ein junger Steinmetz seiner Braut, die in einer stürmischen Vollmondnacht im Balaton ertrunken war.

i Praktische Hinweise

Information

Tourinform, Kossuth utca 20, Tihany, Tel./Fax 87/44 88 04, www.tihany.hu

Die Geschichte des Herzenfriedhofs begann mit einem tragischen Unfall

Hotel

******Club Tihany**, Rév utca 3, Tihany, Tel. 87/53 85 00, Fax 87/44 80 83, www.clubtihany.hu. Hotelkomplex mit Kur- und Sportprogramm in einem Naturpark am See.

26 Siófok

Badeort am Südufer des Balaton.

Der alte Ortsteil liegt nahe der Mündung des Sió-Flusses, den schon die Römer kanalisierten. Um die Wende zum 20. Jh. kam Siófok mit seinen 15 km langen Stränden – **Goldener Strand** (Aranypart) und **Silberner Strand** (Ezüstpart) genannt – besonders beim Budapester Bürgertum in Mode. Heute ist Siófok das beliebteste Urlaubszentrum am Plattensee. Die Gäste schätzen außer den zahlreichen Strandbädern die gepflegte Uferpromenade und das 2006 eröffnete **Galerius Wellnessbad** (Szent László u. 183, www.galerius-furdo.hu, tgl. 10–22 Uhr) mit dem 36 °C warmen Thermalwasser. Berühmtester Sohn von Siófok ist **Imre (Emmerich) Kálmán** (1882–1953), der Komponist der Operetten ›Gräfin Mariza‹ und ›Die Csárdasfürstin‹. Sein Geburtshaus dient nun als *Kálmán-Imre-Museum* (Kálmán-Imre-sétány 5, www.kalmanimre-muzeum.hu, Di–Fr 9–17, Sa 9–12 Uhr).

Ausflüge

In **Ságvár**, auf der Straße 65 von Siófok 10 km entfernt, wurden die Reste einer 17 000 Jahre alten Jägersiedlung und einer kleinen römischen Festung freigelegt. Die Barockkirche von **Tab**, etwa 27 km von Som, birgt sehenswerte Fresken von Stephan Dorffmeister.

In **Zala**, 4 km nordwestlich von Tab, wurde Mihály Zichy (1827–1906) geboren, einer der bedeutendsten ungarischen Historienmaler. Eine Sammlung seiner Werke ist im alten Herrenhaus der Familie Zichy ausgestellt.

In der gotischen Pfarrkirche von **Kőröshegy**, 3 km südlich von Balatonföldvár, finden im Sommer Konzerte statt. Die Wallfahrtskirche in **Andocs**, etwa 23 km südwärts, besitzt schöne Barockaltäre.

i Praktische Hinweise

Information

Tourinform, Víztorony, Siófok, Tel. 84/31 53 55, Fax 84/31 01 17, www.siofok.hu

Hotels

******Mala Garden**, Petőfi sétány 15 a, Siófok, Tel. 84/50 66 87, Fax 84/50 66 88, www.malagarden.hu. Stilvolles Hotel mit elegantem Restaurant am See.

*****Aranypart**, Beszédes József sétány 82, Siófok, Tel. 84/51 94 50, Fax 84/31 20 49, www.aranypart.hu. Anlage mit eigenem Strand und vielfältigem Wassersportangebot.

27 Badacsony

Bizarre Vulkankegel, berühmter Wein und barocke Kelterhäuser.

Badascony zählt zu Ungarns besten Weinanbaugebieten. Der 438 m hohe **Sargberg** von Badacsony beherrscht weithin das Landschaftsbild. Etwa auf halber Höhe liegt das spätbarocke Winzerhaus des romantischen Dichters Sándor Kisfaludy und seiner Gemahlin Róza Szegedy, in dem heute ein sehenswertes **Literaturmuseum** (Mai– Sept. Di–So 10–18 Uhr) eingerichtet ist.

Nahe beim Bahnhof, Egry sétány 12, liegt das **József Egry Gedenkmuseum** (Mai–12. Okt. Di–So 10–18 Uhr) mit dem Atelier des Malers (1883–1951), der sein Lebenswerk dem Balaton widmete.

Markant dominieren ein Spitzhügel und ein Tafelberg die Gegend um Badascony am westlichen Plattensee, die für ihren hervorragenden Wein berühmt ist

Szigliget

Auf dem Weg zu dem Nachbarort Szigliget fällt im Tal ein schwarzer Kirchturm auf, Überrest der romanischen Allerheiligenkirche aus dem 13. Jh. Die Burgruine Szigliget krönt einen 240 m hohen Basaltfelsen. Das spätbarocke Herrenhaus der Familie Tóti-Lengyel nahe der Dorfkirche dient heute als Gaststätte.

28 Hévíz

Viel besuchtes Rheuma-Heilbad.

Hévíz erfreut sich als Kurort seit Jahren großer Beliebtheit. Besondere Anziehungskraft genießt hier der größte natürliche **Warmwassersee** Europas mit einer Fläche von 47 000 m². Im Sommer beträgt die Wassertemperatur in dieser einstigen Bucht des Plattensees etwa 34 °C, im Winter 23 bis 26 °C.

Egregy

Nur 2 km nordwestlich von Hévíz stößt man auf das Dorf **Egregy**, dessen schlichte romanische Maria-Magdalena-Kirche (12./13. Jh.) inmitten ausgedehnter Weinberge in einem Friedhof liegt. Im Inneren wurden unter bäuerlichen Barockmalereien Reste der Weihe-(Apostel-)Kreuze aus dem 13. Jh. aufgedeckt.

Praktische Hinweise

Information

Hévíz Tourist, Rákóczi u. 2, Tel. 83/54 01 75, Fax 83/34 04 79, www.heviz.hu

Hotels

******Danubius Health Spa Resort Hévíz**, Kossuth Lajos utca 9–11, Hévíz, Tel. 83/34 11 80, Fax 83/34 06 66, www.danubiusgroup.com/heviz. Modernes Kurhotel mit großzügigem Wellness- und Fitnessbereich.

*****Hunguest Hotel Helios**, Vörösmarty utca 91, Hévíz, Tel. 83/34 28 95, Fax 83/34 05 25, www.hunguesthotels.hu. Großes Kurhotel mit Thermalschwimmbecken, Wellness- und Sportprogramm.

29 Keszthely

Hübsche Landstadt am Westende des Balaton. Das Schloss Festetics verfügt über eine bedeutende Bibliothek.

Die größte Stadt am Balaton, Keszthely (25 000 Einwohner), verdankt ihren Namen den schönen Kastanienalleen. Zur Zeit der Völkerwanderung entwickelte sich hier die germanisch-awarisch-slawische **Keszthelyer Kultur**. Im Mittelalter errichtete die Magnatenfamilie Lackffy

Bei Hévíz locken die warmen Wasser des gleichnamigen Sees mit Kur- und Badespaß

Keszthely kann zu Recht auf Schloss Festetics stolz sein, denn auch vom parkähnlichen Garten aus gesehen bietet es einen beeindruckenden Anblick

die Festung Fenékvár. Das heutige Ortsbild prägten die Grafen Festetics aus Kroatien, die im 18. Jh. die Herrschaft übernahmen. Der Großgrundbesitzer György Festetics (1755–1819), einer der größten Reformer seiner Zeit und Förderer von Wirtschaft, Wissenschaft und Kunst, versammelte nicht nur Persönlichkeiten der Aufklärung im literarischen Zirkel ›Helikon‹, sondern gründete auch die erste landwirtschaftliche Hochschule Europas ›Georgikon‹ (heute Agraruniversität).

TOP TIPP Am Nordrand der Stadt inmitten eines großzügigen Parks liegt **Schloss Festetics** (Juli/Aug. tgl. 9–18, sonst Di–So 10–17 Uhr). Das ursprünglich wesentlich kleinere barocke Herrenhaus ließ Tasziló Festetics um 1883 zu einer monumentalen dreiflügeligen Anlage mit hohem Mittelturm ausbauen, nachdem er durch seine Ehe mit Lady Mary Douglas-Hamilton in den Fürstenstand erhoben worden war. Im heute zugänglichen Teil des Schlosses ist das Treppenhaus mit der Ahnengalerie besonders sehenswert. Interessant sind auch die Säle und Gemächer mit kostbaren Intarsienböden und Empiremöbeln. Die berühmte **Helikon-Bibliothek** umfasst über 50 000 Bände, darunter wertvolle Kodizes und zahlreiche Raritäten.

Schnurgerade vom Schloss zum Zentrum führt die Kossuth Lajos utca. Im Hause Nr. 22 mit seinem schönen Arkadenhof wurde 1830 Karl (Károly) Goldmark geboren, der Komponist der Oper ›Die Königin von Saba‹. Der Hauptplatz (Fő tér) markiert den mittelalterlichen Ortskern um die Burg Fenékvár. Im Chor der gotischen **Pfarrkirche Patrona Hungariae** wurden qualitätvolle Fresken vom Ende des 14. Jh. freigelegt. Hier ist auch der Kirchengründer und Palatin István Lackffy (1397) beigesetzt. Südlich vom Hauptplatz befindet sich das **Balaton-Museum** (Múzeum utca 2, Mai–Okt. Di–So 10–18 Uhr, Nov.–April Di–Sa 9–17 Uhr) mit der Dauerausstellung ›Der Balaton und der Mensch‹. Das *Lapidarium* birgt Funde aus dem Römerlager Valcum und der romanischen Abtei Zalavár [Nr. 30].

Fenékpuszta

Rund 7 km südlich von Keszthely an der Straße 71 kann man die klassizistischen Stallgebäude des einst berühmten Gestüts der Grafen Festetics besichtigen.

In unmittelbarer Nähe entdeckte man die Grundmauern des **Römerlagers Valcum** sowie einer dreischiffigen Basilika aus dem 4.–6. Jh. Valcum gilt als Geburtsort des Ostgotenkönigs Theoderich d. Gr. (um 454–526), auch Dietrich von Bern genannt.

Rossebändiger als barocker Dachschmuck an Schloss Festetics in Keszthely

Praktische Hinweise

Information

Tourinform, Kossuth Lajos utca 28, Keszthely, Tel./Fax 83/31 41 44, www.keszthely.hu

Hotels

*****Béta Hotel Hullám**, Balatonpart 1, Keszthely, Tel. 83/31 26 44, Fax 83/31 59 50, www.hotelhullam.hu. Auch architektonisch ansprechendes Kurhotel.

*****Danubius Hotel Helikon**, Balatonpart 5, Keszthely, Tel. 83/88 96 00, Fax 83/88 96 09, www.danubiusgroup.com/helikon. Modernes Sporthotel direkt am See mit Privatstrand.

30 Zalavár
Moosburg

Slawisches Herrschaftszentrum mit frühen Zeugnissen der Christianisierung.

Die Sumpflandschaft des **Kleinen Plattensees** (Kis Balaton) rund um die Zala-Mündung mit ihrer vielfältigen Vogel- und Pflanzenwelt steht nun unter Naturschutz, nachdem man sie vor nicht allzu langer Zeit hatte trockenlegen wollen.

Beim Dorf Zalavár, westlich des Kleinen Balaton, lag die *Mosapurch* (slawisch: Blatnograd), im 9. Jh. Zentrum eines kurzlebigen Herzogtums des Slawenfürsten *Pribina*. Im Zuge der vom Salzburger Erzbistum ausgehenden Christianisierung gründete er 26 Kirchen. Von seiner ehem. Hofkirche, einer dreischiffigen Basilika, sind westlich von Zalavár noch die Grundmauern erhalten (beim Schild ›Bazilika‹ über Wiesenweg zu Fuß erreichbar).

An der westlichen Ortsausfahrt von Zalavár erinnert ein **Bronzedenkmal** an die hll. Kyrill (826/27–869) und Method (um 815–885; Schild ›Cirill-Methód-Emlékoszlop‹).

31 Balatonszentgyörgy und Balatoonkeresztúr

Die Grafen Festetics als Kunstmäzene.

2 km südlich von **Balatonszentgyörgy** (neben der Ziegelei) ließen die Grafen Festetics um 1820 ein höchst originelles Jagdhaus – die **Sternenburg** (Csillagvár) – errichten, deren keilförmig versetzten Ge-

867 stehen die beiden Missionare Kyrill und Method in Rom vor Papst Hadrian II.

Kyrill und Method

Die aus Saloniki stammenden Brüder Kyrill und Method werden von der Ostkirche als **Slawenapostel** verehrt. Sie hatten das Evangelium ins Altslawische übersetzt und eine eigene, auf die griechisch-byzantinische zurückgehende, slawische Liturgie im Großmährischen Reich gegen die römisch-lateinische durchzusetzen versucht. Unterstützt wurden sie dabei von dem ehrgeizigen Slawenfürsten Kocel, der sich dem Einfluss Roms und der Franken entziehen wollte und daher Missionare aus Byzanz berief. Letztlich scheiterten diese Bemühungen um die slawisch-byzantinische Liturgie jedoch am Widerstand des bayerisch-fränkischen Klerus.

mächer einen sternförmigen Grundriss vortäuschen. Eine kleine Ausstellung veranschaulicht das Leben in den ungarischen Grenzburgen während der Türkenzeit.

In **Balatonkeresztúr**, wenige Kilometer weiter östlich an der E71, empfiehlt sich ein Besuch der **Heiligkreuzkirche**, einer der schönsten Barockkirchen Westungarns. Die thematisch seltenen und künstlerisch wertvollen *Fresken* malte um 1760 ein unbekannter Meister aus dem Umkreis von Franz Anton Maulbertsch. Im *Hochaltar* ist die Gründungslegende dargestellt, an den *Chorwänden* die Auffindung des Christus-Kreuzes Anfang des 4. Jh. durch die hl. Helena sowie der Ursprung des Kirchenfestes ›Kreuzerhöhung‹. Aus gemalten Logen verfolgen die Stifter, Kristóf Graf Festetics und seine Gemahlin, im Kreise von Priestern und Mönchen das Geschehen.

32 Kaposvár

Freundliche Hauptstadt des hügeligen Komitats Somogy.

Kaposvár (80 000 Einwohner) lädt zu einem Besuch ein, wenngleich historische Bauwerke von Bedeutung nahezu fehlen, da der Aufschwung zum Industrie- und Verwaltungszentrum des Komitats erst relativ spät, mit dem Bau der Eisenbahnlinie im 19. Jh., einsetzte. Von der namensgebenden Burg im Kapos-Tal blieben nach den Türkenkriegen nur spärliche Reste. Sehenswert jedoch ist die Fußgängerzone in der **Fő utca**. Das barocke Dorottya-Haus (Fő utca 1), heute ein Hotel, ging als Schauplatz des heiteren Epos ›Dorottya‹ (Dorothea) des Aufklärungsdichters Mihály Csokonai Vitéz (1773–1805) aus Debrecen in die ungarische Literaturgeschichte ein.

Das klassizistische ehem. Landratsamt (Fő utca 10) beherbergt das **Somogy- und Rippl-Rónai-Museum** (April–Okt. Di–So 10–16, sonst 10–15 Uhr) mit einer volkskundlichen Sammlung und Gemälden des einheimischen Impressionisten József Rippl-Rónai (1861–1927). In Bahnhofsnähe steht das imposante, 1911 im Jugendstil erbaute **Csiky Gergely-Theater**.

Szenna

Ein Besuch in dem 8 km südwestlich gelegenen Dorf Szenna sollte keineswegs versäumt werden. Ziel ist das eindrucksvolle **Freilichtmuseum** (April–Okt. Di–So 10–18, sonst 10–16 Uhr) mit traditionell aus Holz errichteten Wohnhäusern und landwirtschaftlichen Gebäuden des frühen 19. Jh. Die **Reformierte Kirche** (um 1785) neben dem Museum schmückte János Nagyvati mit kunstvollen Schnitzereien – ein schönes Beispiel des sog. Bauernbarock.

Schmucke und gepflegte Bürgerhäuser säumen die einladende Fußgängerzone von Kaposvár

Praktische Hinweise

Information

Tourinform, Fő utca 8, Kaposvár, Tel. 82/ 51 29 21, Fax 82/32 04 04, www.kaposvar.hu

Hotels

*****Kapos**, Kossuth tér/Ady Endre utca 2, Kaposvár, Tel. 82/31 60 22, Fax 82/31 95 70, www.kaposhotel.hu. Gutes Hotel mit Nachtklub und Solarium.

Pálma Panzió, Széchenyi tér 6, Kaposvár, Tel./Fax 82/42 02 27. Angenehme kleine Pension mit Garten.

33 Szigetvár

Berühmte Heldenfestung gegen die Türken und ›Ikone‹ der ungarischen Literatur.

Das kleine Provinzstädtchen (12 000 Einwohner), 35 km westlich von Pécs, steht heute noch ganz im Schatten seiner Geschichte: Etwa 150 Jahre lang tobte der Kampf um die Inselburg Szigetvár inmitten schützender Sümpfe.

Bei einer Belagerung durch den türkischen Sultan Süleiman II. im Jahre 1566 leisteten die Burgbewohner unter der Führung von Miklós Zrínyi der Übermacht von angeblich 100 000 Mann 30 Tage lang **Widerstand**. Als Szigetvár nicht mehr zu halten war, wagte Zrínyi mit seinen 3000 Getreuen den Ausfall: Alle starben auf dem Schlachtfeld, die Türken verloren 25 000 Mann. Seine Tat wurde ein Jahrhundert später von seinem gleichnamigen Enkel in dem Epos ›Die Belagerung von Szigetvár‹ verherrlicht, dem bedeutendsten Werk der ungarischen Barockliteratur.

Die Rückeroberung von Szigetvár gelang erst 1688 durch den Markgrafen von Baden. Von der **Burg** selbst sind nur noch Teile erhalten, in denen heute ein inte-

Ungarische Vielfalt auf einen Blick im Freilichtmuseum von Szenna

An blutige Kämpfe erinnern die Grabhölzer der Nationalen Gedenkstätte Mohács

Die Türken in Ungarn

Nach der verheerenden Niederlage der Ungarn bei Mohács (1526) beherrschten die **Osmanen** etwa 150 Jahre lang weite Landesteile. Nur ein schmaler Streifen im Westen mit der Hauptstadt Preßburg/Bratislawa blieb habsburgisch.

Viele **Baudenkmäler** erinnern noch an die Türken, etwa das Minarett von Eger [Nr. 60], einstige Moscheen, Derwisch-Klöster und Türben (Grabmäler) in Pécs [Nr. 37], Szigetvár [Nr. 33] und Siklós [Nr. 35], die Nationale Gedenkstätte von Mohács [Nr. 36] sowie Kuppelbäder in Budapest [Nr. 48] (Königs- und Rudas-Bad). Lebendig geblieben sind auch manche **türkische Volkskunstmotive**, z. B. Tulpen und Nelken, die Stickereien, Trachten, Keramiken und Malereien besonderen Reiz verleihen. Nicht zuletzt haben die Türken auch kulinarisch ihre ›Handschrift‹ hinterlassen: Ohne **Paprika** und **Kávé** (Kaffee) – stark, schwarz und süß – wäre die ungarische Lebensart heute schließlich kaum denkbar!

ressantes **Museum** (Juni–Sept. tgl. 9–12, 13–15 Uhr) untergebracht ist, das über die Zeit der Türkenkriege und über osmanisches Kunsthandwerk informiert. Die **Burgmoschee** wurde binnen weniger Wochen nach der türkischen Eroberung 1566 errichtet, eine weitere Moschee erbauten die Eroberer im Ortskern von Szigetvár. In der ehem. Ali-Pascha-Dschami (Moschee), heute als **Pfarrkirche St. Rochus** wieder in katholischer Hand, erinnert das Kuppelfresko von Stephan Dorffmeister an ›Zrínyis Ausfall‹.

34 Ormánság

Ethnographisch interessanter Landstrich nördlich des Grenzflusses Drau mit reich ausgestatteten Kirchen der Reformierten.

Die sumpfige **Drau-Ebene** südlich von Szigetvár durchziehen ›rüsselartige‹ Landrücken. In dem ausgedehnten Weidegebiet mit kleinen Eichengehölzen, 30 bis 40 Straßendörfern und Weilern blieben alte Bräuche und Trachten lebendig. Erhalten sind auch manche Ziehbrunnen und einige auf Holzbalken ruhende Häuser aus Korbgeflecht mit Lehmbewurf, die bei Hochwassergefahr der Drau (Drava) von Ochsen an einen sicheren Platz gezogen werden konnten. Im *Géza Kiss Ormánság Museum* (April–Okt. Di–So 10–16, sonst 10–14 Uhr) von **Sellye** ist ein solches ›Schwellenhaus‹ ausgestellt. Mehrere reformierte (calvinistische) Kirchen, z. B. in Adorjás, Drávaiványi, Kórós, Kovácshida oder Vajszló, besitzen wertvolle Innenausstattungen vom Ende des 18. Jh.

35 Siklós

Eine der besterhaltenen ungarischen Grenzburgen mit gotischer Burgkapelle.

Die Ebene an der südungarischen Grenze gegen Kroatien und das Städtchen Siklós beherrscht die **Burg**, heute *Museum* (Mitte April–Okt. Di–So 9–18 Uhr). Im 12. Jh. vom Geschlecht der Siklósi errichtet, ließ 1515 der Palatin Imre Perényi die Renaissancebasteien anlegen. Nach 150-jähriger Türkenherrschaft fiel Siklós 1728 an die Grafen Batthyány. Ein Juwel gotischer Architektur ist die im 14. Jh. gegründete **Burgkapelle** mit prachtvollem Netzrippengewölbe vom Ende des 15. Jh. Von

In Villąnyi reinigen die Winzer ihre Fässer noch sorgfältig von Hand

den ursprünglichen Fresken, die um 1500 leider übermalt wurden, blieb nur eine Darstellung des Hiob mit vier Begleitern erhalten.

Unweit von Siklós liegt die spätbarocke **Wallfahrtskirche Máriagyűd**. Im 11. Jh. entstand hier zunächst eine Kapelle, König Géza II. stiftete die erste Kirche.

Harkány, 5 km westlich von Siklós, ist ein bekanntes Thermalbad mit schwefelhaltigen Quellen.

Villányi-Hügel

Schon die Römer schätzten die bis zu 422 m hohen Villányi-Hügel rings um Siklós als **Weinbaugebiet**. Auch heute noch ziehen die zahlreichen Weinkeller, in denen man die Weine direkt beim Erzeuger kaufen und verkosten kann, viele Weinliebhaber in die Gegend. Zweisprachige Ortsschilder weisen darauf hin, dass hier seit dem 18. Jh. viele deutschsprachige Siedler leben.

36 Mohács

Mohatsch

Typische südungarische Donaustadt mit berühmtem Faschingsbrauch.

Dreisprachige Ortsschilder künden vom jahrhundertelangen Zusammenleben verschiedener Nationalitäten: Magyaren, Slawen und deutschen Donauschwaben.

Der Name Mohács ist untrennbar verbunden mit der verheerenden Niederlage, die die Ungarn am 29. August 1526 unter ihrem jugendlichen König Ludwig II.

Jagiello in der gleichnamigen **Schlacht** gegen die Türken erlitten hatten und die eine 150-jährige Herrschaft der Osmanen über weite Landesteile einleitete. Der Türkenherrschaft folgte eine Epoche weitgehender Entvölkerung – bis im 18. Jh. süddeutsche Katholiken von den Habsburgern ins Land geholt wurden. Zum 400. Jahrestag der Schlacht von Mohács wurde 1926 auf dem zentralen Széchenyi tér die **Votivkirche** (Emléktemplom) geweiht, ein gewaltiger Kuppelbau des späten Jugendstil von Bertalan Árkay.

Das **Rathaus** (1927) an der östlichen Platzseite weist maurische Stilelemente auf. Neben der orthodoxen Serben-Kirche (Szerb utca, nahe der Donau) befindet sich das kleine **Kanizsai-Dorottya-Museum** (Di–Sa 10–14 Uhr) mit Erinnerungsstücken an die Türkenschlacht: Es war Dorothea Kanizsai, die Gemahlin des Fürsten Imre Perényi, die die Gefallenen bestatten ließ. Mohács besitzt auch einige spätbarocke katholische Kirchen, eine Reformierte Kirche und eine Synagoge.

TOP TIPP Alljährlich im Februar findet der berühmte **Busójárás** statt, ein Faschingszug, bei dem die mit grimmigen Masken geschmückten Teilnehmer lautstark den Winter, die bösen Geister und symbolisch die Türken austreiben. Über diesen Brauch informiert das **Busó Haus** (Mo–Fr 9–17, Sa 9–12 Uhr), nicht sehr vorteilhaft im ersten Stock des Kinos im Stadtpark untergebracht. Darüber hinaus vermittelt es interessante Einblicke in Lebensweise und Volksbräuche der Slawen.

Das **Schlachtfeld von Mohács**, an der Straße 56/E 73 etwa 6 km südlich der Stadt, wurde 1976 zum 450. Jahrestag als eindrucksvolle *Nationale Gedenkstätte* (Történelmi Emlékpark) gestaltet. Symbolische Holzpfähle, die Überlieferungen altungarischer Grabhölzer mit türkisch-asiatischen Motiven verbinden, ehren die 15 000 Gefallenen.

Praktische Hinweise

Information

Tourinform, Széchenyi tér 1, Mohács, Tel. 69/50 55 15, Fax 69/50 55 04, www.mohacs.hu

Hotel

*****Pannon Hotel**, Dózsa György utca 17, Mohács, Tel. 69/51 02 78, Fax 69/51 02 77, wwwpannonhotel.hu. 2007 neu eröffnetes Hotel in schöner zentraler Lage.

Restaurant

Révkapu, Szent János utca 1, Mohács, Tel. 69/30 32 24. Exzellentes Fischlokal.

37 Pécs

Fünfkirchen

Plan S.60

Eine Stadt von südlich-heiterem Flair, mit regem Kulturleben und vielfältigen Kunstschätzen von Spätantike bis Op-Art.

Pécs' deutscher Name leitet sich von fünf unterirdischen Grabkapellen aus römischer Zeit ab, auf die im 9. Jh. bayerisch-fränkische Siedler den Vorläuferbau des Domes gründeten.

Geschichte Illyrischen und keltischen Siedlungen folgte die Römerstadt Sopianae, seit Ende des 3. Jh. Regierungssitz der Teilprovinz Pannonia Valeria. 1009 gründete König Stephan das Bistum Pécs. Nach einem Mongoleneinfall Mitte des 13. Jh. wieder aufgebaut, entwickelte sich eine blühende Handelsstadt, deren Eigenart ein buntes **Völkergemisch** prägte: Magyaren, Slawen, Deutsche, Italiener, Griechen, Franzosen, Juden, später auch Türken. Kulturellen Aufschwung brachte 1367 die Gründung der ersten ungarischen **Universität**, einer der ältesten in Europa, durch König Ludwig d. Gr.

Die Türkenherrschaft (1543–1686) hat ihre Spuren im Stadtbild hinterlassen. Zwar konnte Pécs seine Bedeutung innerhalb des Osmanischen Reiches behaupten, christliche Rückeroberung, Kuruzzenkriege und die Pest schlugen jedoch tiefe Wunden. Erst 1780 setzte ein Aufschwung ein, als Königin Maria Theresia in ihrem Todesjahr Pécs den Status einer königlichen Freistadt gewährte. Im 19. Jh. begann durch die Industrialisierung von Stadt und Umgebung infolge des Kohleabbaus im Mecsek-Gebirge ein wirtschaftliches Wachstum, das sich an zahlreichen repräsentativen Bürgerhäusern ablesen lässt.

Heute ist Pécs mit 175 000 Einwohnern die größte Stadt Westungarns, Zentrum des Komitats Baranya und Sitz einer Universität.

Besichtigung Von der **Barbakane**, einer mächtigen Rundbastei an der westlichen Stadtmauer, sind es nur wenige Schritte zum **Domplatz** 1 (Dóm tér) in der Nordwestecke der ehem. Stadtbefestigung.

In annähernd zehn Jahrhunderten mehrfach verändert, ist der dreischiffige Dom St. Peter heute eines der Schmuckstücke des außerordentlich reizvollen Pécs

Unter dem Platz liegt ein frühchristlicher Friedhof, dessen Grabkammern besonders wegen ihrer kunstvollen Wandmalereien aus dem 4. Jh. von der UNESCO 2001 zum **Weltkulturerbe** erklärt wurden.

Die Wände der tonnengewölbten Grabkammer im **Altchristlichen Mausoleum** 2 (Ókeresztény mauzóleum, April–Okt. Di–So 10–18, sonst bis 16 Uhr) unter den Fundamenten einer Gedächtniskirche zeigen Darstellungen von Adam und Eva, Daniel in der Löwengrube und dem auferstandenen Christus. Ebenfalls zum Weltkulturerbe gehören die freskengeschmückten **Grabkammern** 3 (Mai–Okt. Di-So 10–18 Uhr, sonst nach Voranmeldung Tel. 72/51 40 40) in der nahen Apáca utca (Nr. 14).

Der baumbestandene Domplatz erhielt erst im 19. Jh. durch die Abtragung von Teilen der Bischofsburg seine großzügige Weite. Flankiert wird er links vom **Bischöflichen Palais** 4, rechts vom **Archiv des Domstifts** 5.

Die Geschichte des **Domes St. Peter** 6 überspannt einen Zeitraum von mehr als 1100 Jahren. Die *erste Kirche* weihte 836 der Salzburger Erzbischof Liupram. König Stephan legte 1009 den Grundstein zum *ersten Dom*, der mehrfach verändert und zerstört wurde. Den *neoromanischen Neubau* erwirkte der tatkräftige Bischof Ignác Szepessy mit Blick auf die Millenniumsfeiern. Mit enormem finanziellen Aufwand entstand 1882–91 ein Meisterwerk des ungarischen Historismus nach Plänen des Wiener Architekten Friedrich von Schmidt. Erhalten blieb die Grundstruktur der mittelalterlichen Anlage: eine dreischiffige Pfeilerbasilika mit leicht erhöhtem Chor und fünfschiffiger Krypta, drei Ostapsiden und vier Ecktürmen. Károly Antal schuf die Apostelstatuen an der *Südfassade*, György Kiss das Muttergottesrelief im Kreise ungarischer Heiliger am *Südportal*, György Zala die Plastiken am Abgang zur *Krypta* und den *Ziborien-Hochaltar*. Für die umfangreichen *Wand- und Deckenmalereien* wurden der deutsche Nazarener Karl Andreae sowie die Historienmaler Bertalan Székely und Károly Lotz berufen.

Ältester erhaltener Teil des Domes ist die 1506 von Bischof György Szathmáry gestiftete Sakramentsnische in der **Corpus-Christi-Kapelle** (Eingang an der Westfassade). Mit den beiden Sakramentsnischen in der Innerstädtischen Pfarrkirche von Budapest [s. S. 85] zählt sie zu den Spitzenwerken der ungarischen Frührenaissance (1506). Im **Lapidarium** an der Ostseite des Domes sind die vorzüglichen Originalplastiken aus dem romanischen Bau, römische und mittelalterliche Steinarbeiten sowie Renaissanceplastiken zu besichtigen.

Südöstlich des Dombezirks zeigt das **Csontváry-Museum** 7 (Janus Pannonius utca 11, April–Okt. Di–So 10–18, sonst bis 16 Uhr) monumentale Gemälde und Graphiken des Symbolisten Tivadar Csontváry Kosztka (1853–1919). Neben Stimmungsmotiven aus der Tiefebene widmete er sich Landschaften und Menschen in Italien und dem Vorderen Orient.

Die **Káptalan utca** (Domkapitelgasse) bildet geradezu eine Museumsstraße. In Haus Nr. 4, dem **Museum für moderne ungarische Kunst** 8 (Di–So 12–18 Uhr), sind u. a. Werke von József Rippl-Rónai, Marcel Breuer, László Moholy-Nagy und des ungarischen Revolutionsmalers Béla Uitz (1887–1972) ausgestellt. Das gotische **Propst-Haus** (Nr. 2) mit seinem reizvollen Barockrelief der Muttergottes beherbergt die einzigartige **Zsolnay-Sammlung** 9 (April–Okt. Di–So 10–18, sonst bis 16 Uhr) mit prachtvollen Keramiken der 1868 in Pécs gegründeten Firma. Berühmt wurde sie durch die Herstellung frostsicherer Pyrogranitplatten mit Volkskunstmotiven zur Verkleidung von Bauten des national-ungarischen Jugendstil. Zier- und Gebrauchskeramiken mit türkischen Ornamenten folgten um die Wende zum 20. Jh., Objekte nach Art des westeuropäischen Jugendstil, z. T. in starker Anlehnung an Tiffany- und Gallé-Gläser. Im Erdgeschoss zeigt die **Amerigo-Tot-Sammlung** Plastiken des aus Ungarn stammenden Künstlers (1909–1984).

TOP TIPP

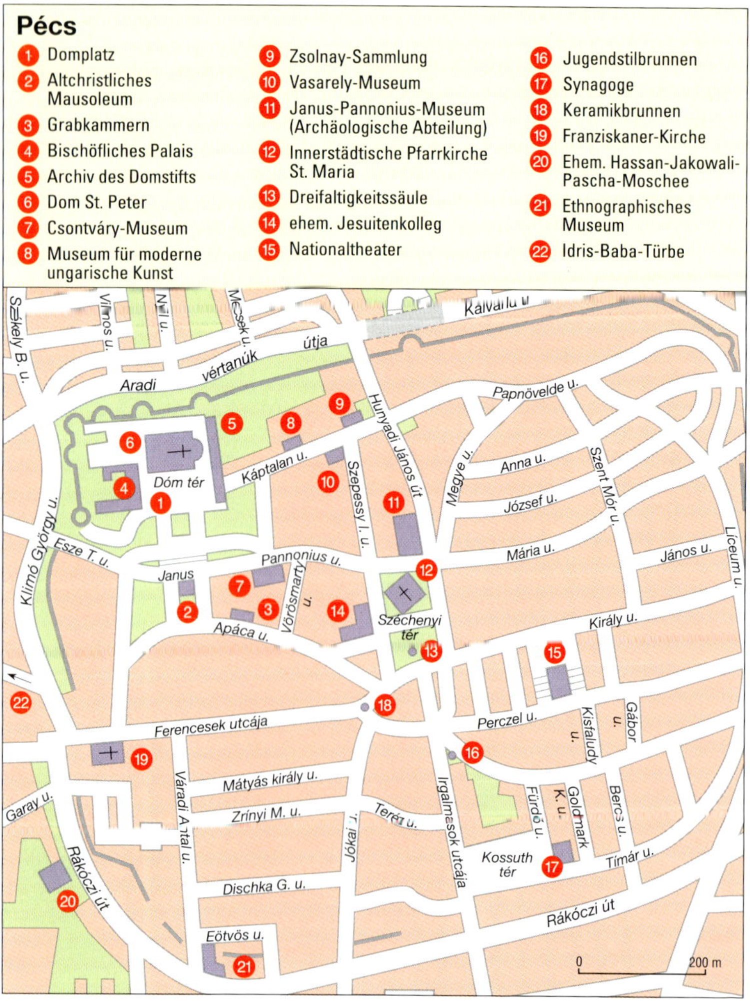

Voller Leben präsentiert sich die Király utca in der Fünfkirchener Innenstadt

Schräg gegenüber, im einstigen Domherrenhaus Nr. 3, wurde 1908 Victor Vasarely (eigentlich: Győző Vásárhelyi) geboren. Der Vater der Op-Art, der Kunst der optischen Täuschung, lebte seit 1930 in Frankreich. Er starb 1997. Das **Vasarely-Museum** 10 (April–Okt. Di–So 10–18, sonst bis 16 Uhr) enthält Bilder, die der Künstler seiner Heimatstadt geschenkt hat, dazu Werke seiner Frau Claire und seines Sohnes Yvaral (Jean-Pierre). Vasarelys Kunst bestimmen geometrische Abstraktionen und ›aufgeblähte‹ Flächen, deren plastische Wirkung sich je nach Standort des Betrachters ändert.

Mittelpunkt der Bürgerstadt ist der **Széchenyi tér**, eigentlich ein zweiteiliger, stark abfallender Platz. Im Eckhaus Nr. 12 befindet sich die *Archäologische Abteilung* des städtischen **Janus-Pannonius-Museums** 11 (April–Okt. Di–Sa 10–16, sonst bis 14 Uhr) mit hervorragenden regionalen Funden seit der Altsteinzeit, Muttergottheiten der Jungsteinzeit, Exponaten der Illyrer, Kelten, Römer, Hunnen, Ostgoten und Awaren sowie frühchristlichen Wandmalereien.

Den Nordteil des Platzes beherrscht die **Innerstädtische Pfarrkirche St. Maria** 12 – vormals eine von 17 Moscheen

Die markante Innerstädtische Pfarrkirche St. Maria am Széchenyi-Platz verrät deutlich ihre türkische Vergangenheit als Moschee

der Stadt –, die Kassim Pascha 1585 aus Steinen der romanischen Bartholomäus-Kirche errichten ließ. Nach Abtragung des Minaretts nahmen die Jesuiten die Umgestaltung zu einer Kirche vor, die 1939 von diesen barocken Veränderungen befreit wurde. Dabei kamen *Mihrab* (Gebetsnische) und Reste der *Stalaktit-Gewölbe* unter dem achteckigen Kuppeltambour zum Vorschein.

Allenthalben finden sich in Pécs Spuren der ortsansässigen Keramikfirma Zsolnay

Auch das Gelände vor der Moschee erfuhr seit dem Abzug der Türken tief greifende Veränderungen. Der alte Basar wurde abgebrochen, die Stelle des Reinigungsbrunnens nimmt die barocke **Dreifaltigkeitssäule** 13 ein. Das Reiterstandbild des Türkenbezwingers János Hunyadi von Pál Pátzay kam 1939 hinzu. Die Westseite des Platzes begrenzt das **ehem. Jesuitenkolleg** 14 (Gymnasium), die Ostseite das *Jugendstil-Hotel ›Nádor‹*.

Nach Osten zweigt die **Király utca** (Königsstraße) ab, die mittelalterliche Hauptverkehrsachse der Stadt, heute ein ›Spiegel‹ der Gründerzeit. Links beeindruckt zunächst das *Jugendstil-Hotel ›Palatinus‹*, rechts öffnet sich der Színház tér (Theaterplatz) vor dem prunkvollen Pécser **Nationaltheater** 15, einem Werk des späten Historismus (1893). Internationalen Ruf genießt das Ballettensemble. Den Abschluss der Király utca bildet die doppeltürmige *Lyzeums-Kirche*, vom Paulinerorden im Barockstil gestaltet.

Am südlichen, trichterförmig zulaufenden Ende des Széchenyi tér steht vor der Fassade der St.-Sebastians-Kirche ein prächtiger **Jugendstilbrunnen** 16, den die Firma Zsolnay 1912 zum Gedenken an den Firmengründer Vilmos Zsolnay stiftete. Stierköpfe altorientalischer Herkunft, wie sie den Goldschatz von Nagyszentmiklós aus dem 9. Jh. schmücken, inspirierten den Künstler Andor Pilch zu seinen Entwürfen.

Auf dem nahen Kossuth tér begann 1865 der Bau der **Synagoge** 17 in orientalisch-romantischen Formen nach Plänen von Frigyes Feszl, dem Architekten der Pester Redoute [s. S. 85]. Vom Széchenyi tér kommt man in südwestlicher Richtung zum *Jókai tér*, dem alten Fischmarkt, für den Zsolnay 1968 anlässlich ihres 100-jährigen Bestehens einen **Keramikbrunnen** 18 stiftete: Fünf Miniaturkirchen erinnern an die Grabkapellen, denen die Stadt ihren deutschen Namen Fünfkirchen verdankt. Die Ferencesek utcája (Franziskaner-Gasse) führt nach Westen zur **Franziskaner-Kirche** 19. Ausgrabungen belegen die Nutzung des Gotteshauses als *Medrese* (geistliche Hochschule) und *Hamam* (Dampfbad) in der Türkenzeit.

Wenige Schritte entfernt steht an der Ringstraße um die Altstadt (Rákóczi út) das schönste islamische Bauwerk von Pécs, die **ehem. Hassan-Jakowali-Pascha-Moschee** 20 aus dem 16. Jh. Das interessante *Museum* zeigt türkisch-osmanisches Kunsthandwerk – Keramiken, Miniaturmalereien, Musikinstrumente und Teppiche. Einen Teil der Exponate stellte der türkische Staat zur Verfügung.

Das **Ethnographische Museum** 21 (Néprajzi múzeum, Rákóczi út 15, April–Okt. Di–Sa 10–16 sonst bis 14 Uhr) gibt Einblick in Geschichte und Kultur der ungarischen, kroatischen, serbischen und deutschen Volksgruppen im Komitat Ba-

Ungarischer National- und Jugendstil

Gegen Ende des 19. Jh. entstanden in ganz Europa neue Kunstformen, v. a. der Jugendstil, in Wien und Osteuropa als **Sezession** bezeichnet. In Ungarn suchten Künstler, bestärkt durch die landesweiten Vorbereitungen zur Jahrtausendfeier (Millennium) der magyarischen Landnahme 1896, nach einem ungarischen Nationalstil.

Die Grundlage bildete die Rückbesinnung auf die östliche Herkunft der Magyaren und die Überlieferungen der Volkskunst. **Fantasiereichtum** und **Farbenpracht** kennzeichnen den nationalungarischen Jugendstil. Die Holzbaukunst Siebenbürgens, orientalische, byzantinische, maurische, indische, venezianisch-gotische Formen finden sich zu reizvollem Zusammenklang, besonders in den Bauten von Ödön Lechner (1845–1914) und seinen Schülern. Typisch sind überaus farbenfrohe Keramikornamente aus der Manufaktur Zsolnay in Pécs [Nr. 37] (Postsparkasse, Geologisches Institut und Kunstgewerbemuseum in Budapest [Nr. 48], Rathäuser in Kecskemét [Nr. 72] und Kiskunfélegyháza [Nr. 78], Bunter Palast in Kecskemét). Als Vorlage dienten die Bücher des Volkskundlers József Huszka, der jahrzehntelang den reichen Schatz ungarisch-turanischer Volkskunstmotive gesammelt hatte. Maurisch-orientalische Formen bestimmen auch die nach wie vor prunkvollen Synagogen und Mausoleen der jüdischen Gemeinden von Pest, Szeged [Nr. 80] und Szombathely [Nr. 10].

Einige Architekten wandten sich den eleganten Formen des französischen Jugendstil, **Art Nouveau**, zu, wie etwa Ede Magyar mit seinem Iris-Haus in Szeged. Aus den Kunstidealen der **Wiener Sezession** schöpften dagegen der Otto-Wagner-Schüler István Medgyaszay (Theater in Veszprém [Nr. 20] und Sopron [Nr. 7]) und Béla Lajta (Rózsavölgyi-Haus, Budapest).

Fantasievolles Beispiel des ungarischen Jugendstil: Bunter Palast in Kecskemét

ranya und im Landstrich Ormánság.

In einer kleinen Gartenanlage an der Nyár utca im Westteil von Pécs überdauerte aus türkischer Zeit eine achteckige Grabmoschee von 1591, die **Idris-Baba-Türbe** 22. Das Volk verehrte ›Vater‹ Idris als Wunderarzt und Heiligen.

Praktische Hinweise

Information

Tourinform, Széchenyi tér 9, Pécs, Tel. 72/21 33 15, Fax 72/21 26 32, www.pecs.hu

Hotels

TOP TIPP ***__Palatinus__**, Király utca5, Pécs, Tel. 72/88 94 00, Fax 72/88 94 38, www.danubiusgroup.com/palatinus. Jugendstilhotel mit dem Charme vergangener Zeiten.

***__Pátria__**, Rákóczi út 3, Pécs, Tel. 72/88 95 00, Fax 72/88 95 06, www.danubiusgroup. com/patria. Freundliches Mittelklassehotel.

Restaurant

Kalamáris Vendéglö, Rákóczi utca 30, Pécs, Tel. 72/31 25 73. Kreative ungarische Küche und reiches Weinangebot in schlicht elegantem Ambiente.

38 Mecsek

Altsteinzeitliches Siedlungszentrum, heute von Kohlebergbau und Weinbau geprägt.

Nördlich von Pécs erstreckt sich der Mecsek, ein von einer dicken Kalkschicht bedecktes Schollengebirge, in dessen Höhlen vor 60 000 Jahren altsteinzeitliche Jäger lebten.

Die mehr als 500 m lange Tropfsteinhöhle der Ortschaft **Abaliget**, 20 km nordwestlich von Pécs, wird für Heilzwecke genutzt und kann im Rahmen einer Führung besichtigt werden. Empfehlenswert ist ein Besuch der romanisch-gotischen **Kirche** von **Mánfa**, die malerisch am Waldrand oberhalb der Straße 66, etwa 7 km von der Ortschaft Komló entfernt liegt.

Höchste Erhebung des Mecsek ist der 680 m hohe **Zengő**. An seinem Südabhang, etwa 11 km von Pécs, liegt weithin sichtbar das einstige **Burgkloster Pécsvárad**, das zu den reichsten Abteien Ungarns zählte. Nach dem Türkensturm um 1730 im Barockstil erneuert, dienen die Gebäude heute als Museum und Hotel. Von der romanischen **Stiftskirche** überdauerten das von einem wuchtigen Mittelpfeiler getragene Erdgeschoss und einige byzantinisch beeinflusste Fresken. Neben dem Burgkloster führt eine Kastanienallee zur barocken Kirche Mariä Himmelfahrt.

Weiter auf der Straße 6 in Richtung Bonyhád, grüßen **Mecseknádasd** und **Ófalu** (4 km weiter östlich) mit deutsch beschrifteten Ortsschildern und Einladungen ins Heimatmuseum.

39 Szekszárd

Angenehme Raststation im Weinland.

Szekszárd, die von Hügeln umgebene Hauptstadt (40 000 Einwohner) des Komitats Tolna, ist das Zentrum eines bekannten *Weinbaugebiets*, in dem gehaltvolle Rotweine wie ›Stierblut‹ und ›Kadarka‹ erzeugt werden. Szekszárd ist auch die Heimat des volkstümlichen Helden Háry János, des ›ungarischen Münchhausen‹.

Schönstes historisches Gebäude ist das **Komitatshaus** (Megyeháza), heute Kreisamt, ein Meisterwerk des ungarischen Klassizismus (um 1830) mit dorischen Säulen und Mittelrisalit von Mihály Pollack. Im Hof entdeckte man die

In überwältigender Pracht erstrahlt die Ikonostase der Klosterkirche von Grábóc

Grundmauern einer *Benediktinerabtei*, in der König Béla I. 1063 seine letzte Ruhe fand. Das **Wosinszky Mór Museum** (April–Sept. Di–So 10–18, sonst Di–Sa 10–16 Uhr) enthält eine archäologische und volkskundliche Sammlung.

Der **Gemencer-Wald**, östlich der Stadt an der Donau gelegen, ist heute Landschaftsschutzgebiet mit Auwäldern und toten Flussläufen, in denen zahlreiche Vogelarten noch Lebensraum finden. Die Besichtigung ist von Gemenc aus per Boot oder Schmalspurbahn möglich.

Kloster Grábóc

Das orthodoxe Kloster Grábóc, 8 km östlich von Bonyhád (über Börzsöny), gründeten 1580 serbische Mönche. Nachdem die erste **Klosterkirche** durch die Türken zerstört worden war, entstand Mitte des 18. Jh. der spätbarocke Neubau. Die Innenausstattung verbindet in ansprechender Weise Ikonen bzyantinischen Bildinhalts mit Ornamenten des mitteleuropäischen Zopfstils.

i Praktische Hinweise

Information

Tourinform, Bajcsy-Zsilinszky u. 7, Szekszard, Tel. 74/41 89 07. Fax 74/41 20 82. www.szekszard.hu

40 Dunaújváros
Donauneustadt

Zentrum der ungarischen Eisen- und Stahlindustrie. Museum mit bedeutenden Römerfunden.

Nach dem Zweiten Weltkrieg erwuchs aus dem Dorf Dunapentele eine Reißbrettstadt als Zentrum der *Stahlverhüttung*. Heute stellt Dunaújváros eines jener städtebaulich interessanten Denkmäler dar, die von den zerschlagenen Visionen des industriellen Aufbaus in der ersten Phase des Sozialismus künden. Die wichtigste Sehenswürdigkeit ist das archäologische **Intercisa-Museum** (Városháza tér Nr. 4, Juli/Aug. Di–Fr 14–18, sonst Sa/So 14–18 und jede gerade Woche Di–Fr 10–14, ungerade Woche Di–Fr 14–18 Uhr), das am Rathausplatz regionale Funde der Bronzezeit (um 2000 v. Chr.), aus einer keltischen Festung sowie aus dem römischen Grenzkastell Intercisa ausstellt, das im 5. Jh. n. Chr. von den Hunnen zerstört wurde.

Den Fresken der Serbenkirche von Ráckeve sieht man ihre 500 Jahre nicht an

41 Ráckeve

Einstiges Serbenstädtchen mit dem Barockschloss des Türkenbezwingers Prinz Eugen.

Der Norden der 54 km langen **Donauinsel Csepel** ist als Industriezone kaum einladend; der Südteil ist bei den Budapester beliebt als Angel- und Badeziel (Zufahrt am besten auf der Straße 51, Abzweigung bei Kiskunlacháza).

Nördlich der Donaubrücke in Ráckeve liegt **Schloss Savoyen**, das Prinz Eugen von Savoyen nach dem Sieg bei Zenta über die Türken (1697) als Mittelpunkt seiner ungarischen Güter errichten ließ. Die elegante Dreiflügelanlage um einen Ehrenhof verrät die Handschrift eines genialen Architekten: Lukas von Hildebrandt, der hier sein erstes Großprojekt für Prinz Eugen erstellte. Der *Mittelrisalit* trug ursprünglich ein geschwungenes Mansardendach. Nach einem Brand im 19. Jh. wurde die behäbig wirkende Kuppelhaube aufgesetzt. Heute dient das Schloss zeitgemäß als Haus der Architekten und modernes Kongresszentrum.

Ráckeve leitet seinen Namen von jenen Serben (ungar.: *Rác*) her, die 1440 vor den Türken aus ihrem Heimatdorf Kovin (ungar.: *Keve*) fliehen mussten. 1487–1500 erbauten sie die orthodoxe **Serben-Kirche** (Szerb templom) im spätgotischen Stil. Zwischen den Netzrippengewölben prangen *Fresken*, die um 1770 zwar teilweise übermalt wurden, aber noch immer ein höchst eindrucksvolles Beispiel der byzantinischen Bildsprache darstellen. Die *Ikonostase* und die übrige Ausstattung sind spätbarock gestaltet, desgleichen der frei stehende Kirchturm.

i Praktische Hinweise

Hotel

*** **Savoyai Kastély**, Kossuth Lajos utca 95, Ráckeve, Tel. 24/48 52 53, Fax 24/48 53 41, www.savoyai.hu. Malerisches Schlosshotel mit Tennisplätzen und empfehlenswertem Restaurant.

42 Gorsium-Herculia

Die ehem. Römerstadt ist eine der bedeutendsten Fundstätten Ungarns.

Die Ausgrabung, die als **Archäologischer Park** (April–Okt. tgl. 10–18, sonst bis 16 Uhr) erschlossen wurde, liegt sehr malerisch inmitten eines parkartigen Geländes 18 km südöstlich von Székesfehérvár beim Dorf **Tác**. Gorsium entwickelte sich aus einem keltischen, später römischen Kastell am Schnittpunkt wichtiger Verkehrswege. Seit dem 2. Jh. n. Chr. besaß der Ort Stadtrecht. Im 3. Jh. durch Sarmaten und Germanen zerstört, entstand er zu Ehren des Maximianus Herculius, Mitregent Kaiser Diokletians, als Herculia neu. Nach dem endgültigen Niedergang in der Völkerwanderungszeit verwendeten im 10. Jh. die Magyaren viele der Steine als Baumaterial für Székesfehérvár.

Von dem Kassengebäude führt der Weg nach links ins Zentrum Herculias. Jenseits der west-östlich verlaufenden Hauptstraße liegt das **Forum** mit den Resten öffentlicher Gebäude und dem Kapitolinischen Tempel. Im Osten schließt sich der **Heilige Bezirk** mit Kaisertempeln und einem Gebäude an, dessen Kellergeschoss wohl für Gastmähler diente und interessante Reste von Stuckaturen, Wandmalereien und Bodenmosaiken aufweist. Zwei **Brunnen** sind in der Umfassungsmauer des Heiligen Bezirks freigelegt worden. Im Westen wurden die Grundmauern eines **Palastes** mit Thermenanlage, Sälen und einem Kornspeicher ausgegraben. Vom Kassengebäude nach rechts erreicht man die Reste der **Villa Leporis** (Hasenvilla) aus dem 4. Jh. und ein kleines **Museum**. In der Nähe wurden besonders prächtig reliefierte Grabsteine aufgestellt.

Einst hallten die Mauern und Straßen von Gorsium wider von geschäftigem Leben

43 Martonvásár

Ein Schloss voller Erinnerungen an Ludwig van Beethoven.

In Martonvásár – erreichbar entlang des Velence-Sees über die Straße 70 – besaßen die Grafen Brunswick ein **Schloss**, das 1875 im Stil der englischen Tudorgotik verändert wurde. **Ludwig van Beethoven** war oft im Schloss zu Gast und komponierte hier einige seiner Klaviersonaten. Die ›unsterbliche Geliebte‹, Adressatin seiner Liebesbriefe, dürfte Josephine Brunswick gewesen sein. Ihre Schwester Therese, die 1828 als Anhängerin Johann Heinrich Pestalozzis den ersten ungarischen Kindergarten gründete, ruht in der Krypta der Schlosskapelle. Im Sommer finden im Schloss und im Park Beethoven-Konzerte statt.

i Praktische Hinweise

Hotel

******Taurus Kastély Hotel**, Kastély utca 1, Seregélyes, Tel. 22/44 70 30, Fax 22/44 70 32, www.kastelyhotel-seregelyes.hu. Klassizistisches Schloss-

Architektonischer Brückenschlag nach England: Schloss Brunswick bei Martonvásár

hotel, ehem. im Besitz der Grafen Zichy und Hadik, in 30 ha großem Park, mit Pool, Sauna etc.

44 Székesfehérvár
Stuhlweißenburg
Plan S. 68

TOP TIPP *Ungarns älteste Königsresidenz mit stilvoller Altstadt und bedeutenden Kunstschätzen des Spätbarock und Zopfstils.*

Etwa 500 Jahre lang wurden Ungarns Könige in Stuhlweißenburg gekrönt: ›Stuhl‹ bedeutet Königsthron, ›weiße Burg‹ eine freie, königliche Stadt.

Geschichte Keimzelle der Stadt war die um 970 von Großfürst Géza (Geisa) errichtete *Burg*. Gézas Sohn und Nachfolger, König Stephan, stiftete 1018 die *Basilika Mariä Himmelfahrt* als Sippenkirche des Árpáden-Geschlechts. 38 Könige wurden hier gekrönt, 18 beigesetzt. Dank der umgebenden Sümpfe blieb Stuhlweißenburg 1241 vom Mongolensturm verschont, verlor aber 1543 durch die türkische Eroberung seinen Rang als Krönungsstadt und Sitz des Reichstages. Erst nach der Vertreibung der Türken 1688 setzte im 18. Jh. der Wiederaufbau ein. Königin (Kaiserin) Maria Theresia förderte die Erhebung zum Bistum (1777).

Im Zweiten Weltkrieg erlitt die Stadt schwere Schäden, heute ist sie ein wichtiges Industriezentrum mit 105 000 Einwohnern und Hauptstadt des Komitats Fejér.

Besichtigung Bester Ausgangspunkt für den ersten Stadtrundgang ist der **Ruinengarten** 1 (Rom Kert, April–Okt. Di–So 9–17 Uhr) an einem rekonstruierten Teilstück der Stadtmauer. Im Eingangsraum steht der sog. *Stephans-Sarkophag* aus dem 11. Jh. mit meisterhaften Marmorreliefs nach byzantinischer Art. Ungeklärt bis heute ist, wer in dem Sarkophag beigesetzt wurde: Großfürst Géza, König Stephan oder sein einziger Sohn Emmerich (Imre), der 1031 bei einem Jagdunfall starb. Das **Lapidarium** enthält Fragmente der romanischen bzw. gotischen Krönungsbasilika, Grabsteine und Teile des Sarkophags König Ludwigs d. Gr. aus rotem Marmor (14. Jh.). Ungefähr in der Mitte des Ausgrabungsgeländes liegt die halbkreisförmige Apsis der **Mariä-Himmelfahrt-Basilika**. Modellzeichnungen erläutern die Entwicklung von der schlichten Vorläuferkirche des Jahres 972 zur dreischiffigen romanischen Basilika mit gotischen Zubauten und Veränderungen bis ins 15. Jh. Türkenherrschaft und eine Pulverexplosion beschädigten die ehrwürdige Krönungskirche, und ab 1790 ließ Bischof János Milassin sie sogar abtragen, um Platz für den Bau des **Bischöflichen Palais** 2 am Városház tér zu schaffen. Die Pläne für dieses Monumentalgebäude im Spätbarockstil mit französisch-klassizistischen Anklängen in der Dachzone erstellte Jakob Rieder. Der **Reichsapfel-Brunnen** 3 erinnert an den 900. Todestag König Stephans 1938.

Das **Rathaus** 4 (Városház) besteht aus dem älteren Teil, der mit barocken Steinfiguren der Klugheit und Gerechtigkeit geschmückt ist, sowie dem ehem. Palais Zichy im Zopfstil (um 1780). Schräg gegenüber, am Beginn der Jókai utca, steht das **Hiemer-Haus** 5 (um 1770), eines der

Székesfehérvár

1. Ruinengarten
2. Bischöfliches Palais
3. Reichsapfel-Brunnen
4. Rathaus
5. Hiemer-Haus
6. Dom St. Peter und Paul
7. St. Anna-Kapelle
8. Budenz-Haus
9. Komitats-Haus
10. Reiterstandbild König Stephans
11. Karmeliter-Kirche
12. ehem. Gasthof ›Zum Pelikan‹
13. Kuppelbad
14. Zisterzienser-Kirche
15. ehem. Jesuiten-Apotheke ›Zum schwarzen Adler‹
16. Vörösmarty-Theater
17. König-Stephan-Museum
18. Freilichtmuseum

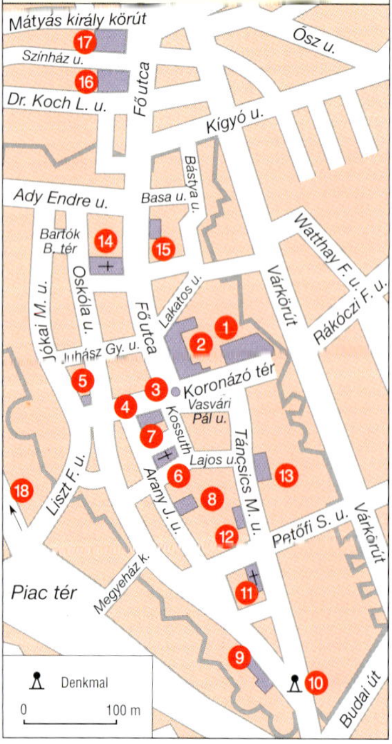

schönsten Barockgebäude der Altstadt mit einem stimmungsvollen Arkadenhof.

Schmale Gassen führen aufwärts zum ältesten Teil der Stadt auf dem ehem. **Burghügel**. Nachgezogen im Straßenpflaster vor dem Dom sind die Konturen eines kleeblattförmigen Zentralbaus, wohl die Grab- oder Taufkapelle in Großfürst Gézas Burg um das Jahr 970.

Der **Dom St. Peter und Paul** 6 erhebt sich auf den Fundamenten der 1235 von König Béla IV. gegründeten ersten Pfarrkirche der Bürgerstadt. Reste gotischer Fenster in den beiden Westtürmen verraten den mittelalterlichen Ursprung. 1759 wurde mit dem wuchtigen barocken Neubau begonnen, vollendet wurde er 1773 mit dem frühklassizistischen Chorraum und Hochaltar nach Entwürfen des Wiener Hofarchitekten Franz Anton Hillebrandt. Das *Hochaltarblatt* ›König Stephan vor der Muttergottes‹ malte Vinzenz Fischer. Auch die *Fresken* von Johann Cymbal schildern Szenen aus dem Leben des ersten Ungarnkönigs.

Die **St.-Anna-Kapelle** 7 (Szent Anna-kápolna) links neben dem Dom, ein Juwel der Spätgotik, wurde 1478 als Friedhofskapelle gestiftet. Sie überdauerte als einzig vollständig erhaltenes mittelalterliches Bauwerk die wechselhafte Geschichte der Stadt. Im Inneren künden Koransprüche und Lebensbaummotive von der früheren Funktion als Bethaus des türkischen Paschas. Vor der Kapelle erinnert ein *Denkmal* von Béla Ohmann (1938) an den Dompropst Domonkos Kálmáncsehi, einen bedeutenden Humanisten des 15. Jh. Südlich vom Dom verläuft die stimmungsvolle Arany János utca. Im **Budenz-Haus** 8 (Mai–Sept. Di–So 10–16, sonst bis 14 Uhr), einem hübschen Gebäude im Zopfstil, wohnte um 1860 der Begründer der vergleichenden finno-ugrischen Sprachwissenschaft, József Budenz. Das *Museum* bewahrt den Nachlass von Miklós Ybl, dem bedeutenden Architekten des Historismus sowie die Sammlung Ervin Ybl mit ungarischer Kunst des 19. und 20. Jh.

Klassizistische Bürgerhäuser sowie das von Mihály Pollack entworfene alte **Komitats-Haus** 9 (um 1810) säumen den István tér (Stephansplatz). Das **Reiterstandbild König Stephans** 10 stammt aus dem Jahr 1938. Unweit vom István tér (Ecke Petőfi/Kossuth utca) verdient die frühere **Karmeliter-Kirche** 11 einen Besuch. Hinter der schlichten Fassade verbirgt sich eine qualitätvolle Rokoko-Ausstattung sowie ein herrlicher *Freskenzyk-*

Als Ungarns älteste Königsstadt verfügt Székesfehérvár über Stadtmauer und Dom

lus von Franz Anton Maulbertsch (1768) mit Szenen aus dem Marienleben.

Historische Bedeutung als Sitz der ›Nationalen Schauspielgesellschaft von Stuhlweißenburg‹, die im Reformzeitalter des frühen 19. Jh. einen wichtigen Beitrag zur ungarischen Literatur leistete, hat der **ehem. Gasthof ›Zum Pelikan‹** 12 (Kossuth Lajos utca 15). Aufmerksamkeit verdient auch wenige Schritte weiter rechts ein mit Pfauen- und Blumenornamenten verziertes *Jugendstil-Haus* sowie orientalisch anmutende **Kuppelbad** 13.

Die Fő utca (Hauptstraße) markiert die mittelalterliche Nord-Süd-Achse der Stadt. Die spätbarocke **Zisterzienser-Kirche** 14 (1745–51) schmücken qualitätvolle Fresken und Wandaltäre des Troger-Schülers Caspar Franz Sambach. Die prächtige Kanzel schnitzte Carlo Bebo aus Óbuda. Die graziösen Kunsttischlerarbeiten (Gestühl und Bilderrahmen) stammen aus

Den Rathausplatz vor dem Bischöflichen Palais ziert der Reichsapfel-Brunnen

Blickfang des Freilichtmuseums von Székesfehérvár ist die orthodoxe Kirche

der Werkstatt des Jesuiten-Meisters Bernhard Baumgartner. Pauliner-Mönche statteten die **Sakristei** (Zugang: János köz) mit vorzüglichen Rokoko-Schnitzereien aus.

Die **ehem. Jesuiten-Apotheke ›Zum Schwarzen Adler‹** 16 (Fekete Sas Patika) schräg gegenüber der Kirche mit ihrer kunstvoll geschnitzten spätbarocken Originaleinrichtung ist als *Apothekenmuseum* (Di–So 10–18 Uhr) zugänglich.

Den nördlichen Abschluss der Fő utca bilden das **Vörösmarty-Theater** 16 (1884) – benannt nach dem aus Stuhlweißenburg stammenden ›Dichterfürsten‹ Mihály Vörösmarty (1800–1855) – und das 1830 von dem Wiener Architekten Mihály Pollack entworfene Hotel Magyar Király.

Das **König-Stephan-Museum** 17 (István-Király-Museum, Országzászló tér 3, März–Nov. Di–So 14–18 Uhr) besitzt eine umfangreiche Sammlung zu Geschichte, Kunst und Volkskunde des Komitats Féjer – von bedeutenden Funden aus der Römerstadt Gorsium-Herculia und der Frühzeit des Magyarenreichs bis zu Bauplastik der Krönungsbasilika und türkischem Kunsthandwerk.

Im alten Serbenviertel an der Rác utca (Serbengasse) westlich der Altstadt befindet sich ein kleines **Freilichtmuseum** 18 (Skanzen, April–Okt. Mi–So 10–16 Uhr). Die dortige schlichte barocke **orthodoxe Kirche** (18. Jh.) besitzt eine schöne Ikonostase (Bilderwand) serbischer Provenienz von 1771.

i Praktische Hinweise

Information

Tourinform, Városház tér 1, Székesfehérvár, Tel./Fax 22/34 03 30, www.szekesfehervar.hu

Hotel

****Magyar Király**, Fő utca 10, Székesfehérvár, Tel. 22/31 12 62, Fax 22/32 77 88, www.magyarkiraly.axelero.net. Stilvolles Hotel ›König von Ungarn‹.

45 Vértes

Schildgebirge mit einigen kunsthistorischen Kostbarkeiten.

Die Waldkuppen des Vértes erreichen Höhen bis um 480 m. An den Südwesthängen um Bodajk und Mór gedeihen bekannte Weinsorten. Seit dem Mittelalter siedelten hier viele Deutsche, sog. Donauschwaben. Im Ortszentrum von **Mór** besaßen die Grafen Lamberg ein elegantes, spätbarockes **Schloss** (heute Kulturamt), erbaut um 1770 von Jakob Fellner.

In **Csákvár**, südlich des Vértes, ließen 1823 die Fürsten Esterházy vom französischen Architekten Charles-Pierre de Moreau ein monumentales **Empireschloss** (heute Sanatorium) errichten.

Kloster Majk

Bedeutendste Sehenswürdigkeit der Region ist das ehem. Kloster Majk, auch **Majkpuszta** genannt, die ›Einöde von Majk‹ (Zufahrt von einem Teich an der Straße Csákvár–Oroszlány). In der Árpádenzeit bestand hier eine Prämonstratenserabtei, nach den Türkenkriegen stifteten Adelsfamilien die einzige Eremitei der Kamaldulenser in Ungarn. Kaiser Joseph II. hob das Kloster um 1782 auf, die Fürsten Esterházy nutzten es als Jagdschloss, nun fungiert es als Tagungshotel.

Von der spätbarocken Kirche blieb nur der Turm erhalten. Ordenstypisch schließen sich die **Einsiedlerklausen** an, kleine Häuser mit Gebetsnische und Garten. Im Hauptgebäude wurde der Speisesaal mit seinem reichen Stuck- und Freskenschmuck restauriert. Das Jagdzimmer schmückte der österreichische Tiermaler Franz Pausinger 1903 mit Jagdbildern.

Császár

In dem Dorf Császár, etwa 10 km östlich von Kisbér, ließen die Fürsten Esterházy von ihrem Hofarchitekten Jakob Fellner um 1780 eine reizvolle Kirche erbauen. Stephan Dorffmeister malte die *Fresken* aus dem Leben der Kirchenpatrone Petrus und Paulus. Interesse verdient auch die *Kanzel*, die mit ihrer Bootsform Bezug nimmt auf das Gleichnis vom wunderbaren Fischzug.

46 Tata

Malerische ›Stadt der Seen‹.

Das Städtchen Tata (26 000 Einwohner) entwickelte sich um den im Mittelalter angelegten **Alten See** (Öreg-tó) und ein Kanalsystem, das durch Sumpftrockenlegungen entstanden war. Nach den Türkenkriegen verliehen die Fürsten Esterházy Tata das Gepräge einer Fürstenresidenz im Spätbarock- und Zopfstil.

Auf dem alten Hauptplatz fällt der hölzerne **Uhrturm** (1763) ins Auge. Am Kapuziner-Kloster vorbei gelangt man zur **Cifra-Mühle** (Ciframalom) aus dem 16. Jh., der ältesten und schönsten Wassermühle der Umgebung. Am Seeufer bauten die Könige Sigismund und Matthias das gotische **Burgschloss** (Öregvár), das in den Türken- und Kuruzzenkriegen verfiel. Die Fürsten Esterházy ließen es in neogotischen Formen wieder herstellen. Das **Burgmuseum Domonkos Kuny** (Mitte April–Mitte Okt. Di–So 10–18, sonst Mi–Fr 10–14, Sa/So 10–16 Uhr) zeigt römerzeitliche und mittelalterliche Steinfunde sowie Gemälde, volkskundliche Objekte und Keramiken aus Tata. Die erste Fayencefabrik gründete 1758 der Franzose Dominique Cuny (ungarisch: Domonkos Kuny), nach dem das Museum benannt ist.

In der Nähe liegt in einem Park das **Schloss Esterházy**, ein Zopfstilbau des Architekten Jakob Fellner (heute Krankenhaus). Hier unterzeichnete Kaiser Franz I. 1809 auf der Flucht vor Napoleon den sog. *Frieden von Schönbrunn*. In der ehem. Synagoge westlich vom Schloss wurde ein **Museum** (Görög-római Másolat-múzeum, Mai–Sept. Di–So 10–18 Uhr) mit Abgüssen griechischer und römischer Statuen eingerichtet. Die Rákóczi utca führt zur **Pfarrkirche Heiligkreuz**, in der Jakob Fellner, der Hofarchitekt der Esterházy, 1786 beigesetzt wurde.

Am Cseke-tó, dem zweiten Stausee, liegt der **Volksgarten** (Népkert). Die künstliche Ruine rechts vom Eingang bildet ein einzigartiges Denkmal der frühen Romantik in Ungarn (1801). Eingemauert wurden römische Grabsteine und romanische Skulpturen aus der Benediktinerabtei Vértesszentkereszt.

Vértesszőllős

In einer Kalktuffhöhle bei Vértesszőllős, 4 km südöstlich von Tata, wurde eine 500 000 Jahre alte Siedlung des Urmenschen entdeckt, neben dem ›Heidelberger Fund‹ die älteste ihrer Art in Europa.

47 Zsámbék

Großartige spätromanische Kirchenruine.

Einen Umweg lohnt die **ehem. Stiftskirche** in Zsámbék, etwa 30 km westlich von Budapest. Romanische Erdenschwere verbindet sich hier mit gotischem Höhendrang zu einem Meisterwerk mittelalterlicher Baukunst.

Die dreischiffige Basilika mit ihren wuchtigen Westtürmen wurde um 1220 über einer Geschlechterkirche der Familie Aynard begonnen. Fertig gestellt 1258, wurde die Kirche Mitte des 18. Jh. durch ein Erdbeben zum Einsturz gebracht und im 19. Jh. als Ruine konserviert.

Ein achteckiger Mauersockel trägt den hölzernen Uhrturm von Tata

Budapest – Perle des Ostens

Einheimische wie Besucher lieben Budapest gleichermaßen, verehren die Stadt wegen ihres Charmes und ihrer Schönheit. Budapest präsentiert sich als Metropole, die heutige Geschwindigkeit mit historischer Gemächlichkeit verbindet, die Schein und Sein zelebriert, die Patina und Plüschigkeit perfekt unter einen Hut bringt. **Königin der Donau** wird Budapest von manchen Schwärmern genannt. Und in der Tat – diese Stadt wird ihrem Lob gerecht, auch dank der Tatsache, dass inzwischen zahlreiche historische Bauten restauriert wurden und mit ihrer pompösen Pracht in neuem Glanz erstrahlen.

48 Budapest

Pläne S. 74/75, S. 78/79 und S. 85

Neben- und Miteinander von glanzvoller Vergangenheit und willensstarkem Aufbruch in die Zukunft in der ›energiegeladenen‹ ungarischen Metropole.

Zu Recht zählt Ungarns Hauptstadt zu den schönsten Städten der Welt. An den Ufern der Donau liegen die zwei Schwesterstädte, das hügelige **Buda** im Westen, das flache **Pest** im Osten. Erst 1873 wurden die drei bis dahin selbstständigen Verwaltungseinheiten Buda, Óbuda (Altbuda) und Pest zur Stadt Budapest vereint. Als Metropole des Königreichs Ungarn und Teil der Donaumonarchie wetteiferte Budapest mit der Kaiserstadt Wien – den schmückenden Beinamen *Paris des Ostens* trugen ihr aber die großzügigen Boulevards von Pest ein.

Budapest zählt heute 1,7 Mio. Einwohner, ist politischer, kultureller und wirtschaftlicher Mittelpunkt sowie größtes Industriezentrum des Landes. Das prächtige Stadtbild, hervorragende Kunstdenkmäler, Museen, Theater und zahlreiche Thermalbäder locken alljährlich Millionen Besucher in die Stadt.

Geschichte Vor etwa 2500 Jahren siedelten im heutigen Stadtgebiet die Kelten, um die Zeitenwende entstand die Römerstadt *Aquincum*. Im Jahre 404 ließen sich die Hunnen in den römischen Ruinen nieder. 568 kamen die Awaren, dann Slawen und 896 die Magyaren unter Führung des Fürsten Árpád. Am **Knotenpunkt** der Verkehrs- und Handelswege nach Ost- und Südosteuropa gelegen, entwickelten sich beidseits der Donau Siedlungen slawischer und islamischer Händler sowie ungarischer Fährleute und Fischer. König Andreas II. vertrieb die Muslime und holte Deutsche ins Land. 1230 verlieh er Pest das Stadtrecht.

Im Winter 1241/42 zerstörten Mongolen die Orte, wenige Jahre später gründete *König Béla IV.* auf dem Hügelplateau am rechten Donauufer Buda (deutsch: Ofen), das 1255 das Stadtrecht erhielt. Das erste Buda an der Stelle des römischen Aquincum hieß fortan Óbuda (Altbuda). Außer Magyaren, Deutschen und Juden siedelten sich ›Latiner‹ an – Italiener, Franzosen und Wallonen. Das benachbarte Pest gedieh als Umschlagplatz für Vieh und Getreide aus der Tiefebene zu einer wohlhabenden **Handelsstadt**. Ihre höchste Blüte erlebten beide Orte im 14. und 15. Jh. unter den Königen aus dem Hause *Anjou* und *Luxemburg*. König Matthias I. Corvinus (1458–1490) gestaltete Buda zum ersten *Zentrum des Humanismus* und der Frührenaissance in Mitteleuropa.

Seit 1541 beherrschten türkische Paschas von Buda aus den größten Teil Ungarns. Fünf Belagerungen durch kaiserliche Truppen fügten Buda und Pest schwerste Schäden zu. Bei der Rück-

◁ *Budapest kann sich sehen lassen, sei es mit Prachtbauten wie dem Parlament an der Donau* **(oben)** *oder mit glanzvoller Innenarchitektur im altenCafé New York* **(unten)**

Blick über die Donau auf den Burghügel mit Fischerbastei, Matthias-Kirche und Hotel Hilton (von links nach rechts) ▷

eroberung am 2. September 1686 glichen Buda und Pest einem Trümmerhaufen, Óbuda einem Dorf. Erst 1703, mit der Erhebung von Buda und Pest zu *königlichen Freistädten*, begann ein neuer Aufschwung. 1777 wurde die Universität von Trnava (Tyrnau) in Oberungarn nach Buda und nur wenige Jahre später nach Pest verlegt.

In der ersten Hälfte des 19. Jh. entstanden bedeutende kulturelle Einrichtungen – Nationalbibliothek, Nationalmuseum und Akademie der Wissenschaften – sowie die Kettenbrücke als erster fester Donau-Übergang.

Eine nationale Reformbewegung im Sinne eines gemäßigten Liberalismus fand ein jähes Ende in der blutigen Niederschlagung der Revolution 1848/49. Die *Krönung des Königspaares* Franz Joseph und Elisabeth in der Matthias-Kirche von Buda im Juni 1867 bedeutete den glanzvollen Höhepunkt des Ausgleichs zwischen dem Kaiserreich Österreich und dem Königreich Ungarn. 1873 zählte Budapest 300 000 Einwohner, um die Wende zum 20. Jh. bereits fast 750 000. Elegante Boulevards und Ringstraßen, Theater und Cafés, Wohn- und Handelspaläste sowie die erste *Untergrundbahn* auf dem europäischen Festland künden von der **Wirtschaftskraft** der Gründerzeit.

Nach dem Zusammenbruch der Donaumonarchie (1918) verlor Budapest zwar seine Bedeutung als Metropole eines riesigen Vielvölkerstaates, blieb aber Treffpunkt des Geldadels und der geistigen Elite. Gleichzeitig wuchs das Elend der Arbeitermassen.

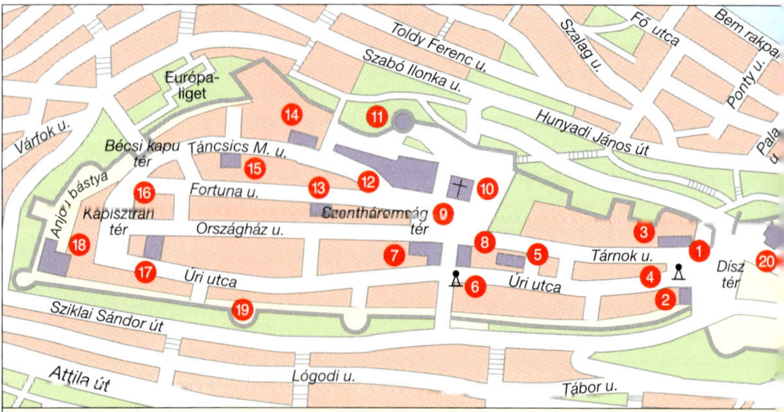

1 Paradeplatz
2 Café Korona
3 Palais Batthyány
4 Honvéd-Denkmal
5 Apotheke ›Zum Goldenen Adler‹
6 András-Hadik-Denkmal
7 Konditorei Ruszwurm
8 Altes Rathaus zu Buda
9 Dreifaltigkeitsplatz
10 Matthias-Kirche
11 Fischerbastei
12 Hotel Hilton Budapest
13 Haus ›Zum Roten Igel‹
14 Palais Erdődy
15 Mittelalterliches Jüdisches Museum
16 Wiener-Tor-Platz

Nach Besetzung durch deutsche Truppen im März 1944 und der Deportation der jüdischen Bevölkerung wurde am 13. Februar 1945 der Burgpalast durch die Rote Armee gestürmt. Die abziehenden Deutschen hatten alle Brücken gesprengt, nur ein Viertel der städtischen Bausubstanz war unversehrt geblieben. Die Restaurierung der Freiheitsbrücke leitete 1946 den bewunderswerten Wiederaufbau ein. Zum Jubiläumsjahr 2000 anlässlich der Staatsgründung vor 1000 Jahren präsentierte sich Budapest in altem Glanz.

Das Burgviertel zu Buda

Der **Burghügel** (Várhegy), ein 1,5 km langes Kalksteinplateau, erhebt sich 50 bis 60 m über die Donau. Etwa zwei Drittel seiner Fläche nimmt das Burgviertel ein, das südliche Drittel der Burgpalast. ›Nadelöhr‹ zwischen beiden Teilen ist der **Paradeplatz** 1 (Dísz tér). Neben dem Parkplatz lädt das **Café Korona** 2 (tgl. 10–21 Uhr) ein, das älteste der Stadt, unweit davon steht der *Alte Husar*, eine Bronzestatue von Zsigmond Kisfaludi Strobl (1926). Die Ostseite des Dísz tér beherrschen das spätbarocke **Palais Batthyány** 3 und das **Kremsmünsterhaus** (Nr. 4–5) mit romanischen Sitznischen in Flur und Torweg für Wächter und Dienstboten. Dort wurden – wie in vielen Häusern des Burgviertels – Stoffe feilgeboten oder Wein ausgeschenkt. Das **Honvéd-Denkmal** 4 von György Zala (1893) erinnert an den ungarischen Freiheitskampf 1848/49.

In der **Tárnok utca**, der breitesten Gasse im Burgviertel, wohnten im Mittelalter die deutschen Kaufleute. Am Haus Nr. 14 wurden spätgotische Konsolen und Segmentbögen freigelegt. Die frühere **Apotheke ›Zum Goldenen Adler‹** 5 (Arany Sas Patika) ist als *Apothekenmuseum* (Di–So 10.30–17.30 Uhr) eingerichtet. Auch in der **Uri utca** (Herrengasse), die das Burgviertel in ganzer Länge durchschneidet, blieb mittelalterliche Bausubstanz erhalten, z.B. das gotische *Hölbling-Haus* (Nr. 31). Im Haus Nr. 9 schließlich befindet sich der Eingang zu einem unterirdischen Höhlenlabyrinth mit Panoptikum. Als Reiterstandbild erinnert das **András-Hadik-Denkmal** 6 von György Vastagh (1937) an den tollkühnen Husarengeneral, der sich im *Siebenjährigen Krieg* gegen Preußen auszeichnete, Berlin 1757 einen Tag lang besetzt hielt und außerdem für die Abschaffung der Leibeigenschaft eintrat.

In der kurzen Verbindungsgasse zum *Dreifaltigkeitsplatz* lädt seit 1827 die im Biedermeierstil eingerichtete **Konditorei Ruszwurm** 7 zum Besuch ein. Das **Alte Rathaus zu Buda** 8, ein Barockbau des kaiserlichen Hofarchitekten Venerio Ceresola, reicht von der Úri utca bis zum Dreifaltigkeitsplatz. Die Statue der Stadtgöttin *Pallas Athene* des Bildhauers Carlo Adami von 1785 unter dem Erker wurde durch eine Kopie ersetzt [Original in Pest, s. S. 86].

Der **Dreifaltigkeitsplatz** 9 (Szentháromság tér) war im Mittelalter dicht bebaut – Plätze entstanden im Burgviertel erst nach der Türkenzeit. Die *Dreifaltigkeitssäule* wurde anlässlich der Pestseuche von 1709 nach Entwürfen des Würzburger Bildhauers Philipp Ungleich errichtet, Anton Hörger schuf die Reliefs.

Die **Matthias-Kirche** 10 (Mátyás templom) diente zeitweise als Krönungskirche der ungarischen Könige. Gegründet wurde sie 1255 von König Béla IV. als Liebfrauenkirche der deutschen Bürgerschaft von Buda. Um 1370 erfolgte die Umgestaltung zu einer gotischen Hallenkirche. König Matthias Corvinus ließ das *Königliche Oratorium* anfügen. Die Türken nutzten die Kirche als Moschee, nach der Rückeroberung Budas wurde sie in barocker Form wieder hergestellt. Das *neogotische Erscheinungsbild* ist das Ergebnis des durchgreifenden Umbaues 1874–96 unter Leitung von Frigyes Schulek. Das bunt glasierte Dach aus der Keramikfabrik Zsolnay in Pécs steuert die nationalungarische Note bei. Wertvollster Kunstbesitz

Durch das Portal der Matthias-Kirche schritten früher Könige zur Krönung

Ein Gang über die berühmte Fischerbastei ist nicht zuletzt wegen der grandiosen Aussicht ein Muss für jeden Budapest-Besucher

ist das *Tympanonrelief* ›Marientod‹ im Südportal, zusammengesetzt aus gotischen Originalteilen.

Der **Innenraum** wirkt wegen der teppichartigen Ornamente zunächst ›orientalisch‹. *Wandmalereien* von Bertalan Székely und Károly Lotz schildern Begebenheiten aus der ungarischen Geschichte, u. a. die Krönung des Königspaares Franz Joseph und Elisabeth im Jahre 1867. Zu diesem wahrhaft festlichen Anlass komponierte *Franz Liszt* die Ungarische Krönungsmesse. In der *Emmerich-Kapelle* am nördlichen Seitenschiff malte Mihály Zichy den Altar (1890). Die anschließende *Dreifaltigkeits-Kapelle* enthält die neoromanischen Hochgräber der in Stuhlweißenburg gehobenen Gebeine König Bélas III. (1172–1196) und seiner Gemahlin Anna von Châtillon. In der Chorkrypta, im Königlichen Oratorium und seinen Nebenräumen ist der *Kirchenschatz* ausgestellt.

Die berühmte **Fischerbastei** ⓫ (Halászbástya), eine neoromanische Aussichtsterrasse, gestaltete Frigyes Schulek zusammen mit dem Umbau der Matthias-Kirche. Der Name stammt entweder vom Fischmarkt an der Liebfrauenkirche oder von einem Festungsabschnitt, den im Mittelalter die Fischerzunft zu verteidigen hatte. Teil der Anlage ist auch das *Reiterstandbild* des ersten Ungarnkönigs *Stephan I.* (Szent István) von Alajos Stróbl (1906). Als Bekehrer seines Volkes trägt er das Apostolische Doppelkreuz.

Der Neubau des **Hotels Hilton Budapest** ⓬ (1976) nach Plänen von Béla Pinter bezieht Teile des mittelalterlichen Dominikaner-Klosters und die Zopfstil-Fassade des Jesuitenkollegs ein. Vom Turm der Nikolaus-Kirche blieben zwei Geschosse aus dem 15. Jh. erhalten. *Kreuzgang* und *Kirche der Dominikaner* aus dem 13. Jh. sind von der Hotelhalle oder von der Donau-Terrasse aus zugänglich.

Im heutigen Restaurant Fortuna gegenüber vom Hilton Budapest befand sich die Druckerei des András Hess, in der 1473 das erste ungarische Buch erschien, eine lateinische Chronik von Buda. Das **Haus ›Zum Roten Igel‹** ⓭ (Hess András

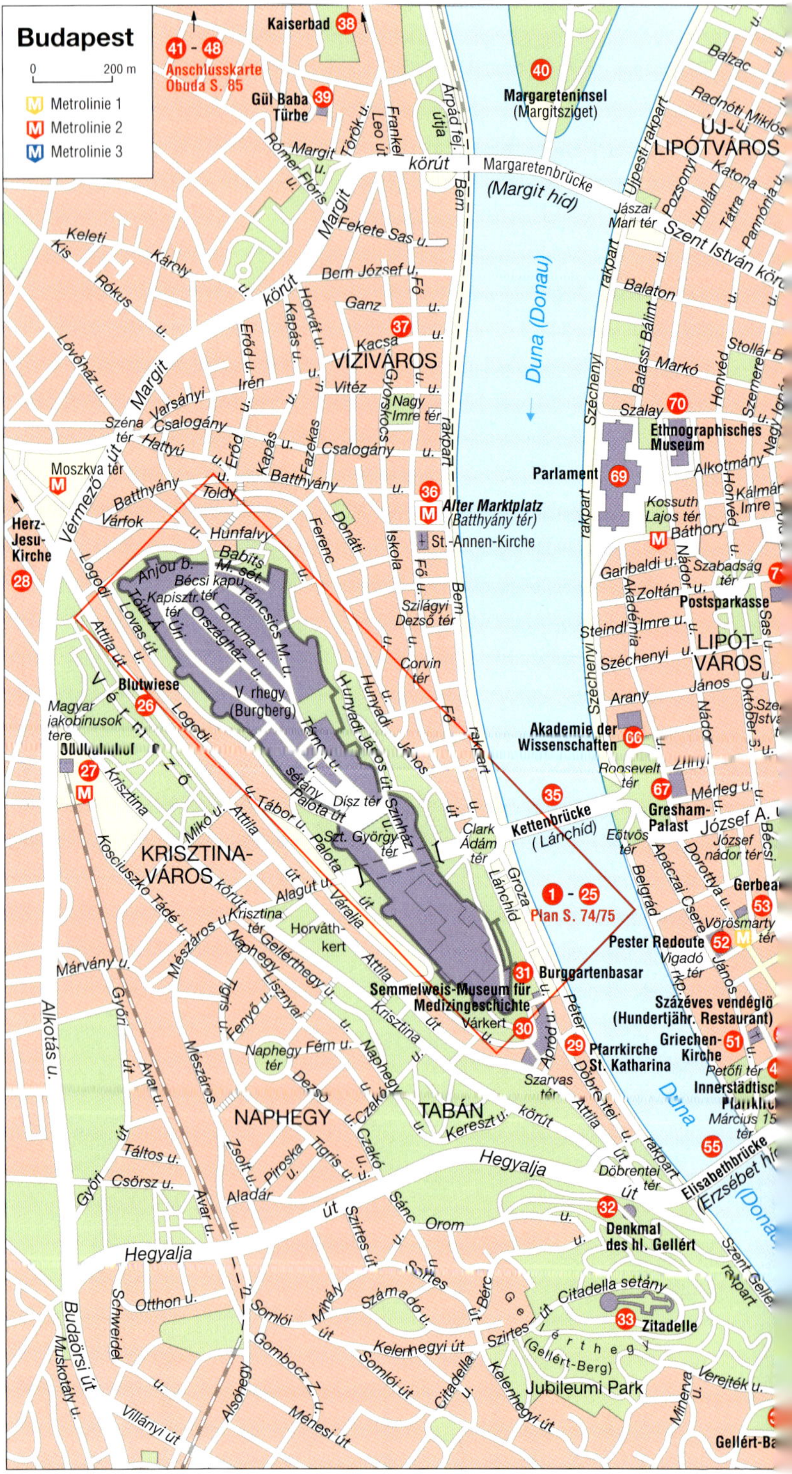

Budapest
0 200 m
Metrolinie 1
Metrolinie 2
Metrolinie 3
41 - 48 Anschlusskarte Óbuda S. 85
Kaiserbad 38
Gül Baba Türbe 39
40 Margareteninsel (Margitsziget)
Margaretenbrücke (Margit híd)
ÚJ-LIPÓTVÁROS
Jászai Mari tér
Szent István körút
Duna (Donau)
VÍZIVÁROS
Nagy Imre tér
Moszkva tér
Széna tér
Herz-Jesu-Kirche 28
Szalay 70
Ethnographisches Museum
Parlament 69
Kossuth Lajos tér
36 Alter Marktplatz (Batthyány tér)
St.-Annen-Kirche
Szilágyi Dezső tér
Corvin tér
Postsparkasse
LIPÓT-VÁROS
Bécsi kapu tér
Kapisztrán tér
V rhegy (Burgberg)
Blutwiese 26
Magyar jakobinusok tere
Südbahnhof 27
Akademie der Wissenschaften 66
Roosevelt tér
Gresham-Palast 67
35
Kettenbrücke (Lánchíd)
Dísz tér
Szt. György tér
Clark Ádám tér
Eötvös tér
József nádor tér
KRISZTINA-VÁROS
Krisztina tér
Horváth-kert
1 - 25 Plan S. 74/75
Gerbeaud 53
Vörösmarty tér
Pester Redoute 52
Vigadó tér
31 Burggartenbasar
Semmelweis-Museum für Medizingeschichte
Várkert 30
Százéves vendéglő (Hundertjähr. Restaurant)
29 Pfarrkirche St. Katharina
Griechen-Kirche 51
Petőfi tér
Innerstädtische Pfarrkirche
Március 15 tér
55
Naphegy tér
NAPHEGY
TABÁN
Szarvas tér
Döbrentei tér
Elisabethbrücke (Erzsébet híd)
Hegyalja út
32 Denkmal des hl. Gellért
Citadella sétány
33 Zitadelle
Gellérthegy (Gellért-Berg)
Jubileumi Park
Gellért-Ba
Alkotás u.
Budaörsi út
Villányi út
Ménesi út
Kelenhegyi út

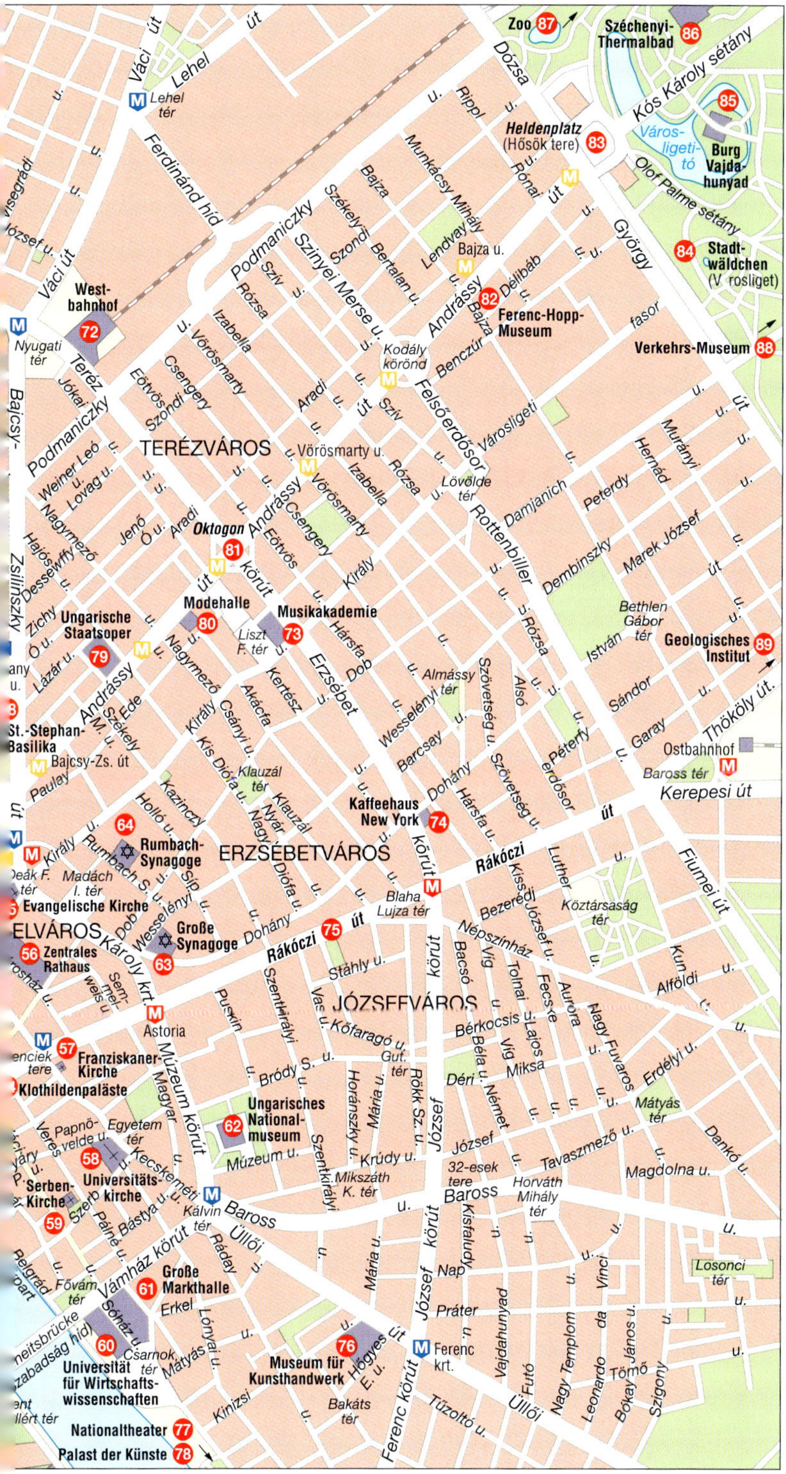
Zoo 87
Széchenyi-Thermalbad 86
Kós Károly sétány
85
Városligeti-tó
Burg Vajdahunyad
Heldenplatz (Hősök tere) 83
Olof Palme sétány
84 Stadtwäldchen (Városliget)
Dózsa György
82 Ferenc-Hopp-Museum
Verkehrs-Museum 88
Kodály körönd
Lehel tér
Lehel
Váci út
Ferdinánd híd
West-bahnhof 72
Nyugati tér
Bajcsy-Zsilinszky
TERÉZVÁROS
Oktogon 81
Vörösmarty u.
Lövölde tér
Andrássy
Podmaniczky
Szinyei Merse u.
Munkácsy Mihály
Bajza u.
Benczúr
Városligeti fasor
Rottenbiller
Damjanich
Peterdy
Dembinszky
Marek József
Bethlen Gábor tér
Geologisches Institut 89
Thököly út
Ostbahnhof
Baross tér
Kerepesi út
Fiumei út
Modehalle 80
Musikakademie 73
Liszt F. tér
Ungarische Staatsoper 79
St.-Stephan-Basilika
Bajcsy-Zs. út
Almássy tér
Klauzál tér
Kaffeehaus New York 74
ERZSÉBETVÁROS
Rumbach-Synagoge
64
Deák F. tér
Madách I. tér
Evangelische Kirche
ELVÁROS
Große Synagoge 63
Zentrales Rathaus 56
Rákóczi út 75
Blaha Lujza tér
Köztársaság tér
JÓZSEFVÁROS
Astoria
Franziskaner-Kirche 57
Klotildenpaläste
Ungarisches National-museum 62
Múzeum körút
Egyetem tér
Universitätskirche 58
Serben-Kirche 59
Kálvin tér
Baross
Üllői
Mikszáth K. tér
32-esek tere
Horváth Mihály tér
Magdolna u.
Mátyás tér
Losonci tér
Große Markthalle 61
Fővám tér
Vámház körút
Szabadság híd
60 Universität für Wirtschafts-wissenschaften
Museum für Kunsthandwerk 76
Ferenc krt.
Bakáts tér
Nationaltheater 77
Palast der Künste 78
József körút
Ferenc körút

tér 3) schmückt ein besonders reizvolles Hauszeichen. Das *Denkmal des Papstes Innozenz XI.* von József Dankó (1936) ehrt den Initiator der Heiligen Liga zur Rückeroberung Budas aus der Hand der Türken.

Die *Táncsics Mihály utca* erinnert an den radikalen Bauernführer und Schriftsteller, der mit anderen Freiheitshelden von 1848/49 – Lajos Graf Batthyány, Lajos Kossuth und Mór Jókai – im Hause Nr. 9 einsaß. Schönstes Barockgebäude ist das **Palais Erdődy** 14 (Nr. 7), das Matthäus Nepauer um 1750 vollendete und heute u.a. als *Musikhistorisches Museum* (März–Dez. Di–So 10–18 Uhr) eine beeindruckende Instrumentensammlung beherbergt.

Seit 1364 lag im nordöstlichen Teil des Burgviertels das jüdische Getto. Das *Kleinmendelhaus* (Nr. 26), im Mittelalter Sitz der Präfektenfamilie Mendel, im 16. und 17. Jh. Bethaus sephardischer Juden, dient heute als **Mittelalterliches Jüdisches Museum** 15 (Mai–Okt. Di–So 10–18 Uhr). Schräg gegenüber, im Hof des ehem. *Palais Zichy* (Nr. 21–23), wurden die Fundamente der spätgotischen Großen Synagoge freigelegt.

Die Ecke zum **Wiener-Tor-Platz** 16 (Bécsi kapu tér) nimmt die Evangelische Kirche im neoklassizistischen Stil (1896) ein. Störend im Platzgefüge wirkt das wuchtige neoromanische Gebäude des Ungarischen Staatsarchivs, sehr harmonisch dagegen die Häuserzeile an der Westseite. Das *Lobner-Haus* (Nr. 5) besitzt einen typischen Budaer Innenhof mit ›Pawlatschen‹ (Freigänge im Obergeschoss). Das Haus Nr. 7 trägt elegante klassizistische Reliefs.

Wenige Schritte weiter westwärts blieb nach dem Zweiten Weltkrieg nur der spätgotische **Turm der Maria-Magdalena-Kirche** 17 erhalten. Gegründet im 13. Jh. als Pfarrkirche der ungarischen Bevölkerung, diente sie in der Türkenzeit als einzige Kirche des Burgviertels den Katholiken wie auch den Protestanten. 1792 wurde hier Kaiser Franz II. zum König von Ungarn gekrönt, im 19. Jh. war sie Garnisonskirche. Die *Ferdinand-Kaserne* (Kapisztrán tér 2–4) beherbergt heute das **Kriegshistorische Museum** 18 (April–Sept. Di–So 10–18 Uhr, Febr., März, Okt.–Mitte Dez. Di–So 10–16 Uhr) Das *Denkmal von József Damkós* (1922) zeigt den heiligen Franziskanermönch *Giovanni Capistrano*, der Mitte des 15. Jh. zum Kreuzzug gegen die Türken aufrief.

An der Nordseite des Burghügels verläuft die *Anjou-Bastei*. Ein turbanbekrönter Grabstein erinnert an den letzten türkischen Statthalter Abdurrahman Ali. Von der Promenade **Tóth Árpád Sétány** 19 an der Westseite bietet sich ein prächtiger Ausblick in die Budaer Berge bis zum 529 m hohen Jánoshegy.

In der *Országház utca* (Landtagsgasse) wohnten im Mittelalter die Kaufleute aus Norditalien. Das *Landtagsgebäude* (Nr. 28) ließ Kaiser Joseph II. 1783 vom Hofbaumeister Franz Anton Hillebrandt aus dem aufgelösten Klarissen-Kloster umbauen. Die Häusergruppe Nr. 18–22 vereint in harmonischer Weise Stilelemente von der Gotik bis zum Barock. Traditionsreiche Gaststätten sind der ›Fekete Holló‹ (Schwarzer Rabe; Nr. 10) und der ›Alabárdos‹ (Hellebardier; Nr. 2), ein gotischer Wohnpalast um 1400.

In der *Fortuna utca* wohnten im Mittelalter die französischen Kaufleute und wallonischen Handwerker. Das um 1700 errichtete Haus Nr. 4 wird unter dem Namen *Szent György Fogadó* als Hotel mit Restaurant und Kaffeehaus genutzt.

Vom Paradeplatz (Dísz tér) zum Burgpalast (Várpalota)

Das **Burgtheater** 20 (Várszínház) ist heute die Heimat des *Nationalen Tanztheaters* (Nemzeti Táncszínház). Kaiser Joseph II. hatte einst den Umbau des Karmeliter-Klosters zum ersten ständigen Theater in Buda verfügt. Anfänglich wurde nur in deutscher Sprache gespielt, am 15. Oktober 1790 fand die erste ungarische Aufführung statt.

Das klassizistische **Sándor-Palais** 21 errichtete Mihály Pollack 1806 für den ungarisch-mährischen Grafen Vincent Sándor von Szlawnicza. Von 1867 bis 1944 residierten im Palais die ungarischen Ministerpräsidenten und seit 2002 die ungarischen Staatspräsidenten.

Neben der Bergstation der **Standseilbahn** thront eine *Bronzeplastik* des Turul-Vogels von Gyula Donath (1905). In der altmagyarischen Sagenwelt gilt der Riesenfalke oder -habicht als halbgöttliches Abstammungstier und Kriegsgenius des Árpáden-Geschlechts.

An der Südspitze des Burghügels erhebt sich der gewaltige **Burgpalast** (Várpalota). Vom mittelalterlichen Königspalast blieb nach der Rückeroberung von den Türken oberirdisch nichts erhalten. Der neue Burgpalast entstand schrittweise aus einem *Barockschloss* an der Donauseite, das 1875 bis 1904 im Stil des Historismus um mehr als das Doppelte ver-

Auch Flügel C der ausgedehnten Ungarischen Nationalgalerie ist Teil des Burgpalastes

größert und mit der markanten Mittelkuppel bekrönt wurde. Im Februar 1944 brannte der Burgpalast völlig aus. Seit 1950 konnten parallel zum Wiederaufbau wertvolle Teile des mittelalterlichen Königspalastes freigelegt und zugänglich gemacht werden.

Das **Prinz-Eugen-Reiterstandbild** 22 vor dem Kuppeltrakt erinnert an Prinz Eugen von Savoyen, der bei Zenta an der Theiß (1697) die Türken besiegte. Die Palastflügel A, B, C und D des mittleren und nördlichen Gebäudeteils beherbergen die **Ungarische Nationalgalerie** 23 (Magyar Nemzeti Galéria, www.mng.hu, Di–So 10–18 Uhr), die einen hervorragenden Überblick über das Kunstschaffen vom Mittelalter bis zur Gegenwart bietet. Glanzstücke sind die spätgotischen Flügelaltäre und das Tafelbild ›Mariä Heimsuchung‹ (1506) des Meisters MS, ein Spitzenwerk der Donauschule. Ein Raum ist dem Werk Mihály von Munkácsys (dt. Michael von Lieb, 1844–1900) gewidmet, Ungarns führendem Maler des 19. Jh.

Im äußeren Burghof greift ein Frühwerk von Alajos Stróbl (1904), der **Matthias-** oder **Jagd-Brunnen**, ein Motiv aus dem Werk des Dichters Mihály Vörösmarty auf: Die Begegnung des volkstümlichen Königs Matthias mit dem Bürgermädchen Ilona (rechts unten sitzend), die sich in den vermeintlichen Jäger verliebte und sich das Leben nahm, als sie den König erkannte.

Hinter dem *Löwenportal* mit Plastiken von János Fadrusz öffnet sich der große Innenhof. Der Westflügel F beherbergt die 1802 von Ferenc Graf Széchenyi gegründete **Nationalbibliothek Széchenyi** 24 (www.oszk.hu, Di–Fr 10–18, Sa 10–15 Uhr, Mitte Juli–Aug. geschl.). Kostbarster Schatz sind 52 Handschriften aus der von König Matthias Corvinus gestifteten berühmten Renaissance-Bibliothek ›Corviniana‹.

Im Südflügel E liegt der Eingang zum **Historischen Museum der Stadt Budapest** 25 (Budapest Történeti Múzeum, www.btm.hu, April–Aug. tgl. 10–18, sonst Mi–Mo 10–16 Uhr) und zum mittelalterlichen Burgpalast. In den Unter- und Kellergeschossen wird die Baugeschichte des Burgpalastes seit dem 13. Jh. gezeigt, in den Obergeschossen die Stadtgeschichte. Am schönsten ist der *Große Gotische Saal* (Rittersaal), rekonstruiert aus Originalteilen der Zeit König Sigismunds von Luxemburg. Die 1974 aufgefundenen Kalksteinstatuen – Ritter und Damen des Hofes, Bischöfe und Heilige – gelten als Meisterwerke des Weichen Stils französischer Steinmetzen um 1400.

Vom viel gerühmten *Renaissancepalast*, den König Matthias 1476 errichten ließ, überdauerten nur spärliche Reste, allerdings von hohem künstlerischem Niveau. Im Renaissance-Saal und den anschließenden Gängen sind u. a. Keramiken, Bauplastiken und Skulpturen aus rotem Kalkstein ausgestellt.

Man verlässt die Ausgrabungen des Burgpalastes durch den *Beatrix-Hof* mit seiner gleichnamigen Zisterne. Vom *Stephans-Turm*, dem Mittelteil des Anjou-Palastes (um 1330), wurde das schräg gestellte Untergeschoss freigelegt. Ein hübscher Treppenweg führt durch das Ferdinand-Tor (1838), vorbei am markanten *Keulenturm* (Buzogány torony), dem *Großen Rondell* und dem *Türkischen Friedhof*.

Buda westlich und südlich des Burghügels

Westlich des Burghügels erstreckt sich der Stadtteil **Christinenstadt** (Krisztinaváros). Auf der **Blutwiese** 26 (Vérmező) erinnert ein Denkmal an die Hinrichtung der fünf Anführer der ungarischen Jakobiner-Bewegung im Mai 1795. Vom **Südbahnhof** 27 (Déli pályaudvar) fahren die Züge zum Balaton ab. Die Pläne für diesen Bau erstellte György Kővari, *Victor Vasarely* steuerte den Emailleschmuck auf dem Vorplatz bei.

Im nahen Wohnviertel **Városmajor** (Stadthain, Csaba utca) erbaute Aladár Árkay mit Sohn Bertalan in den 1930er-Jahren die **Herz-Jesu-Kirche** 28 (Városmajori templom), ein Hauptwerk moderner ungarischer Architektur.

Zwischen Burghügel und Gellért-Berg liegt der Stadtteil **Tabán**, urkundlich erstmals im 12. Jh. als *Pest minor* (Klein-Pest) erwähnt. Bereits im 19. Jh. durch einen Brand verwüstet und 1938 abgetragen, wird sein Aussehen heute durch Parkanlagen bestimmt. Erhalten blieb die spätbarocke **Pfarrkirche St. Katharina** 29.

Im Zopfstilhaus Apród utca 1–3, dem heutigen **Semmelweis-Museum für Medizingeschichte** 30, (www.semmelweis.museum.hu, März–Okt. Di–So 10.30–18, sonst bis 16 Uhr) wurde 1818 Ignaz Philipp Semmelweis geboren, der die Ursache des Kindbettfiebers entdeckte.

Vom Donau-Ufer bis zum Burgpalast staffelt sich der **Burggartenbasar** 31, die terrassenartige Treppenanlage von 1875, die nach den Plänen des Architekten Miklós Ybl von Arkaden und eleganten Läden gesäumt werden sollte.

Vom **Gellért-Berg** (Szent Gellért hegy), einem 130 m steil zur Donau abfallenden Dolomitklotz, bietet sich der prachtvollste Blick auf Budapest. Auf halber Höhe steht das bronzene **Denkmal des hl. Gellért** 32 von Gyula Jankovits (1904). König Stephan hatte den Benediktinerabt Gerhardus aus Venedig als Missionar, Bischof und Erzieher seines Sohnes Emmerich (Imre) nach Ungarn berufen. Der Legende nach soll er bei den Heidenaufständen 1046, in ein Fass genagelt, vom Berg in die Donau gestoßen worden sein. Auf dem Gipfel des Gellért-Berges bauten die keltischen Erawisker im 3. Jh. v. Chr. ihre Stammesfestung (oppidum). Seit 1947 krönt das *Freiheitsdenkmal*, eine 14 m hohe Frauengestalt von Zsigmond Kisfaludi Strobl, den Gipfel. Die **Zitadelle** 33 ließ Kaiser Franz Joseph nach der Revolution 1848/49 gleichsam als drohendes Mahnmal errichten. Nach dem Ausgleich 1867 befahl er die teilweise Schleifung. Im und um den Gellért-Berg entspringen übrigens zahlreiche *Thermalquellen*. Südlich der Elisabeth-Brücke steht das **Rudas-Bad**, ein türkischer Kuppelbau, bei der Auffahrt zum Gellért-Berg das **Raitzen-Bad** (Rácz fürdő). Eine wahre Augenweide bietet das berühmte **Gellért-Bad** 34 (Mo–Fr 6–19, Sa/So 6–17 Uhr) mit Hotel, ein Jugendstilbau (1912) mit prunkvoller Innenausstattung. Die Badeeinrichtungen, Anfang der 1980er-Jahre modernisiert, ziehen die Besucher in Scharen an.

Wasserstadt (Víziváros) und Rosenhügel (Rózsadomb)

Zwischen Burghügel und Donau erstreckt sich das Viertel **Wasserstadt**, in dem im Mittelalter Handwerker, Händler und Fischer wohnten. Ausgangspunkt ist der *Clark Ádám tér* an der Kettenbrücke. Bei der modernen **Null-Plastik** von Miklós Borsos beginnt die Kilometerzählung für ganz Ungarn. Der englische Ingenieur Adam Clark entwarf den 350 m langen *Tunnel* (Alagút) durch den Burghügel und leitete 1839–49 die Bauarbeiten der **Kettenbrücke** 35 (Lánchíd). Die Planung des ersten festen Donauübergangs zwischen Buda und Pest – eine technische wie ästhetische Meisterleistung – oblag seinem Namensvetter, dem englischen Brückenspezialisten Tierney William Clark, den der ›Reformgraf‹ István Széchenyi berufen hatte.

Die **Fő utca** (Hauptstraße) durchschneidet die Wasserstadt von Süden nach Norden. Vorbei am ehem. *Kapuzinerkloster* und der neogotischen *Kirche der Reformierten* mit ihrem bunt glasierten Keramikdach kommt man zum Batthyány tér, dem **Alten Marktplatz** 36. Die Südseite beherrscht die spätbarocke **St.-Annen-Kirche** (um 1740), deren prächtige *Doppeltürme* einen markanten Akzent setzen. Dahinter liegt ein ovaler Kuppelraum – ein seltener Grundriss in Ungarn. Carlo Bebo schnitzte 1773 die qualitätvollen Plastiken, Gregor Vogel schuf die Fresken im Chor. Beim einstigen **Gasthof ›Zum Weißen Kreuz‹** an der Westseite des Platzes, in dem *Kaiser Joseph II.* und *Casanova* logierten, fuhren früher die Postkutschen nach Wien ab. Die Nordecke des Platzes nimmt das ehem. Kloster, Krankenhaus und **Asyl der Elisabethinnen** ein.

Weiter nordwärts liegt das **Königsbad** 37 (Király fürdő, Fő utca 82–84, Frauen: Mo, Mi, Fr 7–18, Männer: Di, Do, Sa 9–20 Uhr), das besterhaltene der einstmals zahlreichen türkischen Bäder der Stadt, erbaut um 1550 von Arslan Pascha. Zu den beliebtesten Heilbädern Budapests

Das prächtige Jugendstilambiente macht einen Besuch im Gellértbad unvergesslich

zählt das **Kaiserbad** 38 (Császár fürdő, Frankel Leó utca 35, Mo–Fr 6–13.30, Sa/So 6–19 Uhr), gegenüber der Margareteninsel, dessen Thermalquelle schon Römer und Türken schätzten. 1806 nahmen die Barmherzigen Brüder den Kurbetrieb auf.

Der **Rosenhügel** (Rózsadomb) erinnert an Gül Baba (türkisch: Rosenvater), den türkischen Schutzheiligen Budas. Malerische Gässchen und Treppen führen hinauf zu seinem Grabmal, dem achteckigen Kuppelbau **Gül Baba Türbe** 39 (Jan.–April tgl. 10–18, Mai–Sept. Di–So 10–18, Okt. Di–So 10–17, Nov./Dez. tgl. 10–16 Uhr) 1541 als Derwisch nach Buda gekommen, starb er kurz darauf bei einer Feier in der als Moschee umgestalteten Matthias-Kirche. Zwei Jahre später wurden seine Türbe und ein Kloster für die *Bektaschi-Bruderschaft* inmitten eines prächtigen Rosengartens errichtet, heute erinnert sie als *Museum* an Orden und Heilige.

Margareteninsel (Margitsziget)

Wie ein riesiges Schiff liegt zwischen Margareten- und Árpád-Brücke die 2,5 km lange und bis zu 500 m breite **Margareteninsel** 40. Ihre Beliebtheit verdankt sie den ausgedehnten *Parkanlagen* mit Tennisplätzen, Schwimmbädern, einer Freilichtbühne und zwei der besten *Kurhotels* – dem traditionsreichen *Danubius Grand Hotel Margitsziget* und dem modernen *Danubius Health Spa Resort Margitsziget*. Im Mittelalter schätzten die Könige die ›Haseninsel‹ als Jagdgebiet. Seit dem 12. Jh. siedelten sich **Wehrklöster** an. König Béla IV. stiftete nach dem Mongolensturm ein **Dominikanerinnen-Kloster**, in dem seine Tochter Margit (Margarete 1242–1271) 20 Jahre lang lebte. Die eindrucksvolle Klosterruine mit ihrem Grabmal liegt östlich des Wasserturms. Ungefähr in der Mitte der Insel überdauerte die Ruine der frühgotischen **Franziskaner-Kirche**.

Nahe der Südspitze wurde 1972 anlässlich der 100-Jahr-Feier der Vereinigung von Buda, Pest und Óbuda zur Hauptstadt Budapest das **Zentenarium-Denkmal** von István Kiss aufgestellt.

Die **Margaretenbrücke** (Margit híd) (1872–76) plante der französische Architekt Ernest Gouin. Im November 1944

Der nächtliche Anblick der Kettenbrücke erinnert an Budapests Beinamen ›Paris des Ostens‹

wurde sie von den Deutschen gesprengt und nach Kriegsende wieder hergestellt.

Óbuda, das Alte Buda

Von Óbudas kleinstädtisch-ländlichem Charme blieben nur mehr einige ›Denkmalinseln‹ um die Hochhäuser am *Flórián tér*. Parallel zur Donau verläuft die *Lajos utca*, die einstige Hauptstraße Óbudas, wo Deutsche und Juden ihre Werkstätten und Läden betrieben. Die eindrucksvolle klassizistische **Ehem. Synagoge** 41 erbaute die große jüdische Gemeinde um 1830 (heute Fernsehstudio).

Mittelpunkt der Herrschaft Óbuda war das barocke **Schloss Zichy** 42 am *Fő tér*. In den ehem. Repräsentationssälen ist das **Lajos-Kassák-Gedächnismuseum** (Di–So 10–18 Uhr) untergebracht. Der bedeutende Vertreter des ungarischen Konstruktivismus Lajos Kassák (1887–1967) lebte ab 1954 in Óbuda. Im Südflügel des Schlosses befindet sich das **Vasarely-Museum** (www.vasarely.tvn.hu, Di–So 10–17.30 Uhr) mit Werken von Victor Vasarely (1908–1997), dem aus Pécs stammenden Meister der Op-Art [s. S. 61].

Die niedrigen Häuser und Gaststätten am Fő tér lassen erahnen, wie Óbuda im 19. Jh. ausgesehen haben mag. Unweit vom Hauptplatz (Harrer Pál utca 44) errichteten italienische Fachleute 1785 eine Seidenspinnerei, wegen seiner interessanten Ovalform wird es **Rundes Haus** (Kerek ház) 43 genannt.

Etwa 20 Min. vom Flórián tér entfernt, am Ende der steil ansteigenden *Kiscelli utca*, lohnt das **Kiscelli-Museum** 44 (www.btm.hu, April–Okt. Di–So 10–18, sonst bis 16 Uhr) einen Besuch. Im ehem. Trinitarier-Kloster zeigt eine Abteilung des *Budapester Historischen Museums* Exponate zur Kulturgeschichte des 18. und 19. Jh.

Die Römerstadt Aquincum

Ein römisches **Militärlager** im Gebiet von Óbuda ist bereits 19 v. Chr. bezeugt. Zum Schutz gegen die Reitervölker der Tiefebene wurde es zu einer bedeutenden Militärstadt mit etwa 30 000 Einwohnern ausgebaut. Parallel dazu entwickelte sich die **Bürgerstadt**, deren Zentrum etwa 1,5 km weiter nördlich lag. Kaiser Hadrian verlieh ihr 124 n. Chr. den Rang eines *Municipiums*, Kaiser Septimius Severus erhob sie 194 zur *Colonia*. Bis zum Niedergang im 4. Jh. blieb **Aquincum** dann die Hauptstadt von Unterpannonien (Pannonia inferior).

In der Fußgängerunterführung am Flórián tér liegen die Ausgrabungen des großen **Römischen Militärbades** 45. Das zugehörige kleine *Badmuseum* (Mai–Sept. Di–So 10–18 Uhr, sonst bis 17 Uhr) zeigt Exponate zur Bäderkunde und Medizin der Römer.

Das **Amphitheater** 46 der Militärstadt (Ecke Pacsirtamező/Nagyszombat utca) aus der Mitte des 2. Jh. wurde 1935 freigelegt und teilweise rekonstruiert. Die riesige *Ovalanlage* von 131 x 107 m fasste etwa 12 000 Zuschauer.

Nördlich des Flórián tér empfiehlt sich ein Besuch der **Herkules-Villa** 47 (Meggyfa utca 21, Führung nach Voranmeldung Tel. 1/250 16 50). Ausgrabungen förderten den Landsitz eines reichen Römers des 3. Jh. mit künstlerisch wertvollen Mosaiken zutage.

Das 1894 eröffnete **Aquincum Museum** 48 (Szentendrei út 139, www.aquincum.hu, Mai–Sept. Di–So 10–18, sonst bis 16 Uhr) bietet einen hervorragenden Einblick in den Lebensstil der römischen Provinz. Einzigartig ist die *Wasserorgel* der Feuerwehr aus dem Jahr 228. Auf dem Grabungsgelände befinden sich u. a. ein sehr schönes *Mithras-Heiligtum* sowie Mosaiken und Wandgemälde aus dem Palast des Statthalters.

Die Innenstadt (Belváros) von Pest

Die mittelalterliche Stadt Pest lag innerhalb des *Kleinen Ringes*, etwa zwischen Freiheitsbrücke (Szabadság híd) und *Redoutenplatz* (Vigádo tér). Mittelpunkt ist die **Innerstädtische Pfarrkirche** 49 (Belvárosi Plébániatemplom) an der Elisabethbrücke mit ihrer markanten *Doppelturmfassade* von 1723. In der romanischen Vorläuferkirche wurde 1211 Elisabeth (die spätere Heilige), die vierjährige Tochter König Andreas' II., mit dem künftigen Landgrafen Ludwig von Thüringen verlobt. Im *Inneren* verbindet sich der edle, hochgotische Umgangschor nach französischem Vorbild (Ende 14. Jh.) mit einem barocken Langhaus. Eine *Gebetsnische* (Mihrab) im Chor verrät die Nutzung als Moschee. Wertvollster Kunstbesitz sind gotische *Freskenreste* eines italienischen Wandermalers in der Taufkapelle sowie die beiden *Sakramentsnischen* aus Rotmarmor, bahnbrechende Werke der Frührenaissance in Ungarn (1507).

Neben der Kirche liegen die Grundmauern der römischen Festung gegen die ›Barbaren‹ **Contra-Aquincum**. Die Ecke zur schmalen *Pesti Barnabás utca* nimmt das Hundertjährige Restaurant, **Százéves vendéglö** 50, ein, das eleganteste Profanbauwerk des Spätbarock in Pest, errichtet 1755 von Andreas Mayerhoffer.

Nahe der Donau erinnert der *Március 15. tér* an den Beginn des ungarischen Freiheitskampfes gegen die Habsburger am 15. März 1848. Das *Denkmal* des Revolutionslyrikers Sándor Petőfi (1823–1849) schuf Adolf Huszár. Den Zopfstilbau der **Griechischen Kirche** 51 stifteten die griechischen Kaufleute von Pest 1791. Miklós Ybl veränderte die Fassade später im Stil des Historismus, im Zeiten Weltkrieg 1944 stürzte der Südturm ein.

Die erste **Pester Redoute** 52 (Pesti Vigadó) auf dem *Vigadó tér* fiel der Revolution von 1848 zum Opfer. Frigyes Feszl vollendete 1864 das neue *Ball- und Konzerthaus*, ein Meisterwerk des romantischen Historismus und beginnenden ungarischen Nationalstils. Große Komponisten dirigierten in der Redoute ihre Werke, z. B. Franz Liszt, Johann Strauß, Richard Wagner, Béla Bartók. Nach Behebung der Kriegsschäden erstrahlt das *Innere* wieder in altem Glanz. Das Treppenhaus schmücken Gemälde aus der ungarischen Sagen- und Märchenwelt.

Herz der Innenstadt ist der *Vörösmarty tér*, benannt nach dem Dichter Mihály Vörösmarty (1800–1855). Hier beginnt die

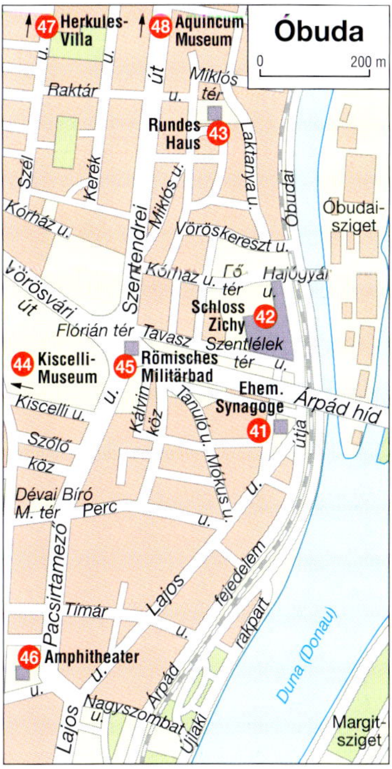

Kleine U-Bahn (Kis földalatti), die ihren Betrieb 1896 als erste auf dem europäischen Festland aufnahm. Die berühmte **Konditorei Gerbeaud** 53 besitzt noch immer das noble Interieur aus dem Gründungsjahr 1858. Emil Gerbeaud aus Genf hatte den Betrieb 1884 übernommen. In den 1990er-Jahren wurde das Café renoviert, um ein Restaurant und einen Bierkeller erweitert.

Die *Váci utca*, Budapests beliebteste und eleganteste **Einkaufs- und Bummelstraße**, säumen Gebäude des Historismus und Jugendstil sowie der Moderne, in denen Cafés, Geschäfte, Kunstgewerbe- und Antiquitätenläden untergebracht sind.

Die Auffahrt zur Elisabethbrücke flankieren zwei turmbekrönte Handelshäuser von 1902: die **Klothildenpaläste** 54. Die ursprünglich 1898–1903 errichtete **Elisabethbrücke** 55 (Erzsébet híd) wurde im Zweiten Weltkrieg zerstört und erst in den 1960er-Jahren durch einen Neubau nach Plänen von Pál Sávoly ersetzt.

Im Südteil der *Városház utca* (Rathausgasse) steht das *Komitatshaus*, ein klassizistischer Gebäudekomplex mit Portikus und drei Innenhöfen von Matthias Zitterbarth jun. (1811). Den Nordteil nimmt rechter Hand die 190 m lange Fassade des **Zentralen Rathauses** 56 ein, das 1725–35 im Auftrag Kaiser Karls VI. als Heim für Invalide der Türkenkriege nach Plänen von Anton Erhard Martinelli errichtet wurde. In der südlichen Toreinfahrt steht die *Originalstatue* der antiken Stadtgöttin *Pallas Athene* von Carlo Adami (1784), die einst den Brunnen vor der Matthias-Kirche in Buda zierte. Schließlich mündet die Straße in den Szervita tér. Das bemerkenswerte **Rózsavölgyi-Haus** (Nr. 5), im Jahre 1910 nach Plänen des Ödön-Lechner-Schülers Béla Lajta (Leitersdorfer) errichtet, gilt als ein architektonischer Meilenstein der klassischen Moderne.

Ein Rundgang durch den Süden der Innenstadt beginnt am besten bei der **Franziskaner-Kirche** 57 am kleinen Franziskaner-Platz (Ferenciek tere). Der Barockbau entstand ab 1727 an der Stelle einer frühgotischen Kirche. Vorbei am klassizistischen *Najaden-Brunnen* und an der *Universitätsbibliothek* (Ferenciek tere 10) kommt man zum *Palais Károlyi*, das heute als Petőfi-Literaturmuseum dient.

Die **Universitätskirche** 58 (Egyetemi templom), die schönste Barockkirche Budapests, begann Andreas Mayerhoffer 1725 im Auftrag des Paulinerordens; 1771 waren die Türme vollendet. Im *Inneren* malte Johann Bergl, ein Schüler Paul Trogers, 1776 die ›duftig‹ zarten Fresken, Josef Hebenstreit schuf die Skulpturen. Die prachtvolle *Kanzel* stammt aus der Pauliner-Werkstatt. Ähnlich bravouröse Schnitzwerke zieren die **Pauliner-Bibliothek** (heute Theologische Fakultät) rechts der Kirche. 1786 säkularisierte Kaiser Joseph II. das Kloster.

Vom neobarocken Hauptgebäude der Universität führt die schmale *Szerb utca* (Serbengasse) zur orthodoxen **Serben-Kirche** 59, einem anmutigen Spätbarockbau von Andreas Mayerhoffer.

Der Kleine Ring (Kiskörút)

Von der Freiheitsbrücke (Szabadság híd) verläuft der **Innere** oder **Kleine Ring** in einem Halbkreis bis zum *Deák tér*. Am Brückenkopf befindet sich die **Universität für Wirtschaftswissenschaften** 60, das ehem. Hauptzollamt, ein monumentaler Neorenaissancebau von Miklós Ybl (1874). Sehr reizvoll ist ein Besuch der benachbarten **Großen Markthalle** 61 (Központi Vásárcsarnok, Mo 6–17, Di–Fr 6–18, Sa 6–14 Uhr), einer gewaltigen Gusseisen- und Stahlkonstruktion, erfüllt vom bunten Leben und Treiben der Händler und Kunden.

Der *Kálvin tér*, der frühere Heumarkt, leitet seinen Namen von der **Reformierten (Calvinistischen) Kirche** ab, die Joseph Hofrichter um 1830 im klassizistischen Stil errichtete; József Hild blendete den Säulenportikus vor.

Das 1837–47 errichtete imposante Gebäude des **Ungarischen Nationalmuseums** 62 (Magyar Nezeti Múzeum, www.mnm.hu, Di–So 10–18 Uhr) gilt als ein Hauptwerk des ungarischen Klassizismus und zugleich als reifste Schöpfung des aus Wien stammenden Architekten Mihály Pollack. Auf der Freitreppe trug am 15. März 1848 Sándor Petőfi sein *Nationallied* vor. Die Treppenhäuser schmückten Mór Than und Károly Lotz mit Wandgemälden. Den Grundstock der **Sammlung** bildete 1802 die Schenkung des Grafen Ferenc Széchenyi. Heute umfasst das Museum eine archäologische, historische und naturkundliche Abteilung sowie die *Schatzkammer*. Im **Prunksaal** unter der Rotunde werden die Krönungsinsignien – Zepter, Reichsapfel, Mantel – aufbewahrt.

TOP TIPP

An der *Rákóczi út* beginnt der nördliche Abschnitt des Kleinen Ringes, der *Károly körút*. Die **Große Synagoge** 63 in der *Dohány utca*, die zu den größten der Welt

Zahlreiche Cafés laden in der Budapester Fußgängerzone zu einer kleinen Rast ein

gehört, erbaute der Wiener Architekt Ludwig Förster 1854–59 in maurisch-byzantinischen Formen. Gusseisenträger unterteilen das Innere in eine dreischiffige Halle. Das angeschlossene **Jüdische Museum** (Zsidó Múzeum, www.bpjewmus.hu, So–Do 10–16, Fr 10–14 Uhr) dokumentiert die Geschichte der ungarischen Juden. Im Arkadenhof, 1944 Sammelplatz der Budapester Juden zum Abtransport in die Nazi-Vernichtungslager, wurde 1990 das *Holocaust-Mahnmal* von Imre Varga errichtet. Der *Heldentempel* (um 1930) ehrt die im Ersten Weltkrieg gefallenen jüdischen Soldaten.

Die Stadtteile *Elisabeth-* und *Theresienstadt* bewohnten im 19. Jh. fast nur Juden. Nachdem das liberale Judentum immer mehr Anhänger fand, stifteten die Vertreter der konservativen Glaubensrichtung 1879 ein eigenes Bethaus, die **Rumbach-Synagoge** 64 in der *Rumbach Sebestyén utca*. Für die Planung gewannen sie den Wiener Architekten Otto Wagner.

Die klassizistische **Evangelische Kirche** 65 auf dem *Deák tér* vollendete Mihály Pollack 1808, die Säulenreihe fügte József Hild 1856 hinzu. Das **Evangelische Landesmuseum** (Di–So 10–18 Uhr), das die Geschichte der ungarischen Lutherischen Kirche nachzeichnet, bewahrt u.a. das von Martin Luther 1542 in Wittenberg verfasste Testament.

Den Park auf dem nahen *Erzsébet tér* (Elisabeth-Platz) schmückt der **Danubius-Brunnen** mit Personifikationen der ungarischen Hauptflüsse Donau, Theiß, Drau und Save von Leó Feszler.

Die Leopoldstadt (Lipótváros)

Zur Anlage eines Wirtschafts- und Finanzzentrums nördlich der alten Stadt Pest berief Erzherzog Joseph 1808 eine Stadtverschönerungskommission unter Leitung von János Hild. Am Markt- oder Ladeplatz bei der Kettenbrücke, dem heutigen *Roosevelt tér*, plante der Berliner Architekt Friedrich Stüler 1864 die **Akademie der Wissenschaften** 66, einen Prachtbau im Stile der Neorenaissance. Üppige Jugendstilformen prägen dagegen den **Gresham-Palast** 67, den die Londoner Versicherungsgesellschaft Gresham durch die Architekten Zsigmond Quittner, József und László Vagó im Jahre 1907 gegenüber der Kettenbrücke errichten ließ und seit 2004 als Hotel genutzt wird. Die **Denkmäler** auf dem Platz ehren den ›Reformgrafen‹ István Széchenyi (1791–1860) und den Staatsmann Ferenc Deák (1803–1876).

Von weitem sichtbar, beherrscht die hohe Kuppel der **St.-Stephan-Basilika** 68 (Szent István templom) das Stadtbild von Pest. Nachdem Esztergom und Eger monumentale Dome erhalten hatten, stifteten reiche Pester Bürger eine repräsentative Kirche für die Leopoldstadt. József Hild lieferte 1851 die Pläne im klassizistischen Stil. Nach Hilds Tod 1868 setzte Miklós Ybl die Bauarbeiten im Stil der Neorenaissance fort. Die *Plastiken* an der Westfassade schuf Leó Feszler, die *Glasmosaiken* im Innenraum entwarf Károly Lotz. In der *Szent Jobb Kápolna* wird die Handreliquie des heiligen Ungarnkönigs Stephan verehrt. Alljährlich am St.-Stephans-Tag, dem 20. August, wird der *Reliquienschrein* feierlich dem Volk vorgeführt.

Budapests berühmtestes Wahrzeichen ist das neogotische **Parlament** 69 (Országház, Mo–Fr 8–18, Sa 8–16, So 8–14 Uhr) mit seiner 268 m langen Donaufront und 96 m hohen Kuppel. In der Halle darunter ist die ›Krone Ungarns‹ ausgestellt, die auch Stephanskrone genannt wird. Doch die ›griechische‹ Reifkrone mit den prächtigen Emailleplatten byzantinischer Herkunft stammt aus der Zeit des Kaisers Michael III. Dukas (1071–78). Einzig die als ›lateinische Krone‹ bezeichneten Kreuzbügel könnten Teile der von Papst Silvester II. im Jahre 1000 zur Krönung König

Feinsten ungarischen Jugendstil zeigen Fassade und Dach der Postsparkasse

Stephans übersandten Krone enthalten. Das Parlament entstand 1884–1902, da der Ausgleich Österreich-Ungarn und die Millenniumsfeiern einen repräsentativen Neubau in Budapest erforderten. Den Architektenwettbewerb gewann Emmerich (Imre) Steindl, der sich auf das Londoner Vorbild stützte. An der *prunkvollen Innenausstattung* waren namhafte Künstler beteiligt: Károly Lotz schuf die Fresken im Stiegenhaus, György Kiss die Skulpturen, Aladár Kőrösfői-Kriesch die Glasgemälde. Im *Großen Sitzungssaal* befindet sich Mihály von Munkácsys Gemälde ›Die Landnahme‹.

Das **Ethnographische Museum** 70 (Néprajzi Múzeum, www.neprjz.hu, Di–So 10–18 Uhr) an der Ostseite des *Kossuth Lajos tér* errichtete Alajos Hauszmann 1893–96 als Obersten Gerichtshof. Die prunkvolle *Treppenhalle* schmückte Károly Lotz mit Wandgemälden. Ausgestellt sind hervorragende Exponate der ungarischen Volkskunst und Alltagskultur sowie außereuropäischer Kulturen.

Ein Meisterwerk des national-ungarischen Jugendstils ist die **Postsparkasse** 71 von Ödön Lechner (1899–1902) in der *Hold utca*. Wie bei allen seinen Bauten, bilden auch hier auffallend schöne Majolikaplatten mit ungarischen Volkskunstmotiven den Schmuck.

Der Große Ring (Nagykörút) und die Radialstraßen

Die halbkreisförmige Ringstraße zwischen Margareten- und Petőfi-Brücke wurde 1896 zum Millennium vollendet. Schönster Teil ist der nördliche Abschnitt. Das neobarocke **Lustspieltheater** (Víg-színház) am St.-Stephans-Ring (Szent István körút) planten die berühmten Wiener Theaterarchitekten Ferdinand Fellner und Hermann Helmer. Den **Westbahnhof** 72 (Nyugati pályaudvar), eine elegante Gusseisen- und Glaskonstruktion, führte das Pariser Architekturbüro Eiffel 1874–77 aus.

Vom Elisabeth-Ring (Erzsébet körút) sieht man an der Ecke zur *Király utca* die von Franz Liszt gegründete **Musikakademie** 73 (Zeneakadémia). Den Neubau von 1904 planten Kálmán Giergl und Flóris Korb. *Jugendstil-Gemälde* von Aladár Kőrösfői-Kriesch und assyrische Ornamente zieren Vestibül und Konzertsäle.

Bekanntestes Gebäude am Großen Ring ist das **Kaffeehaus New York** 74 am *Erzsébet körút 9–11*, errichtet ab 1891 von Alajos Hauszmann und bis Ende der 1930er-Jahre *Künstler- und Literatentreff*. Seit seiner Renovierung 2006 präsentiert es sich wieder im Stil der Belle Époque, prachtvoll mit viel Marmor, Gold und zahlreichen Spiegeln sowie Gemälden von Károly Lotz.

Stadteinwärts verläuft die **Rákóczi út** 75, im Mittelalter eine wichtige Fernstraße nach Oberungarn, heute eine lebhafte Geschäftsstraße. Stadtauswärts ist die Neorenaissance-Fassade des *Ostbahnhofes* (Keleti pályaudvar) zu sehen.

Bedeutendste Sehenswürdigkeit im Südteil des Großen Ringes (Üllői út 33–37) ist das **Museum für Kunsthandwerk** 76 (Iparművészeti Múzeum, www.imm.hu, Di–So 10–18 Uhr), ein Hauptwerk des ungarischen Jugendstil von Ödön Lechner (1893–96). Die reichhaltige Sammlung umfasst Kunsthandwerk aus Ungarn und aller Welt, darunter schöne Gold- und Emaillearbeiten.

Auf dem Gelände Bajor Gizi Park, das für die abgesagte EXPO '95 Wien-Budapest geplant war, entstand 2002 der Neubau des **Nationaltheaters** 77, dessen Architektur durch expressiven Formenreichtum beeindruckt. Nebenan bietet der 2005 eröffnete moderne **Palast der Künste** 78 einen weiteren markanten Blickpunkt. Auf einer Fläche von 64 000 m² sind hier das *Festival-Theater*, der *Béla Bartok Nationale Konzertsaal* sowie das **Ludwig**

Museum (Di, Fr, So 10–18, Mi 12–18, Do 12–20, Sa 10–20 Uhr) mit seiner hochkarätigen Sammlung zeitgenössischer Kunst versammelt.

Andrássy út und Heldenplatz (Hősök tere)

Der Straßenname erinnert an Gyula (Julius) Graf Andrássy, der als Husarenoberst 1848/49 auf der Seite der Aufständischen kämpfte, zum Tode verurteilt und dann begnadigt, 1867 auf Vorschlag der Kaiserin (Königin) Elisabeth erster ungarischer Ministerpräsident und vier Jahre später Außenminister von Österreich-Ungarn wurde. Die Anlage der 2,5 km langen **Prachtstraße** beschloss der Stadtrat 1870. Miklós Ybl lieferte den Gesamtplan und entwarf einige Wohnpaläste im Neorenaissancestil sowie die Königliche Oper, heute **Ungarische Staatsoper** 79, eines der prunkvollsten Opernhäuser der Welt.

Im ehem. **Palais Drechsler** (gegenüber der Staatsoper), einem Jugendwerk von Ödön Lechner im Stil französischer Renaissanceschlösser (1882), befindet sich das Ballettinstitut der Staatsoper. Um die *Nagymező utca* (zweite Querstraße nördlich der Staatsoper), dem sog. Pester Broadway, liegt das Theater- und Vergnügungsviertel. Die **Modehalle** 80 (Divatcsarnok, Andrássy út 39, zzt. wegen Renovierung geschl.) wurde 1882 als Großkaufhaus nach Pariser Vorbild eröffnet und nach einem Brand 1911 als Eisenbetonbau erneuert. Im hinteren Teil blieb der *alte Ballsaal* mit Fresken von Károly Lotz erhalten. Einer der schönsten Plätze ist das **Oktogon** 81 an der Kreuzung *Andrássy út/Teréz körút* mit vier riesigen, halbkreisförmig angeordneten Mietshäusern.

Die kleine Villa Andrássy út 103 beherbergt das **Ferenc-Hopp-Museum** 82 (Keletázsiai Művészeti Múzeum, www.hoppmuzeum.hu, Di–So 10–18 Uhr) mit seiner erlesenen Ostasiatika-Sammlung. Die **Reformierte Kirche**, unweit vom Museum, entwarf Aladár Árkay 1913. Majolikaornamente im ungarischen Jugendstil schmücken das Innere.

Den großartigen Abschluss der Andrássy út bildet der **Heldenplatz** 83 (Hősök tere), geplant zur Jahrtausendfeier der Landnahme 1896, fertig gestellt erst 1927. Die Platzmitte beherrscht das **Millenniumsdenkmal**, eine 36 m hohe Steinsäule mit einer Bronzestatue des Erzengels Gabriel, wie er dem ersten Ungarnkönig Stephan im Traume erscheint und ihm Krone und Apostolisches Kreuz überreicht. Für diese Statue erhielt György Zala den Grand Prix der Pariser Weltausstellung 1900. Auf dem Sockel sind Figuren der sieben *Stammesfürsten* der Magyaren dargestellt.

Im **linken Kolonnadenbogen** beginnt die Statuenreihe mit vier Árpáden-Königen, gefolgt von den beiden Anjou-Herrschern. Im **rechten Halbrund** standen ursprünglich auch Könige aus dem Hause

Monumentale Manifestation ungarischen Nationalgefühls ist der erst Anfang des 20. Jh. vollendete Heldenplatz mit seinem hoch aufragenden Millenniums-Denkmal

Für seine Landsleute König und Heiliger zugleich: Reichsgründer Stephan I., Träger des Apostolischen Doppelkreuzes

Magyaren oder Ungarn?

Erst vor rund 1100 Jahren eroberten die Vorfahren der Magyaren das **Karpatenbecken**. Die Urheimat der Magyaren liegt im mittleren **Uralgebirge**, ihre Sprache gehört zur finnougrischen Gruppe und ist mit Finnisch und Estnisch verwandt.

Etwa zwischen 500 und 700 n. Chr. lebten die Altmagyaren zeitweise gemeinsam oder als Nachbarn verschiedener Nomadenvölker, u. a. mit den turkstämmigen Onoguren, an Wolga und Don. Von den Onoguren leitet sich wahrscheinlich die lateinische Bezeichnung Hungarus (Ungar) bzw. Magna Hungaria (Groß-Ungarn) ab. Die Eigenbezeichnung lautet dagegen Magyarország (Land der Magyaren).

Von Südrussland zog ein Teil der Altmagyaren, wohl getrieben von den turkstämmigen Petschenegen, weiter westwärts. 896 nahmen schließlich sieben Magyarenstämme unter Führung des **Fürsten Árpád** das Karpatenbecken in Besitz. Das Millennium dieser Landnahme wurde 1896 im ganzen Königreich Ungarn – zu dem damals noch Siebenbürgen, Kroatien, die Karpato-Ukraine und Oberungarn (die heutige Slowakei) gehörten – mit großem Pomp gefeiert.

Habsburg; sie wurden 1945 entfernt. Die *Heldenreihe* eröffnet der Türkenbezwinger János Hunyadi, gefolgt von seinem Sohn, König Matthias Corvinus (Mátyás I.). Vier Siebenbürger Fürsten sowie Lajos Kossuth, der Führer der Revolution 1848/49, schließen sich an.

Die rechte Seite des Heldenplatzes begrenzt die anlässlichlich der Milleniumsfeierlichkeiten 1896 erbaute **Kunsthalle** (Műcsarnok, Di/Mi, Fr–So 10–18, Do 12–20 Uhr), neben dem Ludwig Museum [Nr. 78] der wichtigste Ort für Ausstellungen zeitgenössischer Kunst in Ungarn. Das Pendant an der linken Platzseite bildet das neoklassizistische **Museum der Bildenden Künste** (Szépművészeti Múzeum, Di–So 10–17.30 Uhr), die Heimstatt einer Kunstsammlung von internationalem Rang. Neben den Abteilungen für Alte und Moderne Skulpturen, den Galerien des 19. und des 20. Jh., der Antiken- und Graphiksammlung beeindruckt als größte und bedeutendste Sammlung des Hauses, die *Galerie Alter Meister*.

Stadtwäldchen 84 (Városliget)

Budapests größter Park ist ein Ausflugsziel mit vielerlei Erholungs-, Bildungs- und Vergnügungsmöglichkeiten. Das ehem. *königliche Jagdrevier* gestaltete der französische Landschaftsgärtner Henry Nebbion um 1810 zu einem **Park**, später wurde der **Teich** ausgehoben. Auf der Insel erhebt sich die **Burg Vajdahunyad** , eine fantasievolle Nachbildung der Stammburg der Hunyadis in Siebenbürgen und weiterer historischer Bauwerke. Die *Burgkapelle* ahmt in verkleinerter Form die romanische Kirche von Ják nach [s. S. 35]. Im Barockflügel befindet sich das sehenswerte **Landwirtschaftsmuseum** (Mezőgazdasági Múzeum, mmgm.hu, Di–Fr, So 10–15, Sa 10–16 Uhr). Dem Haupteingang gegenüber steht das Denkmal des *Anonymus* (1903), der um 1200 die erste Geschichte des ungarischen Volkes verfasste.

Das **Széchenyi-Thermalbad** 85 (tgl. 6–22 Uhr) ist einem prunkvollen Barockschloss nachgebildet. Besonders beliebt ist das Freibecken mit 38 °C warmem Wasser im Winter. Im Nordteil des Stadtwäldchens laden das traditionsreiche Feinschmeckerlokal **Gundel** und der **Zoo** 86 (Állatkerti körut 6–12, www.zoobudapest.com, Mai–Aug. Mo–Do 9–18.30, Fr–So 9–19, März/April, Sept./Okt. tgl. 9–17, Nov.–Febr. tgl. 9–16 Uhr) zum Besuch ein. Der 1866 gegründete Tiergarten zählte um 1910 zu den schönsten in Europa. Damals entstanden auch die reizvollen *Jugendstil-Pavillons*.

Das **Verkehrsmuseum** 87 (Közlekedési Múzeum, www.km.iif.hu, Mai– Sept. Di–Fr 10–17, Sa/So 10–18, sonst Di–Fr 10–16, Sa/So 10–17 Uhr) in der Városligeti körút 11 bietet einen interessanten Überblick über die Entwicklung des Straßen-, Schiffs-, Schienen- und Luftverkehrs.

Etwa 15 Gehminuten vom Stadtwäldchen entfernt, empfiehlt sich der Besuch des **Geologischen Instituts** 88 (Stefánia utca 14), ein prachtvoller *Jugendstilbau* von Ödön Lechner (1899) mit blauem Keramikschmuck.

Budapester Friedhöfe

Auf dem **Kerepeser Friedhof** (Kerepesi temető) wurden im 19. Jh. namhafte Politiker und Künstler in Ehrengräbern beigesetzt: Ferenc Deák, Lajos Batthyány, Lajos Kossuth, Mihály Károlyi, der Komponist Ferenc Erkel, die Volksschauspielerin Luisa Blaha u.a. Seit den 1950er-Jahren diente er als nationaler Ehrenfriedhof. Der **Alte Jüdische Friedhof** ist vom Ende der Salgótarjáni utca zugänglich.

Die schönsten *Jugendstil-Grabmäler* befinden sich auf dem **Neuen Jüdischen Friedhof** im *Stadtteil Kőbánya*, an der Kozma utca. Ödön Lechner plante mit seinem Schüler Béla Lajta (Leitersdorfer) ein prachtvolles *Mausoleum* für die Familie Schmidl. Blau und türkis schimmernde Majolikaplatten mit eleganten Blütenmustern überziehen die Außenmauern. Zum *Orthodoxen Jüdischen Friedhof* führt ein eigener Eingang an der Kozma utca.

i Praktische Hinweise

Information

Tourinform, Sütő utca 2 (Deák tér), V., Budapest, Tel. 1/438 80 80, Fax 1/488 86 61, www.budapestinfo.hu

Weitere Büros: Szentháromság tér, I., (Burghügel Buda) – Teréz körút 2–41, VI. –Flughafen Terminals 1, 2A und 2B

In den Tourismusbüros kann man auch die **Budapest Kártya** kaufen, die für 48 oder 72 Std. freie Fahrt mit öffentlichen Verkehrsmitteln, kostenlosen bzw. vergünstigten Eintritt zu Mussen u.a. Sehenswürdigkeiten sowie Rabatte in Restaurants, Geschäften und Bädern bietet.

Cafés

Gerbeaud, Vörösmarty tér 7, V., Budapest, Tel. 1/429 90 00, tgl. 9–21 Uhr, Fei geschl. Marmortische und Dobostorte seit 1858.

Művész, Andrássy út 29, VI., Budapest, Tel. 1/352 13 37, tgl. 9–24 Uhr. Nobles Kaffeehaus in der Nähe der Oper.

New York, Erzsébet krt. 9–11, VII., Budapest, Tel. 1/886 61 11, tgl. 9–24 Uhr. Traditionscafé im Fin-de Siecle-Dekor.

Ruszwurm, Szentháromság utca 7, I., Budapest Tel. 1/375 52 84, tgl. 10–19 Uhr. Konditorkunst in schönem Biedermeier-Interieur.

Hotels

*******Hilton Budapest**, Hess András tér 1–3, I., Budapest, Tel. 1/889 66 00, Fax 1/889 66 44, www.budapest.hilton.com. In das moderne Hotel auf dem Burghügel wurde das ehem. Dominikanerkloster einfallsreich integriert.

*******Kempinski Hotel Corvinus**, Erzsébet tér 7–8, V., Budapest, Tel. 1/429 37 77, Fax 1/429 47 77, www.kempinski-budapest.com. Noble Unterkunft im Zentrum von Pest.

******Danubius Hotel Gellért**, Szent Gellért tér 1, XI., Budapest, Tel. 1/889 55 00, Fax 1/889 55 05, www.danubiushotels.com/gellert. Traditionshotel am Fuß des Gellértberges. Stilvolles Thermalbad.

*****Danubius Hotel Erzsébet**, Károlyi Mihály utca 11–15, Budapest, Tel. 1/889 37 00, Fax 1/889 37 63, www.danubiushotels.com/erzsebet . Modernes Haus mitten im Einkaufsviertel, nahe der Donau.

Restaurants

Gundel, Állatkerti körút 2, XIV., Budapest, Tel. 1/468 40 40. Exklusives Restaurant seit der Wende zum 20. Jh.

Mátyas Pince, Március 15. tér 7, V., Budapest, Tel. 1/318 16 93. Kredenzt werden traditionelle ungarische Spezialitäten und Livemusik.

Remiz, Budakeszi út 5, II., Budapest, Tel. 1/275 13 96. Ungezwungene Atmosphäre wie in einem Heurigenlokal.

Vegetarium, Cukor utca 3, V., Budapest, Tel. 1/484 08 48. Auch Vegetarier müssen in der Donaumetropole nicht darben.

Donauknie und Umgebung – landschaftlicher Liebreiz

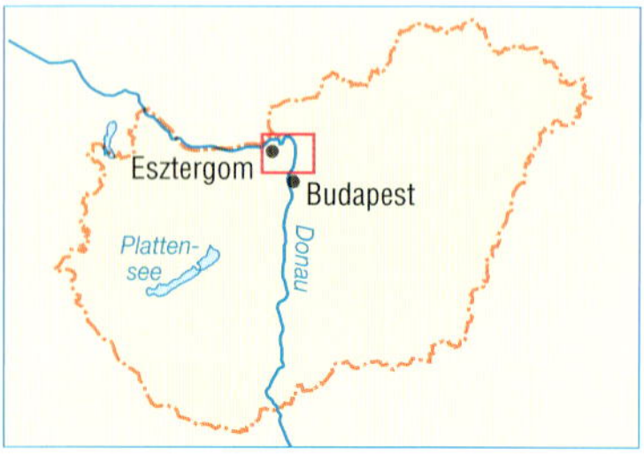

Verlässt man die ungarische Hauptstadt in nördlicher Richtung, so kommt man in eine **zauberhafte Landschaft**. Wegen des weit ausgreifenden Fluss-Schwungs heißt die Region zwischen *Szentendre* und *Esztergom* das ›Donauknie‹. Fruchtbar ist die Gegend, und auch Künstler lassen sich von der allgegenwärtigen **Anmut** gern inspirieren. Sie gleichen darin Kaiserin (Königin) Elisabeth, die das etwas weiter östlich gelegene Schloss Gödöllő zu ihrem Lieblingsaufenthalt in Ungarn erkor.

Landschaftliche Vielfalt – Wälder, Höhen und bizarre Felsen – prägen auch das *Börzsöny-Gebirge* nördlich der Donau und die *Pilis-Berge*, die beide vulkanischen Ursprungs sind.

49 Szentendre
St. Andreas

TOP TIPP *Barockstädtchen mit orthodoxen Kirchen und einer Künstlerkolonie.*

Szentendre hat in den letzten Jahren zwar ein wenig von seinem Charme eingebüßt, doch der Besuch ist ein ›Muss‹.

Geschichte An der Einfahrtsstraße aus Richtung Budapest künden Ausgrabungen des Militärlagers *Ulcisia* von der Besiedlung seit römischer Zeit. Anfang des 11. Jh. entwickelte sich auf dem Burghügel das Wehrdorf Sanctus Andreas. Nach der Niederlage der Serben auf dem Amselfeld 1389 gegen die Türken wurde die Ansiedlung ein Zufluchtsort für Südslawen und Griechen. Die Habsburger gewährten ihnen Autonomie, Zoll- und Steuerprivilegien, und Mitte des 18. Jh. war Szentendre zu einem wohlhabenden **Handelsstädtchen** gediehen. Um 1880 vernichtete eine Reblausplage die Weinkulturen, und die Eisenbahn verdrängte die Donauschifffahrt. Szentendre verödete und erwachte erst wieder um 1920 zu neuem Leben, als **Künstler** hier ihre Ateliers einrichteten.

Besichtigung Auf dem Hauptplatz **Fő tér** 1 stiftete die ›Privilegierte Serbische Handelsgesellschaft‹ 1752 das schöne schmiedeeiserne Pestkreuz. Die spätbarocke **Mariä-Verkündigung-Kirche** 2 plante der Salzburger Architekt Andreas Mayerhoffer 1752–54 im Stil des Spätbarock. Über dem Seitenportal ist Kaiser Konstantin mit seiner Mutter, der hl. Helena, zu sehen. Die Ikonostase schuf der serbische Künstler Michael Živković aus Buda. Besonders reizvoll wirkt die Verbindung von byzantinischem Bildinhalt mit Rokoko- und Zopfstil-Ornamenten.

Das ehem. Serbische Gymnasium im Zopfstilhaus Fő ter 6 links von der Kirche dient heute als **Ferenczy-Museum** 3 (April–Okt. Di–So 9–17, sonst Mi–So 9–17 Uhr, Umzug geplant: 2009), in dem Werke der Künstlerfamilie Ferenczy zu sehen sind. Károly Ferenczy (1862–1917) zählt zu den ersten Impressionisten Ungarns.

Rechts von der Kirche schließt sich das **Alte Handelshaus** 4 an, einst im Besitz einer Zadruga (südslawische Kaufmannssippe). Ein Teil des Gebäudes ist als *Gemäldegalerie* (April–Okt. Di–So 9–17, sonst Mi–So 9–17 Uhr) eingerichtet.

Von der Marien-Kirche aus führt die Görög utca (Griechengasse) zur Donau. Im alten Salzhaus mit Poststation (Eckhaus Vastagh/György utca) zeigt das **Kovács-Museum** 5 (April–Okt. Di–So 9–17, sonst Mi–So 9–17 Uhr) Werke der Keramikerin und Bildhauerin Margit Kovács (1902–1977) aus Győr. Feinfühlig und fantasievoll verband sie ungarische Volkskunstmotive mit Einflüssen naiver serbischer Ikonenmalerei.

Gegenüber der Mariä-Verkündigung-Kirche führt die malerische Burgtreppe hinauf zum **Burghügel**, von dem sich ein zauberhafter Rundblick über die Ziegeldächer und Kirchtürme bis zu den Donauauen bietet. Vom alten Wehrdorf St. Andreas überdauerte hier nur die romanisch-gotische **Pfarrkirche Johannes der Täufer** 6, die von katholischen Kroaten aus Dalmatien im 18. Jh. barock erneuert wurde. Eine Rarität stellt die kleine gotische Sonnenuhr am Strebepfeiler neben dem Eingang dar. Im benachbarten **Czóbel Museum** (Templom tér 1, April–Okt. Di–So 9–17, sonst Mi–So 9–17 Uhr) sind Werke des expressionistischen Malers Béla Czóbel (1883–1976) ausgestellt.

Farbenprächtige Andenken werden nicht nur in Szentendre gern gekauft

Szentendre

1 Fő tér
2 Mariä-Verkündigung-Kirche
3 Ferenczy-Museum
4 Altes Handelshaus
5 Kovács-Museum
6 Pfarrkirche Johannes d. T.
7 Mariä-Himmelfahrt-Kirche
8 Serbisches Kirchenkunst-Museum
9 Preobraženska-Kirche
10 Požarevažka-Kirche
11 ehem. Čiprovažka
12 ehem. Opovažka
13 Anna-Margit-Ámos-Imre-Museum
14 Barcsay Museum
15 Freilichtmuseum

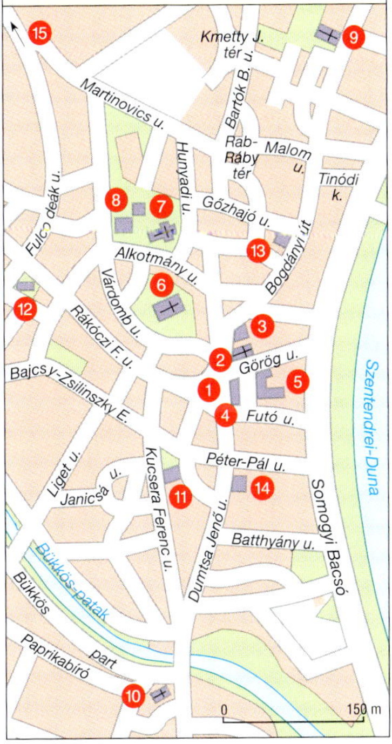

Nördlich des Burghügels springt der elegante Spätbarockturm der **Mariä-Himmelfahrt-Kirche** 7 (Alkotmány utca) ins Auge. Wie der volkstümliche Name ›Belgrad-Kirche‹ verrät, wurde sie als Kathedrale des serbisch-orthodoxen Bischofs erbaut. Ein Rokokogitter von Matthias Ginesser leitet in den ummauerten Kirchhof. Die Bilderwand schuf der Ikonenmaler Vasul Ostoić aus Novi Sad. Die Kirche ist selten geöffnet, desgleichen das benachbarte **Serbische Kirchenkunst-Museum** 8 (Pátriárka utca 5/6, Mai–Sept Di–So 10–18, März/April, Okt.–Dez. Di–So 10–16, Jan./Febr. Fr–So 10–16 Uhr) im ehem. Bischofspalais, das kostbare Ikonen, Holzschnitzereien, liturgische Gewänder und Geräte bewahrt.

Im Nordteil von Szentendre (Bogdányi út) errichteten die Gerber und Tabakbauern um 1740 die **Preobraĺenska-Kirche** 9 (Verklärungskirche) mit reicher spätbarocker Ausstattung. Hier finden alljährlich am 19. August traditionelle serbische Festlichkeiten statt.

Im Südteil der Stadt (Hajós utca) errichteten Flüchtlinge aus Požarevac (Passarowitz), südöstlich von Belgrad, die **Požarevažka-Kirche** 10. Einige orthodoxe Kirchen gehören mittlerweile anderen Glaubensgemeinden, so die **ehem. Čiprovažka** 11 als Peter-und-Paul-Kirche (Május 1. út) den Katholiken, die **ehem. Opovažka** 12 (Rákóczi Ferenc utca) den Calvinisten.

Von den vielen Kunstgalerien seien das **Anna-Margit-Ámos-Imre-Museum** 13 (Bogdányi útca 10, Di–Do, Sa/So 10–18 Uhr) mit Gemälden des Ehepaars Imre und Anna Margit Ámos erwähnt, des weiteren die Sammlung des Malers und Mo-

Ein besonderer Kunstgenuss in der Blagovestenska-Kirche (Mariä Verkündigung) zu Szentendre ist die Ikonostase, die Bilderwand zum Besuchsraum hin

saikkünstlers Jenő Barcsay (1900–1987) im **Barcsay Museum** 14 (Dumtsa Jenő utca 10, April–Okt. Di–So 9–17, sonst Mi–So 9–17 Uhr), das sich im Steger-Haus befindet.

Skanzen

TOP TIPP Anfang der 70er-Jahre des 20. Jh. wurde Ungarns größtes **Freilichtmuseum** 15 (Skanzen, April–Okt. Di–So 9–17 Uhr) an der Straße über das Pilis-Gebirge nach Visegrád (3 km nordwestlich von Szentendre) neben den Ausgrabungen einer römischen Villa angelegt. Aus allen Landesteilen hat man originale und rekonstruierte Gebäude zusammengetragen. Besonders eindrucksvoll ist die **griechisch-katholische Kirche** aus **Mándok**. Dieser älteste erhaltene Blockbau Ungarns (um 1670) vertritt den Kirchentypus der Nord- und Ostkarpaten.

i Praktische Hinweise

Information

Tourinform, Dumtsa Jenö utca 22, Szentendre, Tel. 26/31 79 65, Fax 26/31 79 66, www.szentendre.hu

Hotels

***__Kentaur Hotel__, Marx tér 3, Szentendre, Tel./Fax 26/31 21 25, www.hotels.hu/kentaur. An der Donau gelegenes Haus mit Restaurant und Bar.

Mathias Rex Hotel, Kossuth Lajos utca 16, Szentendre, Tel. 26/50 55 70, Fax 26/350 55 73, www.mathiasrexhotel.hu. Modern eingerichtetes, angenehmes Hotel in Altstadtnähe mit Restaurant.

50 Visegrád

Eindrucksvolle Burgruinen und Reste des berühmten Renaissancepalastes von König Matthias Corvinus.

In den Ruinen römischer Wachtburgen am Donaulimes ließen sich im 8. Jh. Slawen nieder, von denen der Name Visegrád, ›Hohe Burg‹, stammt. Die ungarischen Könige liebten die Visegráder Hügel als Jagdgebiet. Festungen schützten die Stromenge bis hinauf zu den 350 m hohen Waldkuppen. Den Kern der **Unte-**

ren Burg bildet der mächtige **Salomon-Turm** (Salamon-torony), den König Salomon (1063–74) errichtete. Nach den aufwendigen Restaurierungsarbeiten in den 1960er-Jahren wurde ein *Museum* (Mai–Sept. Di–So 9–17 Uhr) eingerichtet, das vorzügliche Steinskulpturen aus den königlichen Burgen und Palästen birgt. Prunkstücke sind zwei Brunnen aus dem Terrassenpalast (s. u.): Der ältere, *gotische Brunnen* stammt aus der Zeit des Anjou-Königs Ludwig. d. Gr., der *Herkules-Brunnen* ist ein Werk der Frührenaissance, entstanden unter König Matthias.

Vom Salomon-Turm führt ein bequemer Fußweg zum Terrassenpalast, meist **König-Matthias-Palast** (Di–So 9–17 Uhr) genannt. Der erste Bau geht auf die Anjou-Könige im 14. Jh. zurück. König Matthias und seine Gemahlin Beatrix von Neapel ließen ihn 1476–84 zu einem *Frührenaissance-Palast* umgestalten, den zeitgenössische Berichte als ›Paradies auf Erden‹ mit 350 prunkvollen Gemächern, erlesenen Kunstschätzen und Hängenden Gärten priesen. Geblieben von dieser Pracht ist freilich wenig: Die Türkenbelagerung von 1526 zerstörte das Wasserleitungs- und Kanalsystem, der Berghang rutschte ab und begrub den Palast für mehr als 400 Jahre unter sich. Erst durch Zufall stieß ein Bauer dann auf Reste der 17 m breiten *Prunktreppe*. Ausgrabungen förderten seit 1934 etwa die Hälfte der Anlage zutage.

Schönster Teil ist der **Ehrenhof** auf der zweiten Terrasse, der an einen gotischen Kreuzgang erinnert. In der Mitte verblieb ein Teil des **Herkules-Brunnens**. Ein Balustergeländer begrenzt die dritte Terrasse, auf der die Hofkapelle stand. Auf der vierten Terrasse befand sich ein Kalt- und Warmbad sowie der **Löwenbrunnen** (heute Kopie).

Zur **Oberen Burg** (Fellegvár) führt von der Ortsmitte eine prächtige Panoramastraße. In den römischen Ruinen siedelte König Andreas I. um 1050 Basilianermönche an. König Béla IV. errichtete nach 1242 die Burg. Während der Kuruzzenkriege sprengte das kaiserliche Heer 1702 die Anlage.

Der Löwenbrunnen des König-Matthias-Palastes von Visegrád verdankt seinen Namen den originellen Pfeilerstützen

Praktische Hinweise

Hotel

****Hotel Silvanus**, Fekete-hegy, Visegrád, Tel. 26/39 83 11, Fax 26/59 75 16, www.hotelsilvanus.hu. Familienfreundliches Haus mit Panoramablick sowie umfangreichen Wellness- und Sportangeboten.

51 Esztergom

Gran

Historische Königspfalz und Residenz des katholischen Primas von Ungarn.

Der 160 m hohe Felshügel nahe der Mündung des Flusses Gran in die Donau trug schon ein keltisches sowie das römische *Kastell Solva Mansio*. Großfürst Géza ließ eine der ersten magyarischen Steinburgen errichten. Hier wurde um 973 sein Sohn Vajk, der spätere Ungarnkönig Stephan, geboren. Das 12. Jh. war das **Goldene Zeitalter** von *Strigonium* – so der lateinische Name der Burgstadt. König Béla III. vereinte nach byzantinischem Vorbild weltliche wie geistliche Macht dieser festen Residenz. Nach dem Mongolensturm Mitte des 13. Jh. übersiedelten die Könige nach Visegrád, Stadt und Burg gingen endgültig in den Besitz der Kirche über. Der Erzbischof von Esztergom, traditionell im Kardinalsrang, waltet bis heute als Primas von Ungarn. Während der 140-jährigen Türkenherrschaft (1543–1683) war *Osterghun* ein verschlafenes Provinznest.

Die Burgkapelle blieb in ihrer ganzen frühgotischen Schönheit erhalten

Heute ist die malerische Kleinstadt (35 000 Einwohner), das nördliche Tor zum Donauknie, ein beliebtes **Touristenziel**.

Besichtigung Schon von weitem sichtbar beherrscht der **Dom Mariä Himmelfahrt**, Ungarns größtes Gotteshaus, die Donaulandschaft. Er erhebt sich auf den Grundmauern der von König Stephan 1010 gestifteten Kathedrale St. Adalbert. Nach dem Abzug der Türken wurde die damalige Ruine samt dem mittelalterlichen Burgviertel völlig abgetragen und das Gelände zum Neubau des Domes bis zu 11 m abgesenkt. Geldmangel erlaubte zunächst nur die Errichtung einer kleinen Barockkirche, erst 1822 erfolgte die Grundsteinlegung zum gewaltigen *klassizistischen Dom*. Zur feierlichen Einweihung 1856 komponierte Franz Liszt die ›Graner Festmesse‹.

Aus geländetechnischen Gründen liegt die Schauseite mit dem achtteiligen Säulenportikus im Osten. 107 m hoch ragt die Kuppel mit Säulentambour in den Himmel. Überkuppelte Seitentürme verleihen dem strengen, klassizistischen Gesamteindruck einen behäbigen, ›barocken‹ Akzent. Das **Innere** wirkt dagegen bombastisch und durch den grauen Kunstmarmor kühl und düster. Die *Reliefs* von Fassade und Innenraum schufen Johann Meixner und Marco Casagrande. Pietro Bonani entwarf den Hochaltar, Michelangelo Grigoletti malte das Altarbild, eine Kopie von Tizians ›Mariä Himmelfahrt‹ in Venedig. Als einziges Kunstwerk aus dem alten Dom überdauerte die **Grabkapelle des Erzbischofs Tamás Bakócz** (links vom Eingang), ein Hauptwerk der Frührenaissance in Ungarn (1506). Im Jahre 1519 kam der weiße Marmoraltar dazu, Tabernakel und Nischenstatuen stammen aus dem 19. Jh.

Den gewaltigen Esztergomer Dom Mariä Himmelfahrt planten Anfang des 19. Jh. Johann Baptist Packh und Paul Kühnel, rund 20 Jahre später vollendete ihn Jószef Hild

Vom Esztergomer Burgpalast öffnet sich ein weiter Blick über Stadt und Donau

TOP TIPP Rechts vom Chor führt eine Treppe in die berühmte **Schatzkammer des Domes** (März–Okt. tgl. 9–16.30, Nov./Dez. 11–15.30 Uhr), trotz mehrfacher Plünderungen die reichste Sammlung ihrer Art in Ungarn. Gezeigt werden liturgische Geräte und Gewänder seit karolingischer Zeit, das *Schwurkreuz* zur Königskrönung, der gotische *Suki-Kelch*, das *Corvinus-Prunkkreuz* sowie das *Corvinus-Trinkhorn* aus dem 15. Jh.

In der im ägyptischen Stil gestalteten **Krypta** ruhen die Erzbischöfe von Esztergom. Die großen Engelsfiguren schuf der Bildhauer Andreas Schroth.

Am Steilabfall des Burghügels, links vom Dom, liegt der **Burgpalast** (Di–So 9–17 Uhr) mit der großartigen Burgkapelle. Beim Versuch, Esztergom aus der Hand der Türken zu befreien, erlitt der Burgpalast 1595 schwerste Schäden und war später verschüttet. Umfangreiche Ausgrabungen und Restaurierungen konnten wertvolle Teile wieder gewinnen. In den **Eingangsräumen** werden Objekte zur Besiedlungsgeschichte des Burghügels seit der Jungsteinzeit gezeigt. Den als Kapelle gestalteten Stephans-Saal mit Kreuzgratgewölbe hielt man lange für den Geburtsort König Stephans. Im alten **Wohnturm** befindet sich das Arbeits- und Empfangszimmer des Erzbischofs János Vitéz, des bedeutenden Humanisten und Erziehers König Matthias'. Die kostbaren *Frührenaissance-Wandmalereien* zeigen allegorische Frauengestalten der vier Kardinaltugenden – Klugheit (Spiegel), Mäßigkeit (Mischen von Wasser und Wein), Gerechtigkeit (Waage, Schwert) und Stärke (Säule, Streitkolben) – sowie Reste von Planeten- und Horoskopzeichen.

Die **Burgkapelle**, errichtet unter König Béla III. (1172–96), steht stilistisch an der Wende von der Romanik zur Gotik. Die halbrunde *Chorapsis*, die sich im Osten an das quadratische, von einem hohen Kreuzgratgewölbe überspannte Hauptschiff anschließt, gilt als schönstes Beispiel der Frühgotik in Ungarn. Hohe Kunstfertigkeit verraten auch die edlen Knospenkapitelle und die ›normannischen‹ Zackenbögen der Seitenportale. Die Sitznischen schmückte ein italienischer Wanderkünstler um 1340 mit qualitätvollen Apostelbildern.

Am Fuße des Burghügels liegt die **Wasserstadt** (Víziváros), das frühere Zentrum der Geistlichkeit. Die hübsche **Barockkirche St. Ignatius**, die als Gotteshaus der Jesuiten entstand, besticht durch ihre elegant nach vorn gewölbte Fassade, das Werk eines unbekannten Ordensbaumeisters um 1730. Die Türme mit ihren spitzen Helmen wurden erst später aufgeführt.

Im **ehem. Erzbischöflichen Palais** neben der Jesuitenkirche ist heute das **Museum für christliche Kunst** (Keresztény Múzeum, Mitte März–Okt. Di–So 10–18, Nov./Dez. Di–So 11–15 Uhr), die hervorragendste Kunstsammlung der ungarischen Provinz, untergebracht. Sie umfasst eine bedeutende *Gemäldegalerie* sowie eine *Skulpturen-* und *Kunsthandwerk*-Abteilung. Im ersten Raum verdient das ›*Heilige Grab*‹ besondere Be-achtung, ein spätgotischer Prozessionsschrein um 1470/80. Es folgen Meisterwerke spätgotischer Tafelmalerei und Bildnerei. Den Museumsbestand ergänzen ein prächtiger *Majolika-Ofen* aus Salzburg (um 1570), Gemälde von der Gotik bis zum Barock, Gold- und Silberschmiedearbeiten, Habaner-Keramik, Elfenbeinschnitzereien, türkische Teppiche sowie Ikonen.

Die historische Bürgerstadt aus dem 18. und 19. Jh. gruppiert sich um den **Széchenyi tér**, den alten Marktplatz, dem liebevoll renovierte Bürgerhausfassaden aus dem 17.–19. Jh. einen lebendigen Reiz verleihen. Schönstes Gebäude ist das **Rathaus** an der Südseite mit seiner arkadengeschmückten Rokokofassade.

Die kleine Rundkirche **Kerek templom St. Anna** an der Straße nach Dorog plante der Dombaumeister Johann Packh.

Praktische Hinweise

Information

Ibusz, Kossuth Lajos utca 5, Esztergom, Tel. 33/52 09 20, Fax 33/41 16 43

Hotel

*****Hotel Esztergom**, Prímássziget, Helischer utca, Esztergom, Tel. 33/41 25 55, Fax 33/41 28 53, www.hotel-esztergom.hu. Angenehmes Haus in Domnähe mit schönem Blick auf die Insel des Donauknies.

52 Vác

Waitzen

Malerische Donaustadt aus der Barockzeit.

Vác bietet den nahezu unversehrten Charakter eines Donaustädtchens aus dem 18. und 19. Jh. Das Römerkastell *Uvcenum* jenseits des Donau-Limes erwähnte schon der ägyptische Geograph Ptolemäus im 2. Jh. n. Chr. König Stephan gründete um 1010 den Bischofsitz. Am Handelsweg von Pest nach Oberungarn gedieh Vác im Mittelalter zu großer Blüte, wurde aber von Mongolen und Türken mehrfach verwüstet. Erst im 18. Jh. begann nach der Rückkehr der Bischöfe der Wiederaufbau. An der nördlichen Stadteinfahrt (Köztársaság út) ließ Bischof Migazzi 1764 zum Empfang von Kaiserin (Königin) Maria Theresia einen eleganten **Triumphbogen** mit Porträtreliefs von sich und ihrer Familie errichten.

Mittelpunkt der Bürger- oder Oberstadt ist der dreieckige **Március 15. tér**, gesäumt von schönen Barockgebäuden: dem Rathaus (Nr. 11), dem *Kloster der*

Die weißen Türme der Piaristen-Kirche in Vác stellen sogar den Dom in den Schatten

Barmherzigen Brüder (heute griechisch-katholische Kirche und Krankenhaus) und der **Oberstädtischen Pfarrkirche**, vormals im Besitz der Dominikaner. Die Rokoko-Ausstattung (um 1760) wird ergänzt durch das Hochaltarbild ›Christus und seine Jünger‹ des italienischen Manieristen C.V. Savoy von 1664.

Südlich vom Március 15. tér steht die **Piaristen-Kirche St. Anna** mit dem Ordenshaus und der schönen Dreifaltigkeitssäule (1750). Den **Dom Mariä Himmelfahrt** ließ Bischof Migazzi nach Plänen von Isidore Canevale beginnen, dann aber von Gáspár Oswald aus dem Piaristenorden stark im Sinne des Klassizismus abändern. Den *Innenraum* schmückte Franz Anton Maulbertsch 1770 mit zarten Fresken. Martin Johann Schmidt, der ›Kremser-Schmidt‹, malte die Seitenaltarbilder ›Hl. Nikolaus‹ und ›Hl. Johannes Nepomuk‹ nächst dem Haupteingang.

Gegenüber vom Dom liegt das *Bischöfliche Palais*, dessen Park sich bis zur Donau erstreckt. Die Uferpromenade führt zur *Franziskaner-Kirche* von 1721.

So klein Fót ist, so großartig präsentiert sich seine Pfarrkirche St. Stephan

53 Fót

Ein Hauptwerk des ungarischen Historismus.

Die Herrschaft Fót, 6 km östlich von Dunakeszi, gehörte im 19. Jh. den Grafen Károlyi. Ihr klassizistisches **Schloss** inmitten eines weitläufigen Parks dient heute als Schulungszentrum. Höchst eindrucksvoll ist die monumentale, doppeltürmige **Pfarrkirche St. Stephan**, erbaut 1845–55 von Miklós Ybl in neoromanischen Formen mit byzantinisch-orientalischen Anklängen. Mit der Schule und dem Pfarrhaus bildet sie ein harmonisches Bauensemble. Das prunkvolle *Innere* der Kirche bildet den stilvollen Rahmen für Orgelkonzerte. Fresken und Altäre malte der Österreicher Karl Blaes.

54 Gödöllő

TOP TIPP *Lieblingsresidenz der Kaiserin (Königin) Elisabeth, ›Sisi‹ genannt.*

Viele Jahre weilte die österreichische Kaiserin und ungarische Königin Elisabeth zur Sommerfrische in Gödöllő. Der ›Geliebten Königin‹, die in Ungarn bis heute hohes Ansehen genießt, wurde 1901 – drei Jahre nach ihrer Ermordung in Genf – im **Elisabeth-Park** (Erzsébetpark) ein zauberhaftes Denkmal gesetzt. **Schloss Gödöllő** (April–Okt. tgl. 10–18, sonst Di–So 10–17 Uhr), eine U-förmige Anlage mit bekrönender Mittelkuppel, ließ der kroatische Fürst Antal Grassalkovich ab 1744 im heutigen Ortszentrum errichten. Der ›Grassalkovich-Typus‹ wurde in Ungarn Vorbild für Schlösser der Spätbarockzeit, so z. B. im nahen Ort Hatvan. Nach der Königskrönung 1867 stellten die Ungarn Schloss Gödöllő dem Herrscherpaar Franz Joseph und Elisabeth als *Sommerresidenz* zur Verfügung. Miklós Ybl nahm einige neobarocke Veränderungen vor. Langjährige Restaurierungsarbeiten haben den Glanz wieder hergestellt, der dem lange Zeit als Altersheim genutzten Schloss verloren gegangen war.

i Praktische Hinweise

Information

Tourinform, Királyi Kastély, Gödöllő, Tel. 28/41 44 02, Fax 28/41 54 02 www.godollotourinform.hu.

Hotel

Panzió Sissi, Dózsa Gy. út 36 (Eingang Szilhát utca), Gödöllő, Tel. 28/54 55 40, Fax 28/54 55 51, www.panziosissi.hu. Hübsche Pension im Zentrum.

Nordungarn – hügeliges Weinland

Das Nordungarische Mittelgebirge besteht aus kleineren Gebirgsstöcken und Hügelketten, beginnend nördlich des Donauknies mit den rund 900 m **Vulkankuppen** der *Börzsöny-Berge*, gefolgt von den *Cserhát-Hügeln* und dem *Mátra-Gebirge* mit der 1014 m hohen Kékes-Spitze. Weiter östlich liegen dann das *Bükk-Gebirge*, die ›Wiege‹ der ungarischen Metallindustrie, der *Aggtelek-Karst* mit seinen wunderschönen Höhlen und die bizarren *Vulkankegel* von *Zemplén*. Um Tokaj, Eger und Gyöngyös gedeihen weltberühmte **Weine**, und die Bäder bei Miskolc gehören zu den wichtigsten **Kurregionen** des Landes.

55 Balassagyarmat

›Hauptstadt‹ der Palózen-Volksgruppe.

Von Budapest führt die Straße zunächst durch die anmutigen **Cserhát-Hügel**. In manchen Orten finden aufmerksame ›Schatzsucher‹ kunsthistorische Kostbarkeiten, wie das kleine Barockschloss Huszár in Keszeg nordöstlich von Vác oder die spätgotische Wehrkirche am Ortsrand von Nógrádsáp.

Balassagyarmat, die kleine Grenzstadt (23 000 Einwohner) zur Slowakischen Republik am Ipoly-Fluss, leitet ihren Namen vom Geschlecht Balassa von Gyarmat ab.

Dank UNESCO-Schutz bleiben die Palózen-Häuser von Hollókő der Welt erhalten

Das klassizistische **Komitatshaus** (Köztársaság tér) verrät noch die frühere Bedeutung des Ortes. Wichtigste Sehenswürdigkeit ist das **Palózen-Museum** (Di–Sa 10–16 Uhr) im Stadtpark (Palóc liget), das einen Einblick in die kulturelle Eigenart der Volksgruppe der Palózen gibt. Sie gelten als Nachfahren turkstämmiger Kumanen vom Kaspischen Meer, die auf der Flucht vor den Mongolen im 12. und 13. Jh. nach Ungarn kamen.

56 Hollókő
Rabenstein

Palózendorf und UNESCO-Kulturgut.

Im Ortskern gruppieren sich typische **Palózen-Häuser** mit weit vorkragenden Holzdächern und geschnitzten Lauben hübsch um die kleine Kirche aus dem 17. Jh. Eines der Häuser gewährt als *Museum* (Falumúzeum, Mitte März–Mitte Nov. tgl. 10–18 Uhr) Einblick in die Wohnsituation zu Beginn des 20. Jh. Auf dem 365 m hohen Felssporn am Ortsrand thront die mächtige *Burgruine* aus dem 13. und 14. Jh., die in den Hussitenkriegen eine bedeutende Rolle spielte. Im Kuruzzenaufstand Anfang des 18. Jh. wurde sie zerstört.

Mátraverebély

An einem Hang neben der Straße 21 in die Slowakei (12 km nördlich von Pásztó) liegt die gotische **Wallfahrtskirche Unsere Liebe Frau**. Künstlerisch wertvoll sind die Sitznischen im Chor aus dem 15. Jh. sowie

Das Dörfchen Gyöngyöspata schmiegt sich an die sanften Hänge des Mátra-Gebirges

die Grabplatte des Siebenbürger Vizewojwoden Péter Verebi († 1403) im nördlichen Seitenschiff.

i Praktische Hinweise

Hotel

******Kastély Hotel**, Petőfi utca 26, Szirák, Tel. 32/48 53 00, Fax 32/48 52 85, www.kastelyszirak.hu. Schönes Barockschloss im Park mit Restaurant. Tennisplätze und Reitangebote.

57 Gyöngyös

Tor zum Mátra-Gebirge mit barockem Ortszentrum.

Dank der günstigen Verkehrslage, durch Tuchwebereien und Weinhandel, gelangte Gyöngyös schon im Mittelalter zu großer Blüte. Auf dem Hauptplatz (Fő tér) steht die *Bartholomäus-Kirche* zu Ehren des Patrons der Winzer, auf dem Barátok tere die ehem. *Franziskaner-Kirche*. **Schloss Orczy**, vormals im Besitz der Fürsten Grassalkovich, beherbergt das *Mátra-Museum* (März–Okt. Di–So 9–17, sonst 10–16 Uhr).

Gyöngyöspata

Der kleine Ort, 12 km westlich von Gyöngyös, besitzt eine der schönsten Dorfkirchen der Umgebung. Aus der romanischen Burgkapelle entwickelte sich die spätgotische *Liebfrauenkirche*. Der prächtige, frühbarocke Hochaltar (um 1650) ist als Stammbaum Christi in Form der Wurzel Jesse gestaltet.

Mátra

Die Straße 24 führt ins reich bewaldete Mátra-Gebirge. Bei den Ungarn ist diese bezaubernde Landschaft als Sommerfrische und Skigebiet gleichermaßen beliebt. Bei *Mátraháza* ragt der höchste Gipfel, der Kékes, 1014 m empor.

i Praktische Hinweise

Information

Tourinform, Fő tér 10, Gyöngyös, Tel./Fax 37/31 11 55, www.gyongyos.hu

Die Wurzel Jesse in Gyöngyöspata zeigt die Vorfahren Jesu Christi

58 Feldebrő

Kunstgeschichtliche Rarität ist eine freskengeschmückte frühromanische Krypta.

Die **Pfarrkirche St. Martin** birgt fast tausendjähriges Mauerwerk. Gestiftet wurde die erste Kirche von Samuel aus der mächtigen *Aba-Sippe*, der nach König Stephans Tod 1038 die Krone an sich riss und sich dem byzantinischen Kulturkreis zuwandte. Als er 1044 im Kampf gegen König Peter I. fiel, setzte ihn seine Familie in der Krypta bei. Die Mongolen zerstörten Grabmal und Kirche. Ende des 13. Jh. entstand aus den Trümmern ein *spätromanisches Gotteshaus*, das oft verändert wurde, zuletzt im Barockstil. Unversehrt erhalten blieb dagegen die archaische **Krypta** der Urkirche. Von einem umfangreichen **Freskenzyklus** des 12. Jh. überdauerten künstlerisch wertvolle Fragmente. Manche Ornamente scheinen von kufisch-arabischen Schriftzeichen abgeleitet zu sein, eine beliebte Praxis der byzantinisch beeinflussten Romanik.

59 Mezőkövesd

Zentrum der Matyó-Volkskunst.

Im Matyóföld – der nach König Matthias benannten Ebene südlich von Eger – wohnt die den Palózen verwandte *Matyó*-Volksgruppe. Berühmtheit erlangten ihre überaus farbenfrohen Stickereien, bevorzugt rote Blumenmuster auf schwarzem Grund. Die schönsten Stickereien und Festtrachten sind im **Matyó-Múzeum** (Szent László tér, Mitte April–Mitte Okt. Di–So 9–17 Uhr) im Zentrum von Mezőkövesd ausgestellt. In der **St.-Ladislaus-Kirche** (Szent László templom) hat der einheimische Künstler István Takacs die gotische Seitenkapelle mit großflächigen Wandbildern der Matyó-Trachten geschmückt. Unweit der Kirche blieben in einigen Seitengassen des Ortes, z. B. in der László király utca, typische **Matyó-Häuser** erhalten.

60 Eger
Erlau

Plan S. 104

TOP TIPP *Ungarns schönste Barockstadt liegt inmitten malerischer Rebhänge.*

Eingebettet zwischen Weinberge liegt die zauberhafte Stadt Eger (65 000 Einw.) am gleichnamigen Fluss. An den Südhängen des Bükk-Gebirges gedeihen vorzügliche **Weinsorten**, das dunkelrote ›Erlauer Stierblut‹ (Egri Bikavér) und der Weißwein ›Erlauer Mägdelein‹ (Egri Leányka).

Geschichte Eger ging als ›Heldenfestung‹ in die ungarische Geschichte ein. König Stephan gründete Anfang des 11. Jh. die Burg, 1241 wurde sie von den Mongolen niedergebrannt. Ende des 13. Jh. entstand auf dem Burghügel die *Bischofsstadt*, am Eger-Bach die *Bürgerstadt*, die als Tor zu den Bergschätzen Oberungarns rasch an Bedeutung gewann. 1552 trotzte die Festung Eger den Türken, bei der zweiten Belagerung 1596 fiel sie. Fast 100 Jahre lang herrschten die Türken über die Stadt. Nach ihrem Abzug begannen tatkräftige Bischöfe im 18. Jh. mit dem Wiederaufbau.

Große Aufmerksamkeit zieht der Arkadengang des Bischofspalastes von Eger auf sich

Das Stadtpanorama offenbart deutlich die barocke Seite von Eger

Besichtigung Den Aufstieg zur **Burg** ❶ lohnt allein schon die prächtige Aussicht. Vorbei an den italienischen *Basteien*, die Fürst Péter Perényi Mitte des 16. Jh. aufführen ließ, kommt man zum **Varkoch-Tor**. Ein Bronzerelief erinnert an den 400. Jahrestag der Belagerung von 1552, bei der Burghauptmann István Dobó mit nur 2000 Mann Besatzung und den legendären ›kämpfenden Frauen‹ die Festung 40 Tage lang gegen ein riesiges Türkenheer verteidigte. Schönster Teil der Burg ist der spätgotische *Bischofspalast* (Püspöski vár) mit seinem Arkadengang und reliefierten Schlusssteinen. Das **Burgmuseum** (März–Okt. Di–So 9–17, sonst bis 16 Uhr) im 1. Stock zeigt Exponate zur Geschichte der Burg, der Türkenzeit und Wohnkultur sowie religiöse Kunstwerke. Rechts vom Bischofspalast sind die Reste der romanisch-gotischen Kathedrale zu sehen, die 1552 abbrannte. Den Großteil der Burg ließ Kaiser Leopold I. im Kuruzzenkrieg 1702 sprengen.

Den Mittelpunkt der **Bürgerstadt** bildet der Dobó István tér. Das **Denkmal des István Dobó** ❷, des tapferen Burghauptmannes, schuf Alajos Stróbl im späten 19. Jh., das **Denkmal der Verteidiger der südungarischen Grenzburgen** ❸ gegenüber Zsigmond Kisfaludi Strobl.

Beherrscht wird der Platz von der **Pfarrkirche St. Antonius** ❹ mit dem ehem. Minoriten-Kloster. Im Mittelalter ließ sich der Bettelorden in Eger nieder, in der Türkenzeit verfielen die Gebäude. Der *Neubau* im Barockstil nach Plänen von Kilian Ignaz Dientzenhofer (1758–73) mit der elegant vorschwingenden, doppeltürmigen Fassade ähnelt der Wiener Piaristenkirche. Den vierteiligen **Innen-**

Heute krönt ein Kreuz das Minarett von Eger, das – zumindest optisch – den Turm der Serbischen Kirche überragt

raum schmückte der Preßburger Maler Martón Raindl mit *Fresken* aus dem Leben des hl. Antonius von Padua. Das *Hochaltarblatt* von Johann Lukas Kracker zeigt die Marienvision des Kirchenpatrons, das Altarblatt neben der Kanzel die hl. Anna.

Jenseits des Eger ragt als nördlichstes Bauwerk der Osmanen in Europa das berühmte **Minarett** 5 (April–Okt. tgl. 10–18 Uhr) – einst Teil der Kethuda-Moschee aus dem 17. Jh. – 35 m hoch in den Himmel. Die Ecke zur Markhot utca nimmt das **ehem. Kloster der Barmherzigen Brüder** 6 samt Krankenhaus ein, erbaut 1726 von Giovanni Battista Carlone.

Vornehmste Barockstraße von Eger ist die **Kossuth Lajos utca**, in der früher der Klerus wohnte. Vom Dobó István tér gelangt man durch die Jókai utca zunächst zum **Rathaus des Komitats Heves** 7, einem monumentalen Barockgebäude mit prächtigen Schmiedeeisengittern im Rokokostil. Der Kunstschmied Henrik Fazola schuf die eindrucksvollen Gitter und Tore. Die **Franziskaner-Kirche** 8 an der gegenüberliegenden Straßenseite plante Giovanni Battista Carlone 1736. Die qualitätvolle Ausstattung stammt aus der Zeit des Spätbarock und Rokoko. Carlone erstellte auch die Pläne für das **ehem. Griechisch-katholische Priesterseminar** 9 (Kossuth Lajos utca 8). Als Meisterwerk des späten Barocks entstand das **Kleine Propstpalais** 10 (Kossuth utca 4) 1758 nach Entwürfen von Franz Anton Pilgram oder Matthias Franz Gerl aus Wien. Johann Lukas Kracker malte die Fresken im Festsaal.

TOP TIPP Den Esterházy tér im Süden beherrscht das **ehem. Erzbischöfliche Lyzeum** 11 (heute Teil der Universität, nur nach Voranmeldung, Tel. 36/52 04 22), das Bischof Károly Esterházy zu einer Universität mit philosophischer und theologischer Fakultät ausbauen ließ. Die Bauarbeiten begannen 1763 nach Plänen von Jakob Fellner, vollendet wurden sie nach 1780. Im **Festsaal** im 1. Stock des Mittelrisalits malte Franz Sigrist 1781 Personifikationen der vier Fakultäten: Theologie, Philosophie, Jurisprudenz, Medizin. Künstlerischer Höhepunkt ist der **Bibliothekssaal** (April–Okt. Di–So 9.30–15.30, sonst Sa/So 9.30–13.30 Uhr) mit dem thematisch seltenen **Deckengemälde** von Johann Lukas Kracker. Ge-

Ein Meisterwerk gemalter Scheinarchitektur ist das Deckenfresko in der Bibliothek des einstigen Erzbischöflichen Lyzeums

schildert wird das Trienter Konzil, das 1545 bis 1563 tagte und die Grundlagen zur Gegenreformation schuf. Um einen Jesuiten scharen sich mehr als 130 Geistliche und Gesandte europäischer Fürstenhöfe. In den Ecken sind vier Konzilsbeschlüsse dargestellt: Priesterweihe, kirchliche Zensur, Letzte Ölung und Reliquienverehrung. Die Scheinarchitekturen der spätgotischen Konzilshalle malte Joseph Zach 1782; bei nur 80 cm Gewölbehöhe erzielte er eine bravouröse optische Täuschung. Besichtigt werden kann auch die 53 m hohe **Sternwarte** (März–Mitte Okt. Di–So 9.30–15.30, sonst Sa/So 9.30–13.30 Uhr) im Ostflügel, eines der ältesten Hochhäuser Europas. Vom neunten Geschoss bietet sich ein schöner Rundblick.

Der klassizistische **Dom St. Johannes Evangelist** ⓬ wirkt in der Barockstadt zunächst wie ein Fremdkörper. Nach dem Abzug der Türken und der Erhebung zum Erzbistum benötigte Eger eine repräsentative Bischofskirche. Geldmangel verzögerte den Baubeginn, erst 1831–39 konnte der Dom nach Plänen von József Hild errichtet werden. *Statuen* der christlichen Tugenden Glaube, Liebe, Hoffnung krönen den Säulenportikus. Die Reliefs schuf Marco Casagrande, das *Hochaltarblatt* der Wiener Josef Danhauser.

In der langen Széchenyi István utca steht links zunächst das **Erzbischöfliche Palais** ⓭, eine barocke Hufeisenanlage mit klassizistischen Ergänzungen. Die doppeltürmige **Pfarrkirche St. Bernhard** ⓮ weiter nördlich gehörte ursprünglich den Jesuiten, seit 1773 den Zisterziensern. Prunkstück ist der thematisch seltene wie künstlerisch wertvolle *Hochaltar* (1770) von Johann Anton Krauß. In der Mitte kniet der Jesuitenheilige und dritte Ordensgeneral Franz von Borgia, flankiert von Melchisedek und Aaron, Priestern des Alten Bundes. Im Aufsatz ist Christi Kreuzestod typologisch Vorbildern aus dem Alten Testament gegenübergestellt: links die Opferung Isaaks durch Abraham, rechts Moses, auf die Eherne Schlange weisend. Die **ehem. Jesuiten-Apotheke** ⓯ gegenüber des sehenswerten Gotteshauses an der Széchenyi István utca ist als *Museum* (Mai–Aug. Di–So 9–17 Uhr) eingerichtet. Die Nordseite des Kirchplatzes begrenzt die reizvolle Giebelfassade des **ehem. Jesuiten-Gymnasiums** ⓰ mit Statuen der Jungfrau Maria zwischen den Ordensheiligen Ignatius von Loyola und Aloysius von Gonzaga. Stadtauswärts liegt im Nordwesten die kleine barocke **Spitalskirche St. Anna** ⓱.

Den nördlichen Abschluss der Széchenyi utca bildet weithin sichtbar die orthodoxe **Kirche der Serben** ⓲ (Rác templom). Vom Pfarrhaus führt eine gedeckte Treppe zur Kirche inmitten des alten Friedhofs. Die *Ausstattung* aus der Mitte des 18. Jh. zählt zu den kostbarsten ihrer Art in Ungarn.

i Praktische Hinweise

Information

Tourinform, Bajcsy-Zsilinszky utca 9, Eger, Tel. 36/517715, Fax 36/518815, www.eger.hu, www.ektf.hu/eger

Hotels

******Eger & Park Hotel**, Szálloda utca 1–3, Eger, Tel. 36/52 22 22, Fax 36/41 31 14, www.hotelegerpark.hu. Großer Hotelkomplex im Stadtzentrum mit modernem Wellnessbereich und Schwimmbad.

*****Senator Ház**, Dobó tér 11, Eger, Tel. 36/32 04 66, Fax 36/41 17 11, www.senatorhaz.hu. Hotel unterhalb der Burg.

Restaurant

Fehérszarvas Vadasztanya, Klapka Gy. utca 8, Eger, Tel. 36/41 11 29. Ungarische Küche in rustikalem Ambiente.

61 Schloss de la Motte

Reizvolle Sommerresidenz mit noblem Interieur.

In den Weinbergen 12 km nordöstlich von Eger (bei der Pfarrkirche in **Noszvaj** abzweigen) ließ Baron Samuel Szepessy 1775 vom Erlauer Baumeister János Povolny ein Spätbarock-Schloss errichten, das später durch Heirat in den Besitz des französischen Emigranten Antoine de la Motte überging. Das Treppenhaus schmückten Johann Lukas Kracker und Joseph Zach mit Gemälden römischer Götter nach Stichen von E. A. Petitot. An die Decke malte Kracker die Kopie des Apollo- und Aurora-Freskos von Guido Reni, im Festsaal Bacchus beim Weinlesefest. Die Römische Stube ist nach den Kaisermedaillons benannt, im Damensalon malte Anton Lieb aus Eger fantasievolle Vögel- und Pflanzenbilder.

Ordenstypisch lenken in der schmucklosen Zisterzienserabtei von Bélapátfalva keine Äußerlichkeiten vom Dienst an Gott ab

62 Bélapátfalva

Großartige spätromanische Zisterzienser-Kirche.

Nördlich von Eger weichen die lieblichen Weinberge der Waldeinsamkeit des *Bel-kő-Berges*. 1242 gründete Bischof Kilit II. von Eger die Zisterzienserabtei Bélapátfalva, die bis zur Reformation bestand. Erhalten blieb die majestätische **Kirche**, deren Westfassade ein aufwendiges Trichterportal und eine frühgotische Fensterrose gliedern. Das **Innere** entspricht der asketischen Gesinnung des Reformordens: Kein figürlicher Schmuck, nur die exakt behauenen Steinquader prägen die streng-erhabene Schönheit. Das dreischiffige Langhaus mit weit vorspringendem Querschiff und geradlinig schließenden Chören bilden symbolisch das Christus-Kreuz nach. Mächtige Vierkantpfeiler tragen die ordenstypischen Lisenen und Hängekonsolen. 1730 wurden barocke Kreuzgewölbe eingezogen.

Szilvásvárad

Etwa 9 km nördlich von Bélapátfalva besaßen die Markgrafen Pallavicini in Szilvásvárad Schloss und **Lipizzaner-Gestüt**, wo nachwievor Pferde gezüchtet werden. Darüber informiert ein kleines *Museum* (Mai–Okt. Di–So 9–12 und 13–17 Uhr). Am Fuße des Schlossparks steht die **Reformierte Kirche**, ein klassizistischer Rundbau (um 1840) von József Hild.

63 Bükk

Naturschönheiten und Industriedenkmäler.

Durch das wildromantische Szalajka-Tal windet sich die Straße zum waldreichen **Bükk-Nationalpark** bis nach Miskolc. Das Bükk-Gebirge besteht aus Kalk- und Sandstein; höchster Gipfel ist der *Istállós kő* mit 958 m.

In **Ómassa** nahm der Kunstschmied Henrik Fazola aus Eger 1770 den ersten Hochofen in Betrieb. Sein Sohn Frigyes baute im nahen Weiler **Újmassa** die neue Eisenhütte, heute ein *metallurgisches Museum* (20. April–20. Okt. tgl. 9–16 Uhr).

Im Bükk-Gebirge wurden bisher etwa 300 Höhlen entdeckt, einige davon mit Tropfsteinen. In der **Szeleta-Höhle** bei *Lillafüred* wurden Spuren des ›Bükker Urmenschen‹ gefunden.

64 Miskolc

Bedeutendste Industriestadt des Landes und ›Tor‹ zum reizvollen Bükk-Gebirge.

Bereits im 3. Jt. v. Chr. siedelten Skythen im Bereich der Stadt. Mitte des 16. Jh. zerstörten die Türken den blühenden **Marktort** und begründeten eine fast hundertjährige Osmanenherrschaft. Als Sympathisantin des Kuruzzenaufstandes wurde Miskolc zu Beginn des 18. Jh. durch habsburgische Truppen ein weiteres Mal geplündert. Weinhandel und Eisenerzvorkommen in der Umgebung begründeten dann ihren wirtschaftlichen Aufschwung im 18. Jh.

Heute ist Miskolc Ungarns drittgrößte Stadt (177 000 Einwohner) und neben Budapest das wichtigste Zentrum der Schwerindustrie.

Besichtigung Am Abhang des Kis Avas, des Kleinen Avas, ragt das Wahrzeichen des alten Miskolc auf, der mächtige *Glockenturm* der **Reformierten Kirche** von 1560. Die gotische Halle des Gotteshauses entstand um 1470.

Schönster Platz der Stadt ist der nahe Erzsébet tér. Das **Otto-Herman-Museum** (Papszer utca 1, www.hermuz.hu, Di–So 10–16 Uhr), eine der bedeutendsten Provinzsammlungen Ungarns, trägt den Namen des Naturkundlers, der mit der Entdeckung des ›Bükker Urmenschen‹ in der Szeleta-Höhle bei Lillafüred die prähistorische Erforschung des Bükk-Gebirges einleitete.

In der Hauptachse der Altstadt, der Széchenyi István utca, steht das **Nationaltheater**, 1819 als erste ungarische Bühne in Steinbauweise errichtet und nach dem Brand von 1843 im Stil des romantischen Historismus erneuert. Eindrucksvollste Barockkirche ist die doppeltürmige **Minoriten-Kirche** (Minorita templom) auf dem Hősök tere, erbaut um 1730 von Giovanni Battista Carlone. Unweit vom Deák tér befindet sich die orthodoxe **Serben-Kirche** (Görögkeleti templom) im Zopfstil (1785–88). Die prächtige, 18 m hohe Ikonostase zeigt griechische Ikonen, darunter eine Kopie der Muttergottes von Kasan. Die Ecke Déak tér/Kossuth Lajos utca nimmt die Hahnen-Kirche der Calvinisten ein.

Im Vorort **Diósgyőr** liegt das gleichnamige gewaltige Burgschloss nahe der Straße nach Lillafüred. Banus (Markgraf) Ernye von Ákos ließ 1271 die erste Steinburg erbauen, König Ludwig d. Gr. Mitte des 14. Jh. die vier quadratischen Ecktürme aufrichten. Die Türkenkriege überdauerten nur einige Steinfragmente und Kleinfunde, die im *Burgmuseum* in der großen Rundbastion (um 1540) ausgestellt sind.

Als drittgrößte Stadt Ungarns hat Miskolc einiges an Einkaufsmöglichkeiten zu bieten

Der von herrlichen Wäldern umgebene Vorort **Miskolc-Tapolca**, 7 km südlich, zählte schon im 19. Jh. zu den führenden Heilbädern Ungarns. Die radioaktiven *Thermalquellen* sollen bei Magen-, Darm- und Rheumaleiden helfen. Als besondere Attraktion des Heilkurortes wurde ein *Höhlenbad* eingerichtet.

i Praktische Hinweise

Information

Tourinform, Városház tér 13, Miskolc, Tel. 46/35 04 25, Fax 46/35 04 39, www.miskolc.hu

Hotel

*****Pannonia**, Kossuth utca 2, Miskolc, Tel. 46/50 49 80, Fax 46/50 49 82, www.hotelpannonia-miskolc.hu. Schöner Bau der Wende zum 20. Jh.

Trotz ihres Alters leuchten die Farben der spätromanischen Fresken der Reformierten Kirche in Szalonna noch frisch und kräftig

65 Aggtelek-Karst

Naturschönheiten und interessante Dorfkirchen.

Szalonna, ein idyllischer Ort im Bódva-Tal, besitzt eine der ältesten und schönsten **Dorfkirchen** Ungarns. Ursprünglich als Rundkirche Ende des 11. Jh. von der Familie Örs gestiftet, wurde sie im 13. Jh. um das Langhaus erweitert, der Rundbau zum Chor umgestaltet. Eindrucksvolle spätromanische *Fresken* (um 1250) schildern Szenen aus dem Leben der Kirchenpatronin Margareta von Antiochien. Die gotischen Fresken in der Triumphbogenlaibung malte András Szepesi 1426. Bei der Übernahme durch die Calvinisten im 16. Jh. kam der hölzerne Glockenturm dazu.

Der Kirche in **Tornaszentandrás** (von Komjáti in Richtung Tornabarakony abzweigen) kommt wegen ihres romanischen Zwillingschores, dem einzigen in Ungarn, baugeschichtliche Bedeutung zu.

Das Gebiet des ca. 600 m hohen Aggtelek-Karst entlang der slowakisch-ungarischen Grenze zählt zu den schönsten und interessantesten Landschaften Ungarns; Teile stehen als Nationalpark unter Naturschutz. In eine wahre Wunderwelt bizarrer Formationen aus Stalaktiten und Stalagmiten führt das System der TOP TIPP **Baradla-Höhle** (www.anp.hu, April–Sept. tgl. 9–17, sonst 10–15 Uhr), eine der größten Tropfsteinhöhlen Europas, 22 km lang, davon 7 km auf slowakischem Gebiet. Beim Haupteingang in Aggtelek beginnen ein- oder mehrstündige Führungen. Nebeneingänge befinden sich beim *Roten See* (Vörös tó) und bei *Josvafő*, wo einige Stollen zu Heilzwecken genutzt werden.

66 Szerencs und Hernád-Tal

Kunstschätze von der Romanik bis zum Barock.

Das Städtchen **Szerencs**, 35 km östlich von Miskolc, spielte im Freiheitskampf der Siebenbürger Fürsten gegen die Habsburger eine wichtige Rolle. Im Ortszentrum liegt die **Rákóczi-Burg**, auf dem Hügel weiter nördlich die **Reformierte Kirche**, eine spätgotische Wehranlage. Hier wurde 1605 István Bocskai zum Fürsten von Siebenbürgen ausgerufen. In der Spätrenaissance-Tumba (1618) ruht sein Nachfolger Zsigmond Rákóczi.

In **Monok** im **Hernád-Tal**, 13 km nordwestlich von Szerencs, wurde der Revolutionsführer Lajos Kossuth (1802–1894) geboren. Das Herrenhaus seiner Familie ist ein viel besuchtes *Lajos-Kossuth-Gedenkmuseum* (März–Okt. Di–So 9–17 Uhr).

In **Mád**, etwa 10 km nordöstlich von Szerencs, verdienen der jüdische Friedhof und die *Zopfstil-Synagoge* (heute Bibliothek) Beachtung. Die *Pfarrkirche* St. Ladislaus (Szent László) an der südlichen Ortseinfahrt von **Tállya** besitzt eine qualitätvolle Spätbarock-Ausstattung. Prunkstück ist das Gemälde auf dem linken Seitenaltar ›Die Weinkelter des hl. Wendelin‹ von Franz Anton Maulbertsch. Noch heute werden um Tállya vorzügliche Weine angebaut.

Zwischen Baradla- und Domica-Höhle entfaltet das unterirdische Labyrinth des Aggtelek-Karstes seinen eigenartigen Zauber

Weiter nordwärts im Hernád-Tal liegt die mächtige **Burgruine Boldogkőváralja**. Als Bollwerk der Siebenbürgener Fürsten wurde sie 1702 von den kaiserlichen Truppen gesprengt.

Bedeutendstes Kunstdenkmal der Region ist die romanische **Kirche** von **Vizsoly** (heute reformiert). Das erste Gotteshaus errichteten wohl deutsche Siedler, im 13. Jh. kam das hohe, kreuzrippengewölbte Langhaus mit dem Wehrturm an der Westseite dazu. 1570 entfernten die Calvinisten die Altäre; Teile der übertünchten *Fresken* wurden wieder freigelegt. Die ältesten Wandmalereien stammen aus der romanischen Urkirche vom Ende des 12. Jh., die meisten sind spätgotisch (15. Jh.). In der damals noch bestehenden Sakristei wurde 1590 die ›Bibel von Vizsoly‹ gedruckt, die erste ungarische Übersetzung der ganzen Heiligen Schrift von Pfarrer Gáspár Károli.

Vom Fassbinderdorf **Gönc** führt eine landschaftlich schöne Strecke über den Grubenort **Telkibánya** in die Zempléner Berge bis nach Sátoraljaújhely [s. S. 111].

67 Tokaj

Berühmtestes Weinbaugebiet Ungarns.

Tokaj und seine Umgebung gehören zu den ältesten Siedlungen der landnehmenden Magyaren. Von der Tokajer Burg, einer Gründung König Stephans an der Bodrog-Mündung, blieben nur kümmerliche Reste. Der Weinort Tokaj im Zentrum des Anbaugebiets hat durch die Touristenströme manches von seinem Reiz eingebüßt. Hauptanziehungspunkt ist der historische **Rákóczi-Weinkeller** (Rákóczi pince) im Ortszentrum mit seinen zwei Dutzend Gängen, den man im Rahmen einer Weinprobe besichtigen kann. In der Nähe stehen die historischen Gebäude: Rathaus, Tokaj-Museum, Griechisch-orthodoxe Kirche und Synagoge. Das barocke **Rákóczi-Schloss** im Süden von Tokaj dient heute als Gericht und Schule.

Praktische Hinweise

Information

Tourinform, Serház utca 1, Tokaj, Tel./Fax 47/35 22 59, www.tokaj-turizmus.hu

Hotel

*****Millenium**, Bajcsy-Zsilinszky út 34, Tokaj, Tel. 47/35 22 47, Fax 47/55 20 91,

Im Zemplén-Gebirge um den Ort Tokaj hat der Weinanbau eine lange Tradition

www.tokajmillennium.hu. Angenehmes Hotel im Ortszentrum.

68 Sárospatak

Romantische Kleinstadt mit dem bedeutendsten ungarischen Renaissanceschloss.

Die Geschichte der kleinen Stadt Sárospatak (17 000 Einwohner) am Bodrog begann mit der Landnahme der Magyaren 896. Nach dem Mongolensturm Mitte des 13. Jh. entwickelte sich Patak – so der alte Name – Mitte des 13. Jh. zu einer königlichen *Freistadt* mit italienischen, französischen und wallonischen Händlern. 1526 kam die Stadt an den Fürsten Péter

Die Weinkeller von Tokaj werden nicht selten schon seit Generationen genutzt

Bunt und fröhlich feiern die ungarischen Weinbauern jedes Jahr die neue Ernte

Das ›Blut der Erde‹

Echter Tokajer gedeiht nur auf dem 512 m hohen **Tokajer Berg** (Tokaji hegy), einem erloschenen Vulkankegel, und in 28 Nachbargemeinden am Südrand der Zempléner Berge (Zempléni hegység). Lavaböden und das überaus sonnige Klima bis in den Spätherbst hinein schaffen die unvergleichliche Süße des **Aszú**, des Ausbruchweins, dessen Trauben erst im November geerntet werden. ›Geschwister‹ dieser Spätlese sind der süße und der trockene **Szamorodni**.

Wein wird rings um Tokaj seit dem 11. Jh. angebaut, die ersten Reben kamen aus der Toskana. Vertrieben wurde der edle Tropfen in alle Länder Europas durch Händlerdynastien, vorwiegend Juden, Polen, Griechen und Schotten und fand als »König der Weine und Wein der Könige« (Ludwig XIV.) besonders an den europäischen Fürstenhöfen begeisterte Anhänger.

Perényi, der die **Protestantische Schule** grundete, die Keimzelle des Reformierten Kollegiums. Als *Residenz* des Fürsten György I. Rákóczi und seiner Gemahlin Zsuzsanna Lorántffy erblühte Sárospatak von 1630–60 zu einem *Zentrum humanistischer Bildung*. Ferenc II. Rákóczi, der Führer des Kuruzzen-Aufstandes gegen die Habsburger, schlug 1703 hier sein Hauptquartier auf.

Besichtigung Nahe des Bodrog an der Südostecke der Stadtmauer liegt das **Burgschloss**. Ältester Teil ist der sechsgeschossige Rote Turm, aus dem 15. Jh. Die Renaissance-Trakte stammen aus der Regentschaft des Fürsten Perényi um 1540, die elegante *Arkadenstiege* aus der Zeit der Fürstin Lorántffy um 1645. Das **Rákóczi-Museum** (Di–So 10–18 Uhr) zeigt die Geschichte des Fürstengeschlechts und der Kuruzzen-Bewegung sowie Wohnkultur von der Renaissance bis zum Biedermeier. Schönster Raum im Schloss ist das **Sub-rosa-Zimmer**, benannt nach einer Stuckrose im Gewölbe. Unter dieser Rose (sub rosa) trafen sich die Anführer der *Magnatenverschwörung* des Barons Wesselényi gegen die Habsburger. 1670 nahm Graf Starhemberg die Rädelsführer fest. Ihre Hinrichtung löste einen jahrzehntelangen Kleinkrieg der Aufständischen (Kuruzzen) aus.

Vor dem Schloss nimmt die **Kádár Kata utca** ihren Ausgang. Im Jesuiten-Kolleg befindet sich heute das römisch-katholische **Pfarrhaus** mit der Kirchenkunstsammlung des bei Ungarn verbliebenen Teiles des Bistums Kassa (Košice), Slowakei. Die **Pfarrkirche Zur Unbefleckten Empfängnis** hat trotz mancher Umbauten ihr eindrucksvolles Erscheinungsbild einer gotischen Hallenkirche aus dem 15. Jh. bewahrt. Auf dem Kirchplatz wurden die Grundmauern einer *romanischen Rundkapelle* freigelegt. In der **Königspfalz** wurde 1207 die *hl. Elisabeth* (Szent Erzsébet) als Tochter König Andreas II. und Gertrud von Andechs-Meranien geboren.

Außerhalb der mittelalterlichen Stadtanlage lohnt das **Reformierte Kollegium** mit angegliedertem *Museum* (Rákóczi út, Mai–Okt. Mo–Sa 9–17, So 9–13 Uhr, Nov.–April Sa/So geschl.) einen Besuch, das sich durch die großzügige Unterstützung der Fürstin Zsuzsanna Lorántffy zu einer der führenden Bildungseinrichtungen für Söhne des calvinistischen Adels entwickelte. Während der Gegenreformation musste das Kollegium nach Oberungarn ausweichen, im 18. Jh. wurde es zurückverlegt. Die heutigen Gebäude sind klassizistisch (1806–22), den eleganten *Bibliothekssaal* plante Mihály Pollack.

Zeitgenössische Architektur ist mit den ›organischen‹ Bauten von Imre Makovecz, z. B. dem **Kulturhaus Művelődes Háza** in der Eötvös utca, präsent.

Praktische Hinweise

Information

Tourinform, Eötvös u. 6, Sárospatak, Tel. 47/31 53 16, Fax 47/51 14 41, www.sarospatak.hu

Die elegante Arkadenstiege aus der Renaissancezeit im Innenhof des Burgschlosses von Sárospatak führt hinauf zu einer die verschiedenen Gebäudeteile verbindenden Galerie

Hotel

******Bodrog**, Rákóczi útca 58, Sárospatak, Tel. 47/31 17 44, Fax 47/31 15 27, www.hotelbodrog.hu. Zentral gelegenes Hotel mit Fitness- und Sauna-Räumen.

69 Zempléner Bergland

Bizarre Vulkankegel an der Grenze zur Slowakei.

Verwaltungszentrum des Zempléner Gebietes ist die kleine Grenzstadt **Sátoraljaújhely** (23 000 Einwohner), 20 km nordöstlich von Sárospatak. 1361 wurde der Ort zur Stadt erhoben, im 17. Jh. kam sie an die Fürsten Rákóczi. Mittelalterliche Bauwerke fehlen, einzig die barocke **Piaristen-Kirche** birgt gotische Mauerteile in sich. An der Südseite liegt die Grabkapelle der Rákóczis. Altäre und Skulpturen schufen Meister aus Oberungarn in der ersten Hälfte des 18. Jh.

In **Széphalom**, 6 km nördlich, wurde der Dichter und Sprachreformer Ferenc Kazinczy (1759–1831) geboren. Sein neoklassizistisches Mausoleum plante Miklós Ybl.

Eine landschaftlich schöne Strecke führt zur **Burgruine Füzér**, 10 km nördlich von Pálháza. Allein ihre Lage auf einem schroffen Basaltkegel reiht sie unter die eindrucksvollsten Wehranlagen. Im Hintergrund ragt die höchste Spitze der Zempléner Berge auf, der *Nagy Milic* mit 894 m. Gegründet wurde Füzér im 11. Jh., seit der Sprengung 1676 durch die Kaiserlichen verfiel die Anlage allerdings.

70 Karcsa

Romanische Kirche mit prächtigem Trichterportal.

Im kleinen Dorf Karcsa stiftete ein mächtiger Grundherr Ende des 11. Jh. eine **Sippenkirche**. Von ihrer ursprünglichen Sechspassanlage blieben drei halbkreisförmige Nischen – die heutige Chorapsis – erhalten, die anderen drei Konchen wurden beim Anbau des Langhauses um 1200 abgebrochen. Im Jahr 1275 endlich schloss der Palatin Roland die Bauarbeiten behelfsmäßig ab. Das **West-** und **Südportal** schufen Steinmetzen aus Dalmatien, die Roland ins Land geholt hatte. Auf einem Pfeiler unter der Herrschaftsempore sind Drachen und Männerfiguren zu sehen, die eine Frau – wohl das Sinnbild der bedrängten Kirche – verfolgen.

Pácin

Das eindrucksvolle **Burgschloss Pácin**, etwa 4 km weiter nordöstlich, beherbergt das *Museum für Wohnkultur und Volkskunst aus dem Bodrog-Gebiet* (Mai–Okt. Di–So 10–16 Uhr). Die mittelalterliche Wehranlage ließen die Adelsfamilien Mágóchy und Alaghy 1580–1630 schrittweise im Spätrenaissancestil umgestalten.

Alföld – die Große Tiefebene

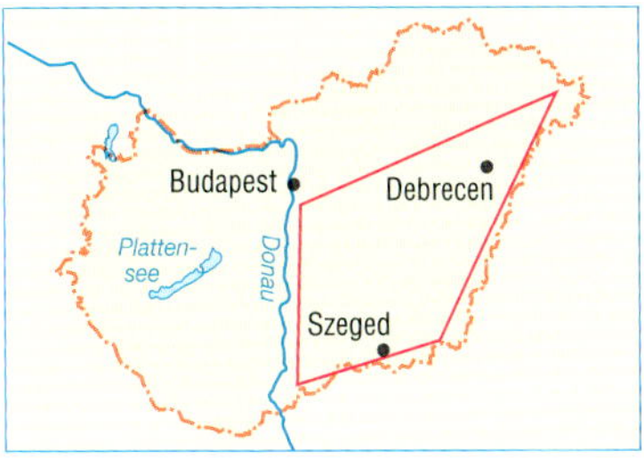

Zwischen Donau und östlicher Landesgrenze erstreckt sich die weite Tiefebene des Alföld, eine der ältesten **Kulturlandschaften** Europas. Schon vor etwa 7000 Jahren ließen sich hier Ackerbauern von der Balkan-Halbinsel nieder. Bis ins Mittelalter war das Gebiet dicht besiedelt und bewaldet. Erst der Mongolensturm im 13. Jh., mehr noch die 150-jährige Türkenherrschaft, bewirkten die **Versteppung** des Bodens. *Wanderhirten* führten hier ihr karges, von Liedern und Balladen romantisch verklärtes Leben. Der Großteil der Bevölkerung suchte Schutz in den wenigen großen Marktflecken, die durch Viehzucht und Handwerk zu blühenden Städten heranwuchsen. Im 19. Jh. begann die Rekultivierung des Ödlandes. Heute wechseln in der Tiefebene schier endlose Getreideäcker mit Obst-, Wein- und Gemüsefeldern. Dazwischen liegen die typischen *Einzelgehöfte*, die sich aus Hütten oder Notunterkünften der Hirten entwickelten. Echte Puszta – also fast baumloses Öd- und Weideland – überdauerte nur in den *Naturschutzgebieten* Hortobágy und Bugac.

71 Ócsa

Großartige spätromanische Klosterkirche.

Einer Trutzburg gleich überragt das wuchtige Turmpaar der spätromanischen Kirche den Ortskern von Ócsa. Einen überaus reizvollen Kontrast bildet eine Gruppe strohgedeckter **Bauernhäuser** mit Storchennestern. Zu Beginn des 13. Jh. wurde die mächtige Prämonstratenserabtei urkundlich erstmals genannt. Nach Auflösung des Klosters durch die Türken übernahmen Calvinisten die baufällige **Klosterkirche**. Zur Millenniumsfeier 1896 erfolgte die Restaurierung. Westfassade und Langhaus verharren noch in der ›Erdenschwere‹ der Spätromanik, im Querhaus und den drei Chorapsiden kündigt sich dagegen schon die Frühgotik an. *Fresken* im Hauptchor vom Ende des 13. Jh. zeigen Apostel, die hll. Nikolaus, Georg und Ladislaus sowie das Jüngste Gericht.

◁ **Oben:** *Auf den weiten Grassteppen der ungarischen Hortobágy-Puszta grasen noch heute Rinder, Schafe und Pferde, letztere bewacht von Csikós, berittenen Hirten*
Mitte: *Nicht selten bedecken Sonnenblumen die Alföld-Ebene so weit das Auge reicht*
Unten: *Von den Gulyás genannten Rinderhirten hat das bekannte ungarische Eintopf-Fleisch-Gericht seinen Namen*

72 Kecskemét

Eine der liebenswürdigsten Städte im ›Obstgarten‹ von Ungarn.

Aus einem ringförmig angelegten Marktflecken entwickelte sich Kecskemét, die Hauptstadt (110 000 Einwohner) des Komitats Bács-Kiskun, eine typische Stadt der Tiefebene. Während der Türkenherrschaft blühte sie besonders auf: Rinderzucht und die Herstellung bestickter Fellmäntel und Stiefel brachten den Bürgern Wohlstand. Berühmt ist der Aprikosenschnaps *Barack pálinka* aus Kecskemét.

›Nabel der Welt‹ – einer Welt verstreuter Einzelgehöfte inmitten schier endloser Obstplantagen – ist der weiträumige **Hauptplatz**, auf den alle Hauptstraßen zulaufen. Den südwestlichen Teil (Kossuth tér) beherrscht das **Rathaus**, ein Hauptwerk des frühen ungarischen Jugendstil (1893–96) von Ödön Lechner und Gyula Pártos. Gotisch-venezianische und maurische Stilelemente mischen sich mit Volkskunstmotiven. Im Giebel prangt das Stadtwappen mit einem aufgerichteten *Ziegenbock*. Das Glockenspiel lässt stündlich eine Melodie des einheimischen Komponisten Zoltán Kodály erklingen.

Zum Millennium ließen sich die stolzen und wohlhabenden Bürger 1896 von den Wiener Theaterarchitekten Jakob Fellner und Hermann Helmer unweit des Rathauses das zauberhafte **József-Katona-Theater** im gründerzeitlichen Neobarockstil erbauen. Benannt ist es nach dem hiesigen Dramatiker József Katona (1791–1830). Die barocke **Dreifaltigkeitssäule** mit Figuren des Ödenburger Bildhauers Leopold Anton Conti stifteten die Bürger 1742 als Pestsäule.

Um den großzügig angelegten **Szabadság tér** gruppieren sich in beispielhafter Toleranz die Gotteshäuser von fünf Konfessionen: katholisch, reformiert, evangelisch, orthodox und jüdisch. Rechts vom Rathaus steht die **Große Kirche** (Nagy templom) der Katholiken, ein Zopfstilbau nach Plänen von Gáspár Oswald, um 1780–1806, links die barocke Franziskaner-Kirche **St. Nikolaus** (Szent Miklós), deren Mauerkern in das 13. Jh. zurückreicht. Das **Musikpädagogische Institut** im ehem. Franziskaner-Kloster trägt den Namen des Komponisten Zoltán Kodály (1882–1967).

Die **Reformierte Kirche** in der Platzmitte, ursprünglich ein gotischer Bau der Katholiken, wurde um 1680 barockisiert. Das monumentale Jugendstilgebäude des **Neuen Kollegiums** (1911) an der Südseite des Platzes beherbergt das *Ráday-Kirchenmuseum* (März–Dez. Mo–Sa 10–18 Uhr), eine Bibliothek und Abteilungen des Kodály-Instituts.

Einen reizvoll orientalischen Akzent setzt die ehem. **Synagoge**, erbaut 1856–71 von Johann Zitterbarth, heute Haus der Wissenschaft und Technik genannt und für Konferenzen genutzt. Die gegenüber liegende Straßenecke nimmt der **Bunte Palast** (Cifra Palota) ein, ein besonders originelles Wohnhaus (1902) im national-ungarischen Jugendstil von Géza Márkus, einem Schüler Ödön Lechners. Die farbenprächtigen Majolika-Ornamente erinnern an Stickereien der Tiefebene, die Buckelquader an riesige Butterlaibe und die lustig aufgereihten Kamine gar an Zinnsoldaten. Im Gebäude ist seit 2005 ein *Museum* (Di–So 10–17 Uhr) untergebracht, das archäologische und historische Funde zeigt, darunter den wertvollen Goldschatz von Kunbábony, sowie eine Galerie mit ungarischer Malerei der letzten hundert Jahre.

Wenige Schritte von der Synagoge entfernt, verdient die schöne barocke **Piaristenkirche** (Jókai utca 1) einen Besuch. Kirche und Konvent des Schulordens stiftete István Graf Koháry um 1724, als Architekt wirkte Andreas Mayerhoffer. Die neoromanische **Evangelische Kirche** (Arany János út) errichtete Miklós Ybl um 1860.

i Praktische Hinweise

Information

Tourinform, Kossuth tér 1, Kecskemét, Tel./Fax 76/48 10 65, www.kecskemet.hu

Hotels

******Aranyhomok Wellness Hotel**, Kossuth tér 3, Kecskemét, Tel. 76/50 37 30, Fax 76/50 37 31, www.hotelaranyhomok.hu. ›Hotelkasten‹ mit schönem Wellnessbereich in Jugendstil-Nachbarschaft.

Als Bunter Palast wurde das originelle Jugendstilhaus in Kecskemét bekannt

Stilistische Gegensätze am Kossuth tér von Kecskemét: links das Rathaus im frühen Jugendstil, rechts davon die barocke Große Kirche

***Három Gúnár, Batthyány utca 1–7, Kecskemét, Tel. 76/48 36 11, Fax 76/48 12 53, www.hotelharomgunar. hu. Angenehmes Hotel im Zentrum.

73 Jászberény

Typische Kleinstadt der Tiefebene. Im Museum das berühmte ›Lehel-Horn‹.

Jászberény (31 000 Einwohner) ist das historische Zentrum von Jazygien, in dem König Béla IV. 1238 die iranischen Jazygen zum Schutz gegen die Mongolen ansiedelte. In der Ortsmitte markiert der prächtige Barockturm mit einer Nachbildung der ungarischen Königskrone an der Spitze die **Pfarrkirche**.

Das klassizistische Stammhaus der Jazygen auf dem benachbarten Lehel tér beherbergt heute das Gericht. Ein Seitengässchen führt zum **Jázs-Museum** (April–Okt. Di–So 9–17, Nov.–März Di–Fr 9–16, Sa/So 9–13 Uhr) mit reicher ortsgeschichtlicher Sammlung und kunstvollen Kürschnerarbeiten. Prunkstück ist das ›*Lehel-Horn*‹, eine byzantinische Elfenbeinschnitzerei aus dem 8. Jh., das vermutlich bei Zirkusspielen Verwendung fand. Lehel war ein Heerführer der Magyaren in der Schlacht auf dem Lechfeld 955.

Praktische Hinweise

Information

Tourinform, Lehel vezér tér 33, Jászberény, Tel. 57/40 64 39, Fax 57/41 19 76, www.jaszbereny.hu

Hotel

***Lehel Gyöngye, Neszür X. dülö, Jászberény, Tel. 57/41 51 22, Fax 57/41 50 25, http://lgyongyehotel.jaszbere.hu. Komfortables Haus in den Weinbergen mit Sauna, Tennisplatz, Restaurant.

Erlesen schön: ›Lehel-Horn‹, zu bewundern im Jazygen-Museum von Jászberény

Paprika, das ›rote Gold‹

Die ersten Paprikasamen kamen mit den Schiffen des Kolumbus aus Amerika nach Europa. Italienische Händler vertrieben Paprika im Osmanischen Reich, Türken machten ihn auf dem Balkan heimisch, bulgarische Gärtner pflanzten ihn in Südungarn, wo er hervorragende klimatische Bedingungen vorfindet. Die besten Sorten kommen heute aus Kalocsa und Szeged.

Gewürzpaprika verleiht der ungarischen Küche ihre unverwechselbare Note und stellt einen bedeutenden Wirtschaftsfaktor dar. Erntemonat ist der August. Nach dem Pflücken werden die kleinen roten Schoten auf langen Schnüren getrocknet und dann fein gemahlen. Je nach Schärfe unterscheidet man fünf **Geschmacksrichtungen**: Delikatess-Paprika, Edelsüß, Halbsüß, Rosenpaprika (ein Herzstück der Wiener Küche) sowie Scharf-Paprika von bräunlich-roter Farbe und brennend scharf, der nicht exportiert wird.

74 Szolnok

Verkehrsknotenpunkt an der Zagyva-Mündung und Durchgangsstation nach Debrecen.

100 km südöstlich von Budapest, wo die Zagyva in die ›blonde‹ Theiß mündet, entstand schon im 11. Jh. eine Burg zur Sicherung der Salztransporte aus Siebenbürgen. Immer wieder erobert und zerstört, zuletzt im Zweiten Weltkrieg, ist Szolnok mit 85 000 Einwohnern eine der größten Städte der Tiefebene, Industriezentrum und Eisenbahnknotenpunkt.

Im kleinen historischen Stadtkern befinden sich das moderne *Szigligeti-Theater*, die frühere **Franziskaner-Kirche** im Spätbarockstil (Koltói Anna utca 8) sowie die **Synagoge**, heute Bildergalerie (Templom utca 2, Di–So 9–17 Uhr) der 1901 in Szolnok gegründeten Künstlerkolonie, ein monumentaler Jugendstilbau von Lipot Baumhorn aus dem Jahr 1899. Das **Damjanich-János-Museum** (Kossuth tér 4, Di–So 9–17 Uhr)informiert über Archäologie und Volkskunde der Region.

i Praktische Hinweise

Information

Tourinform, Ságvári körút 4, Szolnok, Tel. 56/42 07 04, Fax 56/34 14 41, www.szolnok.hu

Hotel

*****Tisza**, Verseghy park 2, Szolnok, Tel. 56/51 08 50, Fax 56/42 15 20, www.hoteltisza.hu Jugendstilhotel im Park am Ufer der Theiß mit Thermalbad.

75 Kalocsa

Freundliches Landstädtchen mit tausendjährigem Dom.

Paprikafelder soweit das Auge reicht bestimmen die Umgebung der Kleinstadt mit ihren 20 000 Einwohnern. Das ›rote Gold‹ brachten die Türken nach Ungarn. Paprikaschoten und Blumen bilden auch die Grundmotive der Volkskunst von Kalocsa. Die schönsten Beispiele sind im **Viski-Károly-Museum** (Szent István király utca 25, Mitte März–Mitte Mai Di–Sa 9–17 , Mitte Mai–Mitte Sept. Mi–So 9–17 Uhr) unweit vom Dom ausgestellt. Verkauft werden Stickereien im **Haus der Volkskunst** (Népművészeti ház, Tompa Mihály utca 7, Mitte April–Mitte Okt. tgl. 10–17 Uhr), einem restaurierten Bauernhof.

Der eindrucksvolle barocke **Dom** markiert die Ortsmitte. König Stephan gründete 1008 das *Erzbistum Kalocsa* für die Gebiete östlich der Donau, nach Esztergom [Nr. 51] Ungarns ranghöchster Bischofssitz. Der mittelalterliche Dom brannte während der Religionskriege ab, 1735–54 entstand der Neubau. Den **Innenraum** schmückte ein italienischer Wanderkünstler mit graziösen Rokoko-Stuckaturen. Spätbarocke Altäre, Betstühle und die Kanzel vollenden den festlichen Gesamteindruck. *Monumentalstatuen* von Miklós

Izsó stellen die heiligen Ungarnkönige Stephan und Ladislaus dar. Das Hochaltarblatt ›Mariä Himmelfahrt‹ malte Leopold Kupelwieser.

Das **Erzbischöfliche Palais** (April–Okt. Di–So 9–12, 14–17 Uhr) erhebt sich auf Grundmauern der mittelalterlichen Bischofsburg, die ursprünglich an der Donau stand. Den Neubau um 1760 leitete der Piaristenbruder Gáspár Oswald, einige der *Fresken* malte Franz Anton Maulbertsch.

i Praktische Hinweise

Information

Ibusz, Szent István király utca 37, Kalocsa, Tel. 78/46 20 12, Fax 78/46 26 74

Hotel

******Wellness Hotel Kalocsa**, Szentháromság tér 4, Kalocsa, Tel. 78/56 12 00, Fax 78/56 12 12, www.hotelkalcsa.hu. Hübsches, stimmungsvolles Hotel mit Restaurant, Sauna und Pool.

76 Baja

Beschauliche Kleinstadt, umgeben vom Donauarm Sugovica.

Schon im Mittelalter ein wichtiger Vieh- und Getreideumschlagplatz, wurde der Marktort nach Abzug der Türken von Serben, Kroaten, Deutschen und Juden besiedelt und wuchs im 18. Jh. zu einer der reichsten Städte der Tiefebene heran, die heute über 40 000 Einwohner zählt. Entsprechend weiträumig und großzügig gestaltet ist der **Hauptplatz** (Béke tér = Friedensplatz). In der Nähe stehen einige Barockkirchen – z. B. die **orthodoxe Serben-Kirche** (Szabadság út), die **Franziskaner-Kirche** (Bartók Béla utca) – sowie das **Städtische Türr-István-Museum** (Mitte März–Mitte Dez. Mi–Sa 10–16 Uhr) mit einer Ausstellung zur Archäologie und Geschichte des Ortes. Besonderes Interesse verdient die klassizistische **Synagoge** von 1845, heute Bibliothek (Munkácsy utca 7).

Im Haus der Volkskunst in Kalocsa werden alte Traditionen gepflegt

i Praktische Hinweise

Information

Tourinform, Szentháromság tér 11, Baja, Tel./Fax 79/42 07 92, www.baja.hu

Hotel

*****Hotel Duna**, Szentháromság tér 6, Baja, Tel. 79/32 32 24, Fax 79/32 48 44, www.hotelduna.hu. Gediegens Hotel im Zentrum, teilweise Zimmer mit Flussblick.

Restaurant

Sobri Halászcsárda, Bajcsy Zs. utca 8, Baja, Tel. 79/42 06 54. Gutes Fischlokal.

77 Bugac-Puszta

TOP TIPP *Schönster Teil des Nationalparks - Kiskunság (Kleinkumanien).*

Als ›Treibsandwüste‹ schilderte der große ungarische Erzähler Mór Jókai (1825–1904) die Landschaft zwischen Kecskemét und Kiskunhalas. **Puszta** bedeutet Einöde oder Heide: Weideland wechselt mit Eichen- und Erlenwald, Wacholdergebüsch und Akazienbäumen, auf Sanddünen gedeiht der feurige Sandwein. Ein Teil dieser urtümlichen Landschaft steht heute als Bugac-Puszta unter Naturschutz. Besuchern wird im Tourismuszentrum beim Dorf **Bugac** das Hirtenleben vergangener Zeiten vor Augen geführt. Kutschenwagen verkehren von der **Csárda** zum **Hirtenmuseum** (Mai–Okt. tgl. 10–17 Uhr) und **Gestüt** mit Reitervorführung. In Pferchen und Stallungen werden die typischen Puszta-Tiere gehalten: Halbblutpferde, Graurinder, Wollschweine *(Mangalica)* und Zackelschafe *(Racka)* mit ihren riesigen Hörnern. Ranghöchster unter den Hirten war der Pferdehirt *Csikós*, ihm folgte der Rinderhirt *Gulyás*, von dem die ›Suppe des Rinderhirten‹ – **Gulyas** (Gulasch) – ihren Namen ableitet.

So romantisch kann die Bugac-Puszta mit untergehender Sonne und Ziehbrunnen sein

Außer der Bugac-Puszta umfasst der **Nationalpark Kiskunság** die Apaj-Puszta auf Kalk-Alkali-Böden um Kiskunlacháza (Straße 51), die Sandhügel bei Fülöpháza, die alkalischen Seen bei Fülöpszállás-Szabadszállás, den Kolon-See bei Izsák sowie den stillgelegten Theiß-Arm bei Lakitelek-Tőserdő östlich von Kecskemét.

78 Kiskunfélegyháza

Landstadt mit Jugendstil-Rathaus.

Kiskunfélegyháza (36 000 Einwohner) ist das historische Zentrum von Kleinkumanien (Kiskunság), wo König Béla IV. 1238 turkstämmische *Kumanen* vom Kaspischen Meer ansiedelte, die vor der ›Goldenen Horde‹ (den Tataren) geflüchtet waren. Sie erhielten das Recht auf Selbstverwaltung, mussten aber Waffendienst leisten und sich zum Christentum bekennen. Das ehem. *Haus des Kumanenkapitäns* (an der nördlichen Ortseinfahrt ostseitig) beherbergt das **Kiskun Museum** (Mitte März–Okt. Mi–So 9–17 Uhr) mit Exponaten zur Archäologie und Geschichte Kleinhumaniens. Im zweiten Hof steht eine schöne Windmühle von 1860.

Im heutigen **Kulturhaus** nahe der Pfarrkirche (Szabadság tér 9) betrieb der Vater des Revolutionslyrikers Sándor Petőfi (1823–1849), ein serbischer Metzger, das Wirtshaus ›Schwanenhaus‹ mit Schlachtbank.

TOP TIPP

Bedeutendste Sehenswürdigkeit von Kiskunfélegyháza ist das monumentale **Rathaus**, eines der schönsten Beispiele des national-ungarischen Jugendstil, erbaut 1911 von József Vass. Die überaus reichen *Majolikaorna-*

Die Firma Zsolnay lieferte die bunt lasierten Majolika zum Jugendstil-Rathaus von Kiskunfélegyháza

mente mit Blumenmotiven sind Spitzenmustern der Tiefebene nachempfunden.

Kiskunhalas

Zentrum der ungarischen *Spitzenherstellung* ist das Städtchen Kiskunhalas, etwa 50 km südwestlich von Kiskunfélegyháza. Im **Spitzenmuseum** (Kossuth utca 39, Mai–Sept. tgl. 9–12, 13–17 Uhr, Okt.–April tgl. 9–12, 13–16 Uhr) werden die schönsten Beispiele der von Mária Markovits in einer besonders aufwendigen Technik weiterentwickelten Spitzenstickerei gezeigt. Das **Thorma-János-Museum** (Köztársaság utca 2, www.muzeum.halas.hu, März–Sept. Di–Sa 9–17 Uhr) bewahrt eine bemerkenswerte volkskundliche und archäologische Sammlung.

79 Ópusztaszer

Nationaler Gedenkpark (Emlékpark) der magyarischen Landnahme.

In der ›Alten Einöde‹ (Ópuszta) nahe der Theiß (von der Straße E 75 in Kistelek 11 km nach Osten) soll Fürst Árpád 896 die erste gesetzgebende Versammlung der Magyaren abgehalten und das eroberte Land samt seinen Bewohnern an die sieben Magyarenstämme aufgeteilt haben. An diesem historischen Ort fand 1945 die ›zweite Landverteilung‹ an drei Millionen Kleinbauern und Pächter statt. Das **Árpád-Denkmal**, ein klassizistisches Tempelchen, bekrönt von der Figur des Fürsten, stiftete die Stadt Szeged 1896. In der Nähe wurden die Grundmauern eines Männerklosters aus dem 13. Jh. freigelegt. Die **Rundhalle** enthält ein Panoramagemälde, das denEinzug der Magyaren darstellt. Im **Freilichtmuseum** (Szoborkert 68, www.opusztaszer.hu, April–Okt. Di–So 9–18 Uhr) werden typische Originalgebäude der Tiefebene gezeigt.

80 Szeged
Szegedin

Einheitliches Stadtbild im Stile des Historismus und des Jugendstil.

Szeged ist mit 159 000 Einwohnern Komitatshauptstadt von Csongrád und Zentrum der südlichen Tiefebene. Auf dem Domplatz finden im Juli und August **Festspiele** mit Opern, Ballett und Schauspielaufführungen statt.

Die Nationale Gedenkstätte bei Ópusztaszer erinnert an die Landnahme der Magyaren

Geschichte Schicksalsstrom der Stadt ist die Theiß (Tisza), die hier den Maros aufnimmt. Im Mittelalter kam der Marktflecken durch den Salzhandel aus Siebenbürgen zu Wohlstand. König Matthias schenkte den Bürgern ausgedehnte Weidegründe in der Tiefebene. Bis heute genießen **Salami** und **Paprika** aus Szeged einen hervorragenden Ruf.

Ein Hochwasser vernichtete 1879 nahezu die gesamte Innenstadt. Binnen zehn Jahren entstand eine ›Reißbrettstadt‹ mit großzügigen Straßen, Plätzen und Grünanlagen. Nach dem Ersten Weltkrieg büßte Szeged seine Bedeutung als Handelszentrum und Verkehrsknotenpunkt weitgehend ein. 1920 übersiedelte die Universität von Klausenburg (Cluj) in Siebenbürgen hierher.

Ein ungarischer Wurststand hat mehr zu bieten als die allseits bekannte Salami

Besichtigung Wahrzeichen der Stadt und Sinnbild des beispielhaften Wiederaufbaus ist der Dom, genannt **Votivkirche** (Fogadalmi templom). Erbaut wurde die monumentale neoromanische Anlage 1913–29. Die Doppeltürme ragen 91 m empor, die Kuppel ist 55 m hoch. Die Domorgel zählt mit mehr als 10 000 Pfeifen zu den größten Europas. Der Domplatz wurde als Nationale Ruhmeshalle mit umlaufenden Arkadengängen und Denkmälern namhafter Persönlichkeiten aus Politik, Wissenschaft und Kunst gestaltet.

Als einziger Rest der mittelalterlichen Stadt überdauerte links vom Dom der **St.-Demetrius-Turm** (Szent Dömötör torony), Teil der romanischen Demetrius-Kirche aus dem 12./13. Jh. Hinter der Domapsis blieb die orthodoxe **St. Nikolaus-Kirche** der Serben im Stil des Spätbarock (1773–78) erhalten.

Nördlich vom Domplatz vermitteln der intime Klauzál tér und die anschließende Kárász utca noch den Eindruck des alten Szeged vor 1879. Vom Balkon des klassizistischen **Hauses Klauzál tér 5** hielt Lajos Kossuth am 12. Juli 1849 seine letzte Rede vor seiner Reise ins Exil. ›Herz‹ der Innenstadt ist der weiträumige **Széchenyi tér** an der Stelle des alten Marktplatzes. Das neobarocke **Rathaus** mit hohem Mittelturm planten Ödön Lechner und Gyula Pártos 1883.

Nahe der Theiß steht das prunkvolle **Nationaltheater**, entworfen von den Wiener Theaterarchitekten Fellner und Helmer (1883). Der **Burggarten** (Várkert) an der Uferpromenade bewahrt Reste der von König Béla IV. um 1250 erbauten Festung. Im Kulturpalast an der Innerstädtischen Brücke befinden sich die Städtische Bibliothek und das volkskundliche **Ferenc-Móra-Museum** (Roosevelt tér 1-3, Di–So 10–17 Uhr). In Lokalen an der Theiß wird die beliebte *Szegediner Fischsuppe* serviert.

TOP TIPP Schönstes Jugenstilhaus der Stadt ist das **Palais Reök** (Tisza Lajos utca 56) oder *Iris-Haus*. Der Architekt Ede Magyar ließ sich 1906/07 von den eleganten Formen des französischen Art Nouveau inspirieren und schuf für den Bauherrn, einen Wasser-Ingenieur, ein Stück ›sprechende Architektur‹, bei der stilisierte Wasserlilien Fassaden, Treppenhaus und Balkone überziehen.

Das Rathaus von Szeged gleicht eher einem Schloss als einem Versammlungsort der Bürger

TOP TIPP Großartiger Höhepunkt des Szegeder Jugendstil ist die **Neue Synagoge** (Gutenberg utca, April–Sept. So–Fr 10–12 und 13–17, Okt.–März So–Fr 9–14 Uhr), ein monumentaler Kuppelbau in maurischen Formen nach Plänen von Lipot Baumhorn (1900–03) und bis zur Errichtung des Domes das größte Gebäude der Stadt. Überwältigende Pracht entfaltet der *Innenraum*, dessen Glaskuppel das Himmelsgewölbe symbolisiert. Die klassizistische **Alte Synagoge** von 1843 steht in der Hajnóczy utca.

Die Unterstadt (Alsóváros) hat ihren dörflichen Charakter weitgehend bewahrt. König Matthias förderte die Errichtung der spätgotischen **Franziskaner-Kirche** (1490–1503). Ziel volkstümlicher Wallfahrten ist die ›Szegediner Muttergottes‹, ein Gnadenbild im barocken Hochaltar.

Praktische Hinweise

Information

Tourinform, Dugonics tér 2, Szeged, Tel. 62/48 86 99, Fax 62/48 86 90, http://tip.szegedvaros.hu

Hotels

******Novotel Szeged**, Maros utca 1, Szeged, Tel. 62/56 22 00, Fax 62/56 22 21, www.novotel-szeged.hu. Modernes Hotel an der Theiss mit Spezialitäten-Restaurant und Wellness-Center.

*****Royal**, Kölcsey utca 1–3, Szeged, Tel. 62/47 52 75, Fax 62/42 02 23, www.royalhotel.hu. Klassizistischer Bau.

Restaurant

Alabárdos Étterem, Oskola utca 13, Szeged, Tel. 62/42 09 14. Teures Restaurant mit Weinstube und ›Zigeunermusik‹.

Eigenwillig – das Palais Reök in Szeged zeigt Jugendstil mit persönlicher Note

81 Gyula

Stimmungsvolle Kurstadt.

Die Kleinstadt (40 000 Einwohner) nahe der rumänischen Grenze, heute Zentrum der rumänischen Minderheit in Ungarn, lädt zum Verweilen ein. Im ehem. Schlosspark liegen das Burgbad und die mächtige, seit 2005 wieder zugängliche **Ziegelburg** (Mitte Juni–Aug. Di–So 9–19 Uhr, sonst bis 17 Uhr) aus dem 15. Jh., die einzige erhaltene der Tiefebene. 1745 ließ der neue Gutsherr Baron Harruckern aus Niederösterreich ein **Barockschloss** mit hoher Mittelkuppel errichten.

Die Kossuth utca führt zur orthodoxen Serben-Kirche. Eine Büste erinnert an *Albrecht Dürer*, dessen Vorfahren aus der Umgebung nach Nürnberg auswanderten. Auf dem Szabadság tér steht die spätbarocke **Pfarrkirche der Katholiken** mit dem Grabmal des Stifters Baron Harruckern von Martin Schmidt (1777) im Chor, unweit davon die **Reformierte Kirche** (Petőfi tér). Überaus lohnend ist ein TOP TIPP Besuch der klassizistischen Hundertjährigen Konditorei **Százéves cukrászda** (Erkel tér 1), die noch die Originaleinrichtung aus der Biedermeierzeit um 1840 besitzt. Das **Ferenc-Erkel-Haus** (Apor Vilmos tér 7, Di 13–17, Mi–Sa 9–17, So 9–13 Uhr), ein klassizistisches Gebäude des späten 18. Jh., erinnert an den Opernkomponisten und Schöpfer der ungarischen Nationalhymne, Ferenc Erkel (1810–1893).

Hódmezővásárhely

Die ländlich wirkende Stadt mit 55 000 Einwohnern ist ein Zentrum der Töpferkunst. Die historischen Gebäude gruppieren sich um den **Kossuth tér**: das *Alte* und das *Neue Rathaus* sowie die barocken *Kirchen* der Reformierten, Katholiken und Orthodoxen. Das *János-Tornyai-Museum* (Dr. Rapcsák András út 16-18, Di–So 10–18

In ihrer Pracht scheint die atemberaubende Glaskuppel der Neuen Synagoge von Szeged den unfassbaren Himmel über den Häuptern der Gläubigen zu verkörpern

Uhr) zeigt wichtige Funde der Umgebung, so die ›*Venus von Kökénydomb*‹, eine Tonstatuette aus dem 3. Jt. v. Chr. János Tornyai (1869– 1936) zählt zu den Gründern der ›Tiefland-Malschule‹.

i Praktische Hinweise

Information

Tourinform, Kossuth Lajos utca 7, Gyula, Tel./Fax 66/56 16 80, www.gyula.hu

Hotel

*****Hunguest Hotel Erkel**, Várkert utca 1, Gyula, Tel. 66/46 35 55, Fax 66/46 32 15, www.hunguesthotels.hu. Das Kurhotel im Park beim Burgbad bietet u. a. Bewegungstherapie.

82 Hortobágy-Puszta

Reminiszenzen an Pusztahirten-Romantik und kriegerische Haiduken.

Im Mittelalter gab es im einstigen Überschwemmungsgebiet zwischen Theiß und Debrecen etwa 50 Dörfer, die während des Mongolensturmes und der Türkenherrschaft nahezu entvölkert wurden. Durch die Regulierung der Theiß versteppte das Land und wurde jahrhundertelang als Weide genutzt. Im 19. Jh. begannen Rekultivierung und künstliche Bewässerung. Heute steht im **Hortobágy-Nationalpark** (http://hnp.hu) eine Fläche von 80 000 ha unter Naturschutz. Bei Führungen können Teile der Puszta sowie einige Sümpfe und Fischteiche besichtigt werden. Allein 240 Vogelarten sind hier heimisch.

Den Kanal beim Dorf Hortobágy überspannt die berühmte **Neunbogen-Brücke** von 1823 – Ungarns schönste und mit über 160 m längste Steinbrücke. Die **Hortobágyi Csárda** (Petőfi tér 2, April–Okt. Di–So 9–17 Uhr) ist seit dem 15. Jh. nachgewiesen. Im heutigen Gasthof mit dem typischen Laubengang von 1780 schrieb Sándor Petőfi sein Gedicht ›Die Hortobágyer Wirtin‹. Die alte Scheune des Gasthauses beherbergt das **Hirtenmuseum** (Mai–Sept. tgl. 9–18, April, Okt. 10–16, Mitte–Ende März, Nov. 10–14 Uhr). Doch heute ziehen nur noch vereinzelt Hirten mit Schafen oder Graurindern und ihren Hunden durch die Puszta, und auch die typischen Ziehbrunnen sieht man nur noch selten.

Hajdúság

Zwischen dem Hortobágy-Fluss und den Sandhügeln der Nyírség liegt das Hajdúság, das Land der kriegerischen **Haiduken**. Diese Kleinbauern und Viehtreiber meist südslawischer Herkunft, die während der Türkenkriege brotlos geworden waren, ließen sich als Freischärler zur Verteidigung der ungarischen Grenzburgen gegen die Türken sowie für den Freiheitskampf des Siebenbürger Fürsten István Bocskai gegen die Habsburger anwerben. Ihre Dörfer, in denen sie ihre militärische Organisation und Selbstständigkeit bis ins 19. Jh. weitgehend erhalten konnten, erkennt man noch heute an der ringförmigen Anlage und dem sie umgebenden Zaun oder Wall sowie den Anfangssilben ›Hajdú‹ im Ortsnamen.

Hajdúszoboszló (25000 Einwohner) ist ein ausgezeichnetes Thermalbad. Das *Bocskai-Museum* (April–Sept. Di–So 10–18, Okt.–März bis 16 Uhr) informiert über die Ortsgeschichte und Volkskunde. In **Hajdúböszörmény** befindet sich im ehem. Haus des Haiduken-Hauptmanns (Kossuth utca) das *Haiduken-Museum* (Di–So 10–16 Uhr). In **Hajdúdorog** wohnten griechisch-katholische Haiduken. Die spätbarocke Kirche ist heute Bischofsitz.

i Praktische Hinweise

Information

Pusztainform, Látogatóközpont, Petőfi tér 13, Hortobágy, Tel./Fax 52/58 93 21, www.hortobagy.hu

Tourinform, Szent István park 1-3, Hajdúszoboszló, Tel. 52/55 89 28, Fax 52/55 89 29, www.hajduszoboszlo.hu

Hotels

*****Civis Hotel Délibáb**, József Attila utca 4, Hajdúszoboszló, Tel. 52/36 03 66, Fax 52/36 20 59, www.civishotels.hu. Moderner Komplex mit gutem Komfort.

*****Hunguest Hotel Béke**, Mátyás király sétany 10, Hajdúszoboszló, Tel. 52/36 14 11, Fax 52/36 17 59, www.hunguesthotels.hu. Hotelblock mit Kurzentrum und Garten.

Als längste Steinbrücke Ungarns überspannt die Neunbogen-Brücke den Hortobágy-Kanal

In der Weite der Hortobágy-Puszta werden Ziehbrunnen zu markanten Landmarken

83 Debrecen
Debrezin

Stärkstes Bollwerk der Reformation in Ungarn – das ›Calvinistische Rom‹.

Der Stadtname leitet sich vom Magyarenfürsten *Debrezun* aus der Zeit der Landnahme ab. Im Mittelalter gedieh der Marktflecken durch Handel und Handwerk sowie Viehzucht in der Hortobágy-Puszta zu Wohlstand, 1361 wurde das Stadtrecht verliehen. 1540 bekannte sich die gesamte Bürgerschaft zur Lehre Calvins, Katholiken war die Ansiedlung verboten. Hohe Geldtribute sicherten der Stadt weitgehende **Autonomie** von den Türken, dem Hause Habsburg und den

Siebenbürger Fürsten. Debrecen galt fortan als Synonym des nationalen Widerstandes und der **Unabhängigkeitsbewegung**. Ausdruck dieser Geisteshaltung ist der *Klassizismus*, der Stil der Aufklärung, der den historischen Stadtkern prägt. Nach schweren Schäden im Zweiten Weltkrieg entstanden große Neubau- und Industrieviertel. Mit etwa 205 000 Einwohnern ist Debrecen heute die zweitgrößte Stadt Ungarns, Hauptstadt des Komitats Hajdú-Bihar sowie wirtschaftliches und kulturelles Zentrum östlich der Theiß.

Besichtigung Wahrzeichen der Stadt ist die **Große Kirche der Reformierten** (Reformatus nagytemplom), erbaut 1807–19 nach Plänen von Mihály Péchy, die sein Nachfolger József Thalherr durch das Weglassen der geplanten Kuppel wesentlich veränderte. Am 14. April 1849 verkündete hier der Reichstag die Entthronung der Habsburger und die Einsetzung Lajos Kossuths als Reichsverweser. Sein Denkmal vor der Kirche erinnert an die Revolution 1848/49.

Den Kálvin tér hinter der Kirche beherrscht das **Reformierte Kollegium**, die bedeutendste Theologische Fakultät der Calvinisten in Ungarn mit umfangreicher Bibliothek und einem *Kirchenkunst-Museum*. Im Betsaal tagten 1849 und 1944 die provisorischen Landesversammlungen.

Nahe der Großen Reformierten Kirche verdient das **Déri-Museum** (April–Okt. Di–So 10–18, sonst bis 16 Uhr) einen Besuch, eine Gründung des Wiener Fabrikanten Frigyes Déri. Seine Kunstsammlung (römische, griechische, ägyptische und asiatische Exponate) wurde 1920 mit dem *Städtischen Museum* vereint. Die **Bronzefiguren** vor dem Museum – Personifikationen der Archäologie, Geschichte, Kunst, Völkerkunde – des Debrecener Bildhauers Ferenc Medgyessy (1881–1958) gewannen den Grand Prix der Pariser Weltausstellung 1937.

Die Hauptverkehrsachse der Stadt, die **Piac utca** (Marktstraße), säumen eindrucksvolle Monumentalgebäude des 19. und frühen 20. Jh.: *Rathaus, Altes Komitatshaus* sowie das *Jugendstil-Hotel Aranybika*. Die **Kleine Reformierte Kirche** (Kis templom) ist an ihrem mittelalterlichen Zinnenturm erkennbar. Beim Rathaus beginnt die Kossuth utca, gleichfalls ein bemerkenswertes Bauensemble des Historismus und Jugendstil. Das **Csokonai-Theater** von 1861 zählt zu den schönsten Beispielen des romantischen Historismus. Einzig nennenswertes Gebäude im Barockstil ist die **Kirche St. Anna** an der Szent Anna út von Giovanni Battista Car

In neuem Glanz erstrahlt das romantische Csokonai-Theater in Debrecen

lone (1746). Die **Universität** liegt im Erholungsgebiet Nagyerdő (Großer Wald).

Praktische Hinweise

Information

Tourinform, Piac utca 20, Debrecen, Tel. 52/41 22 50, Fax 52/53 53 23, www.debrecen.hu

Hotels

*****__Hotel Divinus__, Nagyerdei körut 4, Debrecen, Tel. 52/50 27 23. Fax 52/50 27 20, www.hoteldivinus.hu. Modernes Hotel mit Wellnessbereich am Nagyerdő.

TOP TIPP ****__Civis Grand Hotel Aranybika__, Piac utca 11–15, Debrecen, Tel. 52/50 86 00, Fax 52/4218 34, www.civishotels.hu. Traditionsreiches, altmodisches Jugendstilhotel im Herzen der Stadt mit Restaurant und Pool. Renoviertes Zimmer verlangen.

84 Nyírbátor

Ehemalige Residenz der Fürsten Báthory mit den bedeutendsten mittelalterlichen Kirchen Ostungarns.

Vom 14. bis zum frühen 17. Jh. gehörte ein Teil des Landstrichs Nyírség den Fürsten Báthory. István Báthory, Feldherr König Matthias' gegen die Türken, stiftete 1484 aus seiner Kriegsbeute auf dem Burghügel von Nyírbátor die St.-Georgs-Kirche, heute **Reformierte Kirche**, als Grablege seines Geschlechts. In den Religionskriegen wurde die Burg zerstört, erhalten blieb die spätgotische Kirche mit dem feinmaschigen Netzrippengewölbe. Sakramentsnische, Oratorium, Sitznischen und Marmortumben sind qualitätvolle Steinmetzarbeiten der Frührenaissance. Um 1640 ließen die Calvinisten den **Glockenturm** erbauen, den ältesten und schönsten seiner Art in Ungarn.

Unweit der Reformierten Kirche liegt das **ehem. Minoritenkloster**, gleichfalls eine Stiftung István Báthorys um 1480. Um 1720 erfolgte die Barockisierung durch die Grafen Károlyi. Seltenheitswert kommt dem *Passionsaltar* zu, den János Krucsay zum Gedenken an seine Frau 1731 stiftete. Die Klostergebäude beherbergen das sehenswerte **Báthory-Museum** (April–Okt.–März Di–So 10–18 Uhr), das sich der Geschichte des berühmten Geschlechts, der Haiduken und des Umlandes widmet.

Fahrt ins Jenseits: Grabhölzer in Bootsform auf dem Friedhof von Szatmárcseke

85 Szatmár

Malerische Auen an Theiß, Szamos und Túr, romantische Wassermühlen, strohgedeckte Bauernhäuser und zauberhafte Dorfkirchen.

Östlich von Mátészalka erstreckt sich bis nach Rumänien die Landschaft **Szatmár**. In diesem Gebiet überlebte die alte, in anderen Teilen der Tiefebene durch Mongolen und Türken ausgelöschte Siedlungsstruktur kleiner Dörfer und Weiler.

Csenger an der rumänischen Grenze besitzt eine gotische Kirche mit einem zinnenbekrönten, achteckigen Ziegelturm. Bei **Túristvándi** blieb eine der schönsten *Wassermühlen* Ungarns vom Ende des 18. Jh. erhalten. Im Nachbardorf **Szatmárcseke** liegt ein interessanter *Friedhof*. Die Grabhölzer in Bootsform gehen wohl auf die Vorfahren der Magyaren, Fischer im Ural, zurück, die sich in Booten bestatten ließen, und erinnern an die vielen Überschwemmungen früherer Zeiten, als die Toten in Kähnen zum Friedhof gebracht werden mussten.

In **Csaroda** erhielt sich eine der bedeutendsten romanischen *Dorfkirchen* Ungarns. Die farbenprächtige Innenausstattung stammt aus dem 17. Jh. Qualitätvolles Bauernbarock prägt auch die *Reformierte Kirche* in **Tákos**.

Dreher
Dreher
Dreher
Dreher

SERTÉSHÚS

Ungarn aktuell A bis Z

Vor Reiseantritt

ADAC Info-Service:
Tel. 018 05/10 11 12, Fax 018 05/30 29 28 (0,14 €/Min.)

Unter dieser Telefonnummer und bei den ADAC-Geschäftsstellen können Mitglieder auch umfangreiches und kostenloses **Informations-** und **Kartenmaterial** anfordern. Im ADAC-Verlag ist außerdem der Reiseführer *Budapest* erschienen.

ADAC im Internet:
www.adac.de
www.adac.de/reisefuehrer

Ungarn im Internet:
www.hungarytourism.hu

Ungarisches Tourismusamt tourinform:

Tel. 008 00 36 00 00 00 (kostenlose Hotline in Ungarn)

Deutschland
Infotel. 090 01 86 42 76 (0,61 €/Min.), www.ungarn-tourismus.de

Osten: Wilhelmstr. 61, 10117 Berlin, Fax 030/24 31 46 13

Mitte, Norden, Westen: Lyoner Str. 44–48, 60528 Frankfurt/M., Fax 069/92 88 46 13

Süden: Stefan-George-Ring 29, 81929 München, Fax 089/309 04 05 10

Österreich
Opernring 1/R/707, 1010 Wien, Tel. 09 00 22 00 13 (0,61 €/Min.), Fax 01/585 20 12 25, www.ungarn-tourismus.at

Schweiz
Minervastr. 149, 8032 Zürich, www.ungarn-tourismus.ch

Botschaften der Republik Ungarn:

Deutschland
Unter den Linden 76, 10117 Berlin, Tel. 030/20 31 00, Fax 030/229 13 14, www.ungarische-botschaft.de

Österreich
Bankgasse 4, 1010 Wien, Tel. 01/53 78 03 00, Fax 01/532 11 17

Schweiz
Muristr. 31, 3006 Bern, Tel. 031/352 85 72, Fax 031/351 20 01, www.hungemb.ch

Allgemeine Informationen

Reisedokumente

Bei einem Aufenthalt von bis zu 90 Tagen reicht für Reisende aus Deutschland und Österreich der *Personalausweis*. Reisende aus der Schweiz benötigen einen *Reisepass*. Bis 16 Jahre Kinderausweis (mit Lichtbild) oder Eintrag im Reisepass der Eltern. Alle Dokumente müssen mindestens noch sechs Monate gültig sein.

◁ *Ungarns Attraktionen sprechen alle Sinne an, ob man mit dem Fiaker durch Budapest schaukelt* **(oben links)**, *sich den Klängen der mal feurigen, mal klagenden ›Zigeunerweisen‹ hingibt* **(oben rechts)**, *die großartige Aussicht von der Fischerbastei genießt* **(Mitte)**, *durch die zentrale Markthalle von Budapest schlendert* **(unten links)** *oder Ungarns Ruf als Reiterland auf die Probe stellt* **(unten rechts)**

Kfz-Papiere

Erforderlich sind Führerschein und Zulassungsbescheinigung Teil 1 (vormals Fahrzeugschein), die Internationale Grüne Versicherungskarte wird empfohlen.

Krankenversicherung und Impfungen

Seit dem 1. Januar 2006 ist die europäische **Krankenversicherungskarte** in die übliche Versicherungskarte integriert. Sie wird in ganz Europa anerkannt und garantiert die medizinische Versorgung. Sicherheitshalber empfiehlt sich der zusätzliche Abschluss einer privaten *Auslandskranken- und Rückholversicherung*.

Empfohlen wird Impfschutz gegen Diphterie, Tetanus, Polio sowie FSME.

Hund und Katze

Für Hunde und Katzen ist bei Reisen innerhalb der EU ein gültiger, vom Tierarzt ausgestellter EU Heimtierausweis vorgeschrieben, ebenso Kennzeichnung durch

Mikrochip oder Tätowierung. Bis zum Jahr 2011 gelten Übergangsregelungen.

Für Hunde sind *Maulkorb* und *Leine* mitzuführen. Die Einfuhr von *Kampfhunden* ist verboten.

Zollbestimmungen

Im privaten Reiseverkehr innerhalb der EU dürfen Waren zum eigenen Verbrauch unbegrenzt zollfrei mitgeführt werden. Bei der Ausfuhr aus Ungarn gelten bis zum 31. Dezember 2008 folgende *Sonderregelungen*: nach Deutschland pro erwachsenem EU-Bürger max. 200 Zigaretten, nach Österreich (direkt) pro Person mit Wohnsitz in Österreich max. 25 Zigaretten.

Museale und kulturelle Gegenstände sowie Antiquitäten unterliegen strengen Ausfuhrbestimmungen. Auskünfte erteilt die *Ungarische Zoll- und Finanzwache*, Budapest, Tel. 1/456 95 00, www.vam.gov.hu.

Geld

Ungarns Währung ist der *Forint* (Ft), im Geldhandel *Hungarian Forint* (HUF) mit 100 *Fillér*. Der Forint ist in vollem Umfang konvertierbar, daher bestehen keine Beschränkungen bei der Ein- oder Ausfuhr von Zahlungsmitteln.

Zahlreiche Banken und Wechselstuben bieten an, Bargeld zu wechseln. Man sollte sich vorher nach eventuell anfallender Kommission erkundigen und genau auf den Kurs achten, der mitunter nur für Beträge in bestimmter Höhe angegeben ist. Die gängigen Kreditkarten werden in Banken, Hotels und Geschäften sowie an den Tankstellen akzeptiert. An Geldautomaten kann man mit EC- oder Kreditkarte problemlos rund um die Uhr Bargeld abheben.

Tourismusämter im Land

In fast allen Orten Ungarns gibt es Tourismusbüros, die in den jeweiligen ›**Praktischen Hinweisen**‹ aufgeführt sind.

Ungarisches Tourismusamt Tourinform, 24-Stunden-Hotline:
Tel. 06 80 63 08 00 (aus Ungarn)
00 36/303 03 06 00 (aus dem Ausland),
www.tourinform.hu

Hauptbüro: Sütö utca 2, Budapest V.,
Tel. 1/438 80 80, Fax 1/488 86 61,

Notrufnummer und Adressen

Einheitlicher Notruf: Tel. 112 (EU-weit, auch mobil: Polizei, Unfallrettung, Feuerwehr)

Pannenhilfe des MAK (Magyar Autoklúb): Tel. 188

ADAC-Notrufstation in Budapest:
Tel. 1/345 17 17 (deutschsprachig)

ADAC-Notrufzentrale München:
Tel. 00 49/89/22 22 22 (rund um die Uhr)

ADAC-Ambulanzdienst München:
Tel. 00 49/89/76 76 76 (rund um die Uhr)

Österreichischer Automobil Motorrad und Touring Club
ÖAMTC Schutzbrief-Nothilfe:
Tel. 00 43/(0)1/251 20 00

Touring Club Schweiz
TCS Zentrale Hilfsstelle:
Tel. 00 41/(0)224 17 22 20

Die Ungarischen Behörden bemühen sich sehr um die **Sicherheit** der Touristen. Opfer von Straftaten und Übervorteilungen bekommen Hilfe unter der **Telefonhotline 438 80 80**.

Diplomatische Vertretungen

Deutsche Botschaft (Német Nagykövetség), Úri utca 64–66, 1014 Budapest, I., Tel. 1/488 35 00, Fax 1/488 35 05, www.budapest.diplo.de

Botschaft der Republik Österreich (Osztrák Nagykövetség), Benczúr utca 16, 1068 Budapest, VI., Tel. 1/479 70 10, Fax 1/352 87 95, www.austrian-embassy.hu

Botschaft der Schweizer Eidgenossenschaft (Svájci Nagykövetség), Stefániá út 107, 1143 Budapest, XIV., Tel. 1/460 70 40, Fax 1/384 94 92, www.eda.admin.ch/budapest

Besondere Verkehrsbestimmungen

Die Straßenverkehrsbestimmungen entsprechen weitgehend internationalem Standard. Besonders zu beachten sind: Das **Tempolimit** (in km/h) beträgt innerorts 50; für Pkw, Wohnmobile bis 2,5 t und Motorräder außerorts 90, auf Schnellstraßen 110, auf Autobahnen 130; Gespanne und Wohnmobile über 2,5 t außerorts und auf Schnellstraßen 70, auf Autobahnen 80. Vor *Bahnübergängen* gelten innerorts 30, außerorts 40. Überquerung mit mind. 5.

Promillegrenze: 0,0! Seit 20.Januar 2008 gilt: Sollte die Alkoholprobe positiv ausfallen, wird der Führerschein sofort – an Ort und Stelle – entzogen.

Außerhalb geschlossener Ortschaften muss auch tagsüber mit **Abblendlicht** gefahren werden.

Kinder unter 12 Jahren dürfen nicht auf dem Beifahrersitz befördert werden, wenn sie kleiner als 1,50 m sind, müssen sie in ordnungsgemäß eingebauten Kindersitzen untergebracht werden.

Überholverbot in Kurven sowie vor und auf Kreuzungen, Fußgängerüberwegen und Bahnübergängen.

Der Transport von **Kraftstoff in Kanistern** ist generell verboten.

Autofahrer, Radfahrer sowie Fußgänger müssen mit **Warnwesten** ausgerüstet sein, wenn sie nachts oder bei schlechter Sicht auf Straßen außerhalb geschlossener Ortschaften unterwegs sind.

Gelbe Markierungen am Fahrbahnrand bedeuten **Halteverbot**.

Bei **Verkehrskontrollen** müssen auch die Ausweispapiere vorgezeigt werden. Bei **Verkehrsunfällen** mit Personenschaden ist die Benachrichtigung der Polizei Pflicht, bei Sachschäden wegen der Schadensregulierung ratsam.

Anreise

Auto

Ungarn verfügt über ein gut ausgebautes Straßennetz. Die **Autobahnen** M1 Budapest–Hegyeshalom, M15 Hegyeshalom–Rajka, M3 Budapest–Görbeháza, M 30 Emőd–Miskolc, M5 Budapest–Szeged, M6 Budapest–Dunáujvaros, M7 Budapest–Letenye, M70 Letenye–Tornyiszentmiklós sind gebührenpflichtig. Seit 2008 gibt es die **E-Vignette** – das Autokennzeichen wird gespeichert –, die man per Internet (www.autobahn.hu) und Telefon oder wie bisher in Ungarn an den Verkaufsstellen der AAK (Autobahnverwaltung) und an Tankstellen erhält. Den Kaufbeleg muss man aufbewahren, solange die Vignette gilt – einen Tag, vier oder zehn Tage, einen Monat, ein Kalenderjahr.

Bahn

Fahrplanauskunft:

Deutschland
Deutsche Bahn, Tel. 118 61 (gebührenpflichtig), Tel. 08 00/ 150 70 90 (gebührenfrei, sprachgesteuert), www.bahn.de

Österreich
Österreichische Bundesbahn, Tel. 05 17 17, www.oebb.at

Schweiz
Schweizerische Bundesbahnen, Tel. 09 00 30 03 00, www.sbb.ch

Bus

Von Deutschland und Österreich verkehren Autobusse nach Budapest, in der Sommerzeit auch zum Plattensee. Auskünfte und Buchung:

Deutsche Touring GmbH, Am Römerhof 17, 60486 Frankfurt/Main, Tel. 069/79 03 01, Fax 0 69/7 90 32 19, www.deutsche-touring.com

Zentraler Busbahnhof für internationale Linienbusse: Népliget Autóbusz állomás, Üllői út 131, Budapest IX., Tel. 1/219 80 80, www.volanbusz.hu

Flugzeug

Der Internationale Flughafen Ungarns, **Budapest Ferihegy** (www.bud.hu, Non-Stop-Info: Tel. 1/296 70 00, Zentrale: Tel. 1/296 96 96), liegt etwa 16 km südöstlich von Budapest.

Während *Terminal 2 A* den ungarischen MALEV-Flugzeugen vorbehalten bleibt, starten und landen die ausländischen Fluggesellschaften am *Terminal 2 B*. Busse der Linie 93 verkehren zwischen 5 und 24 Uhr etwa alle 20 Min. bis Kőbánya-Kispest, der Endstation der Metrolinie 3, die in die Budapester Innenstadt fährt. Außerdem besteht ein Airport Minibus Service (Sammeltaxis) zwischen Flughafen und verschiedenen Hotels in der Stadt.

Terminal 1 wird von Billigfluglinien wie Germanwings, Easyjet, Wizzair sowie von Privat- und Sportflugzeugen genutzt. Von dort bis zum Westbahnhof (Nyugati pályaudvar) besteht seit Juli 2007 eine Zugverbindung.

Der Flughafen **Balatonairport Sármellék** (www.flybalaton.com, Tel. 83/55 40 42), der ca. 11 km von Hévíz und 18 km vom Plattensee entfernt ist, wird von Lufthansa, Balatonair, Ryanair, Germanwings u.a. angeflogen.

Schiff

Von April bis Oktober verkehren zwischen Wien und Budapest (Elisabethbrücke/Erzsébet híd) Tragflügelboote.

Auskünfte und Buchung:

Mahart, Belgrád rakpart, Budapest V., Tel. 1/484 40 05 Fax 1/266 42 01, www.mahartpassnave.hu

DDSG Blue Danube Schiffahrt GmbH, Schifffahrtszentrum, Handelskai 265, 1020 Wien, Tel. 01/588 80, Fax 01/58 88 04 40, www.ddsg-blue-danube.at

Bank, Post, Telefon

Bank

Öffnungszeiten: Mo–Do 8–15, Fr 9–13 Uhr

Post

Öffnungszeiten: Mo–Fr 8–18, Sa 8–12 Uhr

Spät und am Wochenende geöffent haben in Budapest **Postamt 62** (Westbahnhof), Teréz körút 51, VI., Budapest und **Postamt 72** (Ostbahnhof), Baross tér 11/c, VIII., Budapest: : tgl. 8–21 Uhr

Telefon

Internationale Vorwahlen:
Ungarn 00 36
Es folgt die Ortsvorwahl.

Deutschland 00 49
Österreich 00 43
Schweiz 00 41
Es folgt die Ortsvorwahl ohne die Null.

Für **Ferngespräche innerhalb Ungarns** wählt man zunächst 06 und nach dem Freizeichen die **Ortsvorwahl** und die Nummer des Teilnehmers (z. B. für Budapest 061/…).

Nationale Fernsprechauskunft: Tel. 198
Intern. Fernsprechauskunft: Tel. 199

Die traditionellen Souvenirs aus Ungarn sind einen zweiten Blick wert

Von Telefonzellen aus kann man meist nur mit **Telefonkarten** anrufen, die in Postämtern, Kiosken und Tabakläden erhältlich sind.

Die Benutzung handelsüblicher **Mobiltelefone** ist in ganz Ungarn möglich. Man sollte sich jedoch vor Reiseantritt über das günstigste Netz vor Ort informieren und das eigene Mobiltelefon entsprechend programmieren.

Einkaufen

Öffnungszeiten

Ungarn kennt keine gesetzlichen Ladenöffnungszeiten. In der Regel haben Kaufhäuser und Lebensmittelgeschäfte Mo–Fr 7–19, Sa 7–14 Uhr geöffnet. Große Einkaufszentren und kleine private Läden haben länger sowie an Sonn- und Feiertagen, viele sogar 24 Stunden geöffnet.

Souvenirs

Landestypische Souvenirs sind die fantasievollen Erzeugnisse der ungarischen Volkskunst: Stickereien, Blaudrucke, Spitzen, Keramiken, Puppen, Holzschnitzereien, bemalte Ostereier, Votivfiguren aus Wachs sowie Lebkuchen.

Größter Beliebtheit erfreuen sich *Blusen, Tischtücher, Zierdecken* und *Kissen* aus dem ›Paprika-Städtchen‹ **Kalocsa** [Nr. 75], ausgeführt in weißer Lochstickerei mit farbenfrohen Blumenmustern. **Stickereien** der Matyó-Volksgruppe am Südrand des Nordungarischen Mittelgebirges sind dagegen schwarzgrundig mit bunten Blumenmustern. **Blaudrucke** werden als Meterware oder verarbeitet zu Kleidungsstücken und Haushaltswäsche angeboten.

Zu den feinsten Erzeugnissen der Textilkunst gehören **Halaser Spitzen** aus Kiskunhalas [Nr. 78] in der Tiefebene.

Volkstümliche **Keramiken** kommen in unzähligen Varianten vor. Aus der *Theiss-Gegend* stammen die ›Mischka-Krüge‹, humoristische Henkelgefäße in Form eines dickbauchigen Husaren mit Tschako und Zwirbelbart. Typisch für *Nordungarn* sind weißglasierte **Habaner Fayencen** mit zartgelben, grünen und blauen Ornamenten.

Weltruhm genießen Erzeugnisse der **Porzellanmanufaktur Herend** im Bakony-Wald [Nr. 21] und der **Firma Zsolnay** in Pécs [Nr. 37].

Essen und Trinken

Levesek – Suppen

Halászlé: Die berühmte Fischsuppe wird aus Fischstücken, meistens vom Karpfen, mit Zwiebel, Paprika und Tomatenmark zubereitet.

Újházi Tyúkleves: Hühnersuppe mit Gemüse und Nudeln als Hauptgericht

Bableves: Bohnensuppe

Gombaleves: Champignonsuppe

Húsleves májgombócal: Fleischsuppe mit Leberknödeln

Csontleves: Knochenbrühe

Előételek – Vorspeisen

Libamáj: Gänseleber

Hortobágyi palacsinta: Palatschinken mit Fleischfüllung und Rahmsauce

Rántott sajt: gebackener Käse

Rántott gombafejek: gebackene Champignons

Hauptgerichte

Sertésborda: Schweinskotelett

Sült kolbász: Bratwurst

Hagymás rotélyos: Rostbraten

Csirkepaprikás: Paprikahuhn

Pirított csirke: Brathuhn

Cécsi szelet: Schnitzel nach Wiener Art

Rántott máj: gebackene Leber

Libacomb: Gänsekeule

Rántott bárány: gebratenes Lamm

Rablóhús: Räuberbraten vom Spieß

Fisch: Feinster Fisch ist der *Fogas/Fogosch* (Zander), dazu kommen Karpfen (*Ponty*) und Forelle (*Pisztráng*). Zu Fischsuppe und Fischgerichten werden gern *Túróscsusza* (Topfenfleckerl) gereicht.

Beilagen: *Tarhonya* (Eiergraupen, Zupfnockerln), *Galuska* (Nockerl, Spätzle), *Burgonya* (Kartoffeln), *Párolt rizs* (gedünsteter Reis).

Dessert: Sehr reich ist die Auswahl an vorzüglichen ungarischen Süßspeisen. *Rétes* (Strudel) und *Palacsinta* (Pfannkuchen) werden auf verschiedene Art gefüllt, z. B. mit Quark *(Túrós)*, Mohn *(Mákos)*, Apfel *(Alma)* oder Nüssen *(Diós)*. *Somlói galuska* (Somlauer Nockerl) bestehen aus Biskuitteig mit Rum, Schokoladesauce und Sahne. *Gundel-Palatschinken* werden mit Nüssen gefüllt, mit heißer

Für Freunde bodenständiger Küche ist an beinahe jeder Straßenecke gesorgt

Borstenvieh und Schweinespeck

Die **ungarische Küche** ist herzhaft und würzig, aber fett und schwer verdaulich. Fleisch, Schweineschmalz, Zwiebel, Paprika, Sauerrahm und Mehlschwitze bestimmen den Speisezettel. Angst vor der Schärfe des Paprika ist aber unbegründet; meistens werden Delikatess- oder milde Edelsüßsorten verwendet. Wirklich scharf ist nur der kleine, getrocknete Kirschpaprika.

Bekannteste Spezialität ist **Gulyás**, die Suppe des Rinderhirten, aus kleingewürfeltem Rindfleisch, Zwiebeln, Gewürzen, Kartoffeln und kleinen Teigwaren (Zupfnockerl, Tarhonya). Im Kessel serviert heißt es **Bográcgulyás**. Das Gulasch der Wiener Küche heißt in Ungarn **Pörkölt**. Zubereitet wird es aus gedünstetem Fleisch vom Rind (Marha), Kalb (Borjú), Schwein (Sertés), Huhn (Csirke), seltener aus Hammeln oder Kaldaunen, dazu viel Zwiebeln und Gewürzen. Wird noch Sauerrahm eingerührt, heißt das Gericht **Paprikasch**. Besonders beliebt ist Hühner-Paprikasch mit Nockerl. Székelygulyás entspricht dem Szegediner Gulasch (Schweinsgulasch mit Sauerkraut) der Wiener Küche.

Lecsó (Letscho) besteht aus gedünsteten Paprikaschoten, Tomaten und Zwiebeln, manchmal noch angereichert mit Wurst, **Töltött paprika** heißen gedünstete Tomaten mit Fleischfülle, **Töltött káposzta** ist gefülltes Kraut (Weißkohlroulade).

Nicht nur bei den traditionellen Weinfesten geht es hoch her

Schokolade übergossen und flambiert. *Gesztenyepüré* (Kastanienreis), *Dobos-Torte* und die nach dem ›Zigeunerprimas‹ *Rigó Jancsi* benannte Pariser Creme sind weitere Köstlichkeiten.

Getränke

Den Anbau von **Wein** *(Bor)* haben die Römer eingeführt. ›König der Weine und Wein der Könige‹ ist der **Tokajer** in den Sorten Tokaji Aszú (Ausbruch), Tokaji Szamorodni und Tokaji Furmint. Ausgezeichnete *Weißweine* gedeihen am Balaton (Badacsony, Csopak, Somló), um Eger, Gyöngyös am Mátra-Gebirge, bei Mór am Vértes-Gebirge und im Mecsek-Gebiet um Pécs. *Rotweine* kommen aus Eger (Egri Bikavér/Erlauer Stierblut), Sopron (Kékfrankos/Blaufränkischer), Szekszárd und Villányi-Siklós (Kadarka).

Obstbranntwein (*Pálinka*) wird vor und nach dem Essen getrunken, etwa *Barackpálinka* (Marillenschnaps) und *Cseresznyepálinka* (Kirschenschnaps). **Kaffee** (*Kávé*) wird sehr viel und stets schwarz (*Fekete*) – also ähnlich dem türkischen Mokka – getrunken. **Bier** (*Sör*) erfreut sich wachsender Beliebtheit.

Trinkgelder in Höhe von 10–15 % sind in den Restaurants allgemein üblich.

Feste und Feiern

Feiertage

1. Januar (Neujahr), 15. März (Nationalfeiertag), Ostermontag, 1. Mai (Tag der Arbeit), Pfingstmontag, 20. August (Fest des hl. Stephan und Tag der Verfassung), 23. Oktober (Tag der Republik), 1. November (Allerheiligen), 25./26. Dezember (Weihnachten)

Feste

Traditionelle Tänze und Bräuche werden liebevoll gepflegt. Im Sárköz südlich von Szekszárd [Nr. 39] legen die Frauen ihre schönsten Trachten zu Festtagen und Nationalfeiertagen an; für die Touristen glänzt der *Csikós* (Pferdehirt) werbewirksam in der traditionellen Tracht mit blauer Leinenhose, weißem Hemd, schwarzer Weste und einem langen bestickten Filzmantel. Piroschka-Fahrten und Piroschka-Feste in der Hortobágy-Puszta [Nr. 82], Reiterspiele oder Freilichtspiele, farbenprächtige Jahrmärkte und Kulturveranstaltungen rund um den Balaton erfreuen sich größter Beliebtheit. In der Industriestadt Miskolc [Nr. 64] findet während des ›Miskolcer Sommers‹ ein Festival der Folkloremusik statt, das einen willkommenen Kontrast zu den Folkloreshows (›Zigeunermusik‹) in den großen Budapester Hotels bietet.

Ende Februar

Busójárás-Maskenumzug in Mohács [Nr. 36]

März/April

Osterfest in Hollókő [Nr. 56]

Mai

St. Urban-Weinfest in Hajós bei Kalocsa [Nr. 75]

Juni

Hirten- und Reitertage in Kleinkumanien, Apaj-Puszta. Jahrmarkt in der Őrség [Nr. 14], Őriszentpéter

Juli

Kirmes am St. Anna-Tag in Szeged [Nr. 80], **Reiterfest** in der Hortobágy-Puszta [Nr. 82], **Annen-Ball** in Balatonfüred [Nr. 24]

August

Árpád-Feier in Ópusztaszer [Nr. 79]

20. August

St. Stephanstag in Budapest [Nr. 47], Pécsvárad.

20.–22. August

Brücken-Kirmes in der Hortobágy-Puszta

September

Weinlesefeste in Sopron [Nr. 7] und Kőszeg [Nr. 9]

Klima und Reisezeit

Ungarns Lage im Übergangsbereich zwischen feucht-mildem Westwetter und trockenem Kontinentalklima beschert gegenüber Mitteleuropa länger andauernde, beständige Sonnenscheinzeiten. Die Sommer sind wärmer, die Winter kälter. **Hauptreisezeiten** für *Rundfahrten* sind die Monate April bis Oktober, für *Badeferien* am Balaton Juni bis September, für *Heilbadekuren* das ganze Jahr.

Klimadaten Ungarn

	Budapest	Siófok	Pécs	Debrecen
Januar	1	2	2	0
Februar	4	4	4	3
März	10	10	11	10
April	16	15	16	16
Mai	22	20	21	23
Juni	25	24	24	25
Juli	27	26	27	27
August	28	25	27	26
September	23	21	23	22
Oktober	16	15	16	15
November	8	8	9	8
Dezember	3	3	4	2

(durchschnittliche Tagestemperaturen in °C)

Kultur live

Ungarn setzt auf Kultur-Urlauber. Rund um den Plattensee ist immer etwas los. Auch für Kenner empfehlenswert: der kleine Ort Sümeg, dessen Burg Schauplatz von Freiluft-Aufführungen ist. Im März bringt das ›Budapester Frühlingsfestival‹ den Musik-Tourismus in Schwung und die Staatsoper verlängert für die Gäste ihre Spielzeit. Auch in Kirchen und Palais finden Musikveranstaltungen statt. In den Schlössern, Burgen und Herrenhäusern der Provinz werden meist im Juli und August Konzerte, Theater-und Tanz-Aufführungen geboten. Informationen und Karten erhält man über die örtlichen Tourismusbüros.

Kurorte und Heilbäder

Ungarn hat nicht nur eine alte, sondern eine bis heute lebendige **Bäder-Kultur**. Dem heilkräftigen **Thermal-** und **Kurtourismus** kommt eine wachsende Rolle im Fremdenverkehr zu. Der Staat fördert den Neu- und Ausbau von Thermalbädern, in denen immer mehr Gäste Erholung oder Heilung finden. Besonders beliebt als Kurorte sind nach wie vor Budapest [Nr. 48] und Hévíz [Nr. 28].

So lässt sich's leben: Schachspieler im Budapester Széchenyi-Thermalbad

Die zwischen 20 und 76 °C heißen und an Magnesium, Natrium, Kalzium, Chlor und Sulfat reichen Thermalquellen sind gut gegen Erkrankungen der Gliedmaßen, Rheuma und chronische Gelenkbeschwerden, Gefäßverengungen oder Zyklusstörungen.

Museen

Öffnungszeiten: Eine umfangreiche Liste der ungarischen Museen bietet das Internet unter www.museum.hu.

Im ganzen Land gibt es über 1300 Museen, Galerien sowie kleinere Sammlungen, davon 170 allein in der Hauptstadt. Die historischen Provinzstädte wie Pécs, Sopron, Győr, Kőszeg, Veszprém, Szentendre, Eger, Kecskemét und Debrecen sind mit ihren barocken türkischen, klassizistischen und Jugendstil-Bauten wahre architektonische Freilichtmuseen. Und die *Skanzen*, die Museumsdörfer [z. B. Nr. 49] dokumentieren darüber hinaus Lebensweise und Architektur der traditionellen ungarischen Dörfer.

Nachtleben

Wenn in der Provinz die Lichter ausgehen, hat der Budapester die Wahl zwischen immer neuen Clubs und Discos.

Das Nachtleben konzentriert sich nicht auf einen bestimmten Bezirk und bietet für jeden etwas. In der Hauptstadt, aber auch in der Provinz, gibt es einige Spielkasinos.

Nachtklubs und Discos

Old Man's Music Pub, Akácfa utca 13, Budapest, VII., Tel. 1/250 50 38, tgl. 15–3 Uhr. Livemusik ab 21 Uhr, Blues, Funk, Soul, Country.

Supersonic Technicum, Pacsirtamező utca 41, Budapest, III., Tel. 1/333 40 76. Fr/Sa 21–6 Uhr, Techno und House.

Spielkasino

Budapest [Nr. 48]: Casino Budapest Hilton, im gleichnamigen Hotel; **Győr** [Nr. 3]: Baross Gábor utca 33; **Székesfehérvár** [Nr. 44]: Fő utca 10, im Magyar Király Hotel; **Kecskemét** [Nr. 72]: Kossuth tér 3, neben Hotel Aranyhomok

Sport

Angeln

Ungarns Gewässer zählen zu den fischreichsten Europas. Anglerlizenzen sind zumeist bei Fremdenverkehrsämtern und Reisebüros in der Nähe fischreicher Gewässer erhältlich. Weitere Auskünfte:

Mohosz (Ungarischer Anglerverband), Október 6. utca 20, 1051 Budapest.

Fahrradtouren

Fahrradverleiher gibt es am Plattensee in *Tihany* [Nr. 25] und *Balatonfüred* [Nr. 24], für Bahnreisende auch an bestimmten Bahnhöfen (www.mav.hu). Gruppentouren werden in den Sommermonaten z. B. vom Reisebüro **Ibusz** organisiert.

Jagd

Ungarn besitzt etwa 800 Jagdgebiete mit reichem Bestand an Klein- und Großwild. Anmeldungen und Auskünfte:

Mavad, Úri utca 39, 1014 Budapest.

Reiten

Im Pferdeland Ungarn bieten mehr als 100 Gestüte Gelegenheit zum *Reiterurlaub*, zu Reitkursen und zu mehrtägigen bis zweiwöchigen Reitertouren. Anmeldungen bei **Ibusz** und anderen Reisebüros.

Segeln, Surfen und Wasserski

Der Balaton [Nr. 22] bietet ideale Wassersportbedingungen. Überall am See kann man Sportgeräte leihen und Kurse belegen.

Die **ADAC-Sportschifffahrt** bietet Mitgliedern umfassende wassertouristische Leistungen, Adressen und Informationen z. B. über Charterfirmen, Liegeplätze unter www.adac.de/sportschifffahrt.

Tennis

Tennisplätze gehören zur Ausstattung vieler Hotels der gehobenen Preisklasse. Kurse bietet u. a. das **Hotel Helikon** in Keszthely [Nr. 29] am Plattensee.

Statistik

Lage: Ungarn liegt im mitteleuropäischen Karpatenbecken. Etwa die Hälfte des Staatsgebiets ist Flachland: Alföld, die Große Tiefebene, im Osten und Kisalföld, die Kleine Tiefebene, an der nordwestlichen Grenze. Die beiden wichtigsten Flüsse sind die Donau, die 417 km durch Ungarn fließt, und die 589 km lange Theiß. Ihr Zwischenstromland ist flach, während westlich der Donau das hügelige Transdanubien den Balaton (598 km²), Mitteleuropas größten See, umschließt.

Fläche: 93 030 km². Die längste Nord-Süd-Entfernung beträgt 268 km, von Westen nach Osten sind es maximal 526 km.

Hauptstadt: Budapest (1,7 Mio. Einw.).

Verwaltung und Bevölkerung: Ungarn ist eine Republik (Magyar Köztársaság). Sie besteht aus 19 Komitaten und 23 Städten mit Komitatsrecht. Von den rund 10 Mio. Einwohnern leben 66 % in den Städten. Mehr als 89 % der Bevölkerung sind Magyaren. Dazu kommen Minderheiten von Roma (5%), Deutschen, Rumänen (jeweils etwa 2%), Serben, Slowaken (jeweils 1%), Ruthenen, Jenischen und Kroaten.

Wirtschaft: Mehr als 70 % der ungarischen Gesamtfläche werden landwirtschaftlich genutzt, doch nur rund 6 % der Erwerbstätigen sind in diesem Bereich beschäftigt. Traditionell wichtig sind Gemüse- und Obstanbau sowie Wein- und Schnapsherstellung. An Bodenschätzen werden Bauxit, Braunkohle, Eisen, Mangan, Kupfer und Erdöl gefördert. In der Industrie sind 34 % der arbeitenden Bevölkerung tätig, führend ist der Dienstleistungssektor mit fast 60 %. Der Tourismus gewinnt, vor allem in Budapest und um den Balaton immer mehr an Bedeutung.

Unterkunft

Eine Vielzahl von Übernachtungsmöglichkeiten in Ungarn präsentiert die Website: www.hotels.hu.

Budapest und die Provinzstädte bieten gute und vielfältige Übernachtungsmöglichkeiten: vom **Fünfsternehotel** bis zum Hotel der einfachen Kategorie. In der Vor- und Nachsaison werben auch die großen Hotels mit Sonderangeboten um Gäste. Für Ostern, Pfingsten und die Sommermonate sollte man Zimmer frühzeitig reservieren. Info:

Ibusz Travel, Ferenciek tere 10, V., Budapest, Tel. 1/485 27 65, Fax 1/317 99 97, www.ibusz.hu.

Etwa 40 **Schlosshotels**, Sommerresidenzen und Herrenhäuser (von 650) erwarten den Gast. Die meisten liegen in der Gegend von Pécs [Nr. 37] und in der Nähe der westlichen Grenze bei Sopron [Nr. 7]. Ein ausführlicher Katalog ist beim Ungarischen Tourismusamt erhältlich.

Eine preiswerte Alternative sind **Privatzimmer**, die über das **Ungarische Tourismusamt** [s. S. 127] gebucht werden können oder **Jugendherbergen**, die als Touristenhotels (Touristaszálló A u. B) bezeichnet werden. Eine weitere Möglichkeit, Land und Leute kennen zu lernen, sind die ›Ferien auf dem Lande‹. Info: **Tulpe**, Vilmos Danka, 7292 Högyész, Tel. 74/38 80 92.

Eine Auswahl geprüfter **Campingplätze** bietet der jährlich erscheinende ADAC Camping-Caravaning-Führer (auch auf CD-ROM).

Verkehrsmittel im Land

Bahn

Die Eisenbahnzüge der **Ungarischen Staatsbahnen** (MÁV, www.mav.hu) verlaufen wie die Autobahnen sternförmig auf Budapest zu, das über drei Bahnhöfe mit Metroanschlüssen verfügt.

Zentrale Zugauskunft, Tel. 1/461 54 00

Intern. Zugauskunft, Tel. 1/461 55 00

Bus

Das Autobusnetz ist sehr gut ausgebaut. Buslinien verbinden auch die kleinsten Dörfer regelmäßig mit den nächstgelegenen größeren Ortschaften. Im Sommer werden zu den Touristenzentren **Sonderbusse** eingesetzt. Bei Fahrten über größere Entfernungen sind Kartenreservierungen durch Reisebüros empfehlenswert.

Fähren und Schiffe

Über *Donau* und *Theiß* verkehren an 20 Stellen Flussfähren. An der schmalsten Stelle des *Balaton* pendelt zwischen Tihany und Szántód eine Fähre im 20-Minuten-Takt, tgl. 6.20–24 Uhr in der Haupt-, 6.30–19.30 Uhr in der Nebensaison. Regelmäßige Schiffsverbindungen bestehen auch zwischen anderen Ortschaften am Balaton.

Auskünfte: **Mahart**, Belgrád rakpart, Budapest V., Tel. 1/484 40 05, Fax 1/2 66 42 01, www.mahartpassnave.hu

Metro

Budapest verfügt über eine U-Bahn (Metro) mit drei Linien: M 1 (gelb), M 2 (rot), M 3 (blau). **Fahrscheine** müssen vor Fahrtantritt gekauft und entwertet werden. Sie sind in Trafik Läden und U-Bahnhöfen erhältlich.

Empfehlenswert ist der Erwerb einer **Tageskarte** *(Napi jegy)*, die man an allen Kassen der Budapester Verkehrsbetriebe (BKV) kaufen kann und die am gleichen Tag für alle Fahrten mit dem Stadtbus *(Autóbusz)* oder der Straßenbahn *(Villamos)* sowie dem O-Bus, der U-Bahn und der Vorortbahn HÉV bis zur Stadtgrenze gültig sind.

Mietwagen

In Budapest sind die internationalen Autovermieter vertreten. Für Mitglieder bietet die **ADAC Autovermietung GmbH** günstige Konditionen. Buchungen können in den ADAC Geschäftsstellen oder unter Tel. 018 05/31 81 81 (0,14 €/Min.) erfolgen.

Taxi

Taxis sind preiswert. Die Grundgebühr ist bei den telefonisch bestellten geringer als bei den auf der Straße angehaltenen. Vor Fahrtantritt darauf achten, dass der Taxameter eingeschaltet ist; sonst den Fahrpreis vorher aushandeln.

Sprachführer

Ungarisch für die Reise

Das Wichtigste in Kürze

Ja/Nein	*Igen/Nem*
Bitte/Danke	*Kérem/Köszönöm*
Bitte (anbietend)	*Tessék*
In Ordnung!/ Einverstanden!	*Rendben!/Jó!*
Entschuldigung!	*Bocsánat!*
Wie bitte?	*Kérem?*
Ich verstehe Sie nicht.	*Nem értem.*
Ich spreche nur wenig Ungarisch.	*Csak keveset tudok magyarul.*
Können Sie mir bitte helfen?	*Segitene nekem?*
Das gefällt mir (nicht).	*Ez (nem) tetszik nekem.*
Ich möchte ...	*Szeretnék ...*
Haben Sie ...?	*Van Önöknek ...?*
Gibt es ...?	*Van ...?*
Wie viel kostet das?	*Mennyibe kerül?*
Wie teuer ist ...?	*Milyen drága ...?*
Kann ich mit Kreditkarte bezahlen?	*Fizethetek kártyával?*
Wie viel Uhr ist es?	*Hány óra van?*
Guten Morgen!	*Jó reggelt!*
Guten Tag!	*Jó napot!*
Guten Abend!	*Jó estét!*
Gute Nacht!	*Jó éjszakát!*
Hallo!/Grüß dich!	*Halló!/Szervusz!*
Wie ist Ihr Name, bitte?	*Hogy hivják Önt?*
Mein Name ist ...	*Nevem ...*
Wie geht es Ihnen?	*Hogy van?*
Auf Wiedersehen!	*Viszontlátásra!*
Tschüs!	*Szervusz!*
Bis bald!	*Nemsokára!*
Bis morgen!	*Holnapig!*
gestern/heute/morgen	*tegnap/ma/holnap*
am Vormittag/ am Nachmittag	*délelőtt/ délután*
am Abend/ in der Nacht	*este/ éjszaka*
um 1 Uhr/um 2 Uhr ...	*egykor/kettőkor ...*
um Viertel vor 8 / um Viertel nach 8	*háromnegyed nyolc / negyedkilenc*
Minute(n)/Stunde(n)	*perc(ek)/óra, órák*
Tag(e)/Woche(n)	*nap(ok)/hét(hetek)*
Monat(e)/Jahr(e)	*hónap(ok)/év(ek)*

Zahlen

0	*nulla*	19	*tizenkilenc*
1	*egy*	20	*húsz*
2	*kettő*	21	*huszonegy*
3	*három*	22	*huszonkettő*
4	*négy*	30	*harminc*
5	*öt*	40	*negyven*
6	*hat*	50	*ötven*
7	*hét*	60	*hatvan*
8	*nyolc*	70	*hetven*
9	*kilenc*	80	*nyolcvan*
10	*tiz*	90	*kilencven*
11	*tizenegy*	100	*száz*
12	*tizenkettő*	200	*kétszáz*
13	*tizenhárom*	1000	*ezer*
14	*tizennégy*	2000	*kétezer*
15	*tizenöt*	10 000	*tizezer*
16	*tizenhat*	100 000	*százezer*
17	*tizenhét*	1/4	*negyed*
18	*tizennyolc*	1/2	*fél*

Wochentage

Montag	*hétfö*
Dienstag	*kedd*
Mittwoch	*szerda*
Donnerstag	*csütörtök*
Freitag	*péntek*
Samstag	*szombat*
Sonntag	*vasárnap*

Monate

Januar	*január*
Februar	*február*
März	*március*
April	*április*
Mai	*május*
Juni	*június*
Juli	*július*
August	*augusztus*
September	*szeptember*
Oktober	*október*
November	*november*
Dezember	*december*

Maße

Kilometer	*kilométer*
Meter	*méter*
Zentimeter	*centiméter*
Kilogramm	*kiló*
Pfund	*fél kiló*
Gramm	*gramm*
Liter	*liter*

Unterwegs

Nord/Süd/ West/Ost	*észak/dél/ nyugat/kelet*
oben/unten	*fenn/lenn*
geöffnet/geschlossen	*nyitva/zárva*
geradeaus/links/	*egyenest/balra/*

rechts/zurück	*jobbra/vissza*
nah/weit	*közel/messze*
Wie weit ist ...?	*Milyen messze van ...?*
Wo sind die Toiletten?	*Hol a vécé?*
Wo ist die (der) nächste ...	*Hol a legközelebbi ...*
Telefonzelle/ Bank/Polizei/ Geldautomat?	*telefonfülke/ bank/rendőrség/ pénzautomata?*
Bitte, wo ist ...	*Hol van kérem ...*
der Hauptbahnhof/ der Busbahnhof/ die U-Bahn/ der Flughafen?	*az állomás/ a buszállomás/ a földalatti/ a repülőtér?*
Wo finde ich ...	*Hol találok ...*
eine Apotheke/ eine Bäckerei/ Fotoartikel/ ein Kaufhaus/ ein Lebensmittelgeschäft/ den Markt?	*egy patikát/ egy péket/ ofotértet/ egy áruházat/ egy élemiszerüzletet/ a piacot?*
Ist das der Weg/ die Straße nach ...?	*Ez az az út/utca ... felé?*
Ich möchte mit ...	*Szeretnék ...*
dem Zug/dem Bus/ dem Schiff/der Fähre/ dem Flugzeug nach ... fahren.	*vonattal/busszal/ hajóval/komppal/ repülővel ... ba utazni.*
Gilt dieser Preis für Hin- und Rückfahrt?	*Ez oda-vissza szól?*
Wie lange gilt das Ticket?	*Meddig érvényes a jegy?*
Wo ist ...	*Hol van ...*
das Fremdenverkehrsamt/ ein Reisebüro?	*az idegenforgalmi iroda/ egy utazási iroda?*
Ich benötige eine Hotelunterkunft.	*Szükségem lenne egy szállodai szobára.*
Wo kann ich mein Gepäck lassen?	*Hol hagyhatom a csomagom?*
Ich habe meinen Koffer verloren.	*Elvesztettem a böröndömet.*

Polizei

Hier ist mein(e) ...	*Itt a ...*
Pass/ Personalausweis/ Kfz-Schein/ Versicherungskarte.	*útlevelem/ személyi igazolványom/ forgalmi engedélyem/ biztositási lapom.*
Ich fahre nach ... und bleibe ... Tage/Wochen.	*... ba megyek és ... napig/hétig maradok.*
Ich möchte eine Anzeige erstatten.	*Feljelentést szeretnék tenni.*
Man hat mir ...	*Ellopták ...*
Geld/ die Tasche/ die Papiere / die Schlüssel/ den Fotoapparat/ den Koffer/ das Fahrrad gestohlen.	*a pénzemet/ a táskámat/ a papirjaimat/ a kulcsomat/ a fényképzőgépemet/ a bröndömet/ a biciklimet.*
Verständigen Sie bitte das Deutsche Konsulat.	*Kérem értesitsék a Német Követséget.*

Freizeit

Ich möchte ein ...	*Szeretnék egy ...*
Fahrrad/ Mountainbike/ Motorrad/ Surfbrett/ Pferd mieten.	*biciklit/ mountainbikot/ motorkerékpárt/ szörflécet/ lovat bérelni.*
Gibt es ein(en) ...	*Van egy ...*
Freizeitpark/Freibad/ Golfplatz in der Nähe?	*park/uszoda/ golfpálya a közelben?*
Wo ist die (der) nächste Bademöglichkeit/ Strand?	*Hol a legközelebbi/ fürdőlehetőség uszoda?*
Wann hat ... geöffnet?	*Mikor van a ... nyitva?*

Bank, Post, Telefon

Ich möchte Geld wechseln.	*Pénzt szeretnék átváltani.*
Brauchen Sie meinen Ausweis?	*Kéri az igazolványomat?*
Wo soll ich unterschreiben?	*Hol irjam alá?*
Ich möchte eine Telefonverbindung.	*Kérek egy telefonkapcsolatot.*
Wie lautet die Vorwahl für ...?	*Melyik a ... körzeti hivószáma?*

Hinweise zur Aussprache

a	dunkler, geschlossener Laut, zwischen dem deutschen a und o
á	langes a
c	z
cs	tsch
e	wie ein kurzes, offenes e in Ärger
é	langes e
gy	dj
í	langes i
ly	j
ny	nj, wie in Cognac
ó	langes o (ő: langes ö)
s	sch
sz	ß
ty	tj
ú	langes u (ű: langes ü)
v	w
z	s wie in Rose
zs	j wie in Journal

Wo gibt es ... Telefonkarten/ Briefmarken? — *Hol lehet kapni ... telefonkártyát/ bélyeget?*

Tankstelle

Wo ist die nächste Tankstelle? — *Hol a legközelebbi benzinkut?*
Ich möchte ... Liter ... Super/ Diesel/ bleifrei. — *Kérek ... liter ... szupert/ gázolajat/ ólommentest.*
Volltanken, bitte! — *Tele kérem!*
Bitte prüfen Sie ... den Reifendruck/ den Ölstand/ den Wasserstand/ das Wasser für die Scheibenwischanlage / die Batterie. — *Kérem ellenörizze ... a levegöt a gumikban/ az olajat/ a hűtővizet az ablaktörlővizet/ az akkut.*
Würden Sie bitte ... den Ölwechsel vornehmen/ — *Elintézné az olajcserét?*
den Radwechsel vornehmen/ — *Kicserélné a gumikat?*
die Sicherung austauschen/ — *Kicserélné a biztositékokat?*
die Zündkerzen erneuern/ nachstellen? — *Kérek új gyujtó gyertyákat/ a beállításukat?*

Panne

Ich habe eine Panne. — *Ledöglött a kocsim.*
Der Motor startet nicht. — *Nem indul a motor.*
Ich habe die Schlüssel im Wagen gelassen. — *Bennhagytam a kulcsom a kocsiban.*
Ich habe kein Benzin/ Diesel. — *Kifogyott a benzinem/ a gázolajam.*
Gibt es hier in der Nähe eine Werkstatt? — *Van itt a közelben egy javitómühely?*
Können Sie meinen Wagen abschleppen? — *El tudja szállitani a kocsimat?*
Können Sie mir einen Abschleppwagen schicken? — *Tudna nekem egy vontatókocsit küldeni?*
Können Sie den Wagen reparieren? — *Meg tudná javitani a kocsimat?*
Bis wann? — *Meddig tartana?*

Mietwagen

Ich möchte ein Auto mieten. — *Bérelni szeretnék egy autót.*
Was kostet die Miete ... pro Tag/pro Woche mit unbegrenzter km-Zahl/ mit Kasko-versicherung/ mit Kaution? — *Mennyibe kerül a bérlet ... egy napra/egy hétre határozatlan km-számmal/ casco-biztositással/ letéttel?*
Wo kann ich den Wagen zurückgeben? — *Hol adhatom le a kocsit?*

Unfall

Hilfe! — *Segitség!*
Achtung!/Vorsicht! — *Figyelem!/Vigyázat!*
Rufen Sie bitte schnell ... den Krankenwagen/ die Polizei/ die Feuerwehr. — *Kérem hivja gyorsan ... a mentőt/ a rendőrséget/ a tűzoltókat.*
Es war (nicht) meine Schuld. — *(Nem) én okoztam.*
Geben Sie mir bitte Ihren Namen und Ihre Adresse. — *Adja meg a nevét és a cimét.*
Ich brauche die Angaben zu Ihrer Autoversicherung. — *Szükségem lenne az Ön autóbiztositási adataira.*

Krankheit

Können Sie mir einen guten Deutsch sprechenden Arzt/ Zahnarzt empfehlen? — *Tudna nekem egy jó németül beszélő orvost/ fogorvost ajánlani?*
Wann hat er Sprechstunde? — *Mikor rendel?*
Wo ist die nächste Apotheke? — *Hol a legközelebbi patika?*
Ich brauche ein Mittel gegen ... Durchfall/ Halsschmerzen/ Fieber/ Insektenstiche/ Verstopfung/ Zahnschmerzen. — *Szükségem lenne egy gyógyszerre ... hasmenés/ torokfájás/ lázcsillapitóra/ rovarcsipés/ szorulás / fogfájás ... ellen.*

Hotel

Können Sie mir bitte ein Hotel/ eine Pension empfehlen? — *Tudna kérem egy szállodát/ egy penziót ajánlani?*
Ich habe bei Ihnen ein Zimmer reserviert. — *Önöknél rendeltem egy szobát.*
Haben Sie ... ein Einzelzimmer/ ein Doppelzimmer ... — *Kaphatok ... egy egyágyas/ egy kétágyas szobát ...*
mit Bad/ mit Dusche/ für eine Nacht/ für eine Woche? — *fürdőszobával/ tusolóval/ egy éjszakára/ egy hétre?*
Was kostet das Zimmer ... mit Frühstück/ mit Halbpension/ mit Vollpension? — *Mennyibe kerül a szoba ... reggelivel/ félellátással/ teljes ellátással?*
Wie lange gibt es Frühstück? — *Meddig lehet reggelizni?*
Ich möchte um ... geweckt werden. — *Ébresztést kérek ... órakor.*

Wie ist hier die Stromspannung?	*Milyen magas az áramfeszültség?*
Ich reise heute Abend/ morgen früh ab.	*Ma este/holnap reggel elutazom.*
Haben Sie ein Faxgerät/ einen Hotelsafe?	*Van Fax-készülékük/ szállodai biztonsági széfjük?*
Nehmen Sie Kreditkarten an?	*Elfogadnak hitelkártyát?*
Kann ich Geld wechseln?	*Átválthatok pénzt?*

Restaurant

Wo gibt es ein gutes/ ein günstiges Restaurant?	*Hol van egy jó/ előnyös árú étterem?*
Die Speisekarte/ Getränkekarte bitte.	*Kérem az étlapot/ itallapot.*
Welches Gericht können Sie besonders empfehlen?	*Melyik ételt tudná különösen ajánlani?*
Ich möchte das Tagesgericht/ das Menü (zu ...).	*Napi ajánlatukat/ menüt (...) kérem szépen.*
Ich möchte nur eine Kleinigkeit essen.	*Csak egy keveset szeretnék enni.*
Gibt es vegetarische Gerichte?	*Lehet hústalan ételt kapni?*
Haben Sie offenen Wein?	*Kaphatok kimért bort?*
Welche alkoholfreien Getränke haben Sie?	*Milyen alkoholmentes italaik vannak?*
Haben Sie Mineralwasser mit/ ohne Kohlensäure?	*Van ásványvizük szénsavval/ szénsav nélkül?*
Das Steak bitte englisch/medium.	*A bélszint kérem angol módra/ közepesre sütve.*
Können Sie mir bitte ... ein Messer/ eine Gabel/ einen Löffel geben?	*Kaphatnék ... egy kést/ egy villát/ egy kanalat?*
Darf man rauchen?	*Szabad dohányozni?*
Die Rechnung, bitte!/ Bezahlen, bitte!	*Kérem a számlát!/ Fizetni szeretnék!*

Essen und Trinken

Ananas	*ananász*
Apfel	*alma*
Apfelsine	*narancs*
Aubergine	*padlizsán*
Banane	*banán*
Bier	*sör*
Birne	*körte*
Braten	*sült*
Bratwurst	*sült kolbász*
Brot/Brötchen	*kenyér/zsemle*
Butter	*vaj*
Ei	*tojás*
Eiergraupen	*tarhonya*
Eintopf	*egytál*
Eiscreme	*fagylalt*
Erdbeere	*eper*
Espresso	*fekete*
Espresso mit einem Schuss Milch	*feketekávé kis tejjel*
Essig	*ecet*
Fisch	*hal*
Fischsuppe	*halászlé*
Flasche	*üveg*
Fleisch	*hús*
Fruchtsaft	*gyümölcslé*
Frühstück	*reggeli*
Gänsekeule	*libacomb*
Geflügel	*baromfi*
Gemüse	*zöldség*
Glas	*üveg*
Gulasch	*pörkölt*
Gurke	*uborka*
Hörnchen	*kifli*
Huhn	*csirke*
Hummer	*rák*
Käse	*sajt*
Kalb	*borjú*
Kartoffeln	*krumpli*
Kirschen	*cseresznye*
Kokosnuss	*kókuszdió*
Krug/Karaffe	*kanna/kancsó*
Lamm	*bárány*
Meeresfrüchte	*tengeri halak*
Milch	*tej*
Milchkaffee	*tejeskávé*
Mineralwasser	*ásványviz*
Nachspeisen	*desszertek*
Öl	*olaj*
Oliven	*olajbogyó*
Orangensaft	*narancslé*
Palatschinken	*hortobágyi palacsinta*
Pampelmuse	*grapefruit*
Pfeffer	*bors*
Pflaumen	*szilva*
Pilze	*gomba*
Reis	*rizs*
Rindfleisch	*marhahús*
Salat	*saláta*
Salz	*só*
Schinken	*sonka*
Schnaps	*pálinka*
Schweinefleisch	*disznóhús*
Süßigkeiten	*édesség*
Suppe	*leves*
Tee	*tea*
Thunfisch	*tonhal*
Tomaten	*paradicsom*
Vorspeisen	*előétel*
Wachtel	*fürj*
Wassermelone	*görög dinnye*
Wein	*bor*
Weiß-/	*fehérbor*
Rot-/	*vörösbor*
Rosé-Wein	*rozé bor*
Weintrauben	*szőlő*
Zucker	*cukor*

ADAC Reiseführer – die besten, die wir je gemacht haben.

144 bzw. 192 Seiten, je Band 6,50 € (D), 6,70 € (A), 12,– sFr.

Ägypten
Algarve
Allgäu
Amsterdam
Andalusien
Australien
Bali & Lombok
Baltikum
Barcelona
Berlin
Bodensee
Brandenburg
Brasilien
Bretagne
Budapest
Bulg. Schwarzmeerküste
Burgund
City Guide Deutschland
City Guide Germany
Costa Brava & Costa Daurada
Côte d'Azur
Dänemark
Dominikanische Republik
Dresden
Dubai, Vereinigte Arabische Emirate, Oman
Elsass
Emilia Romagna
Florenz
Florida
Franz. Atlantikküste
Fuerteventura
Gardasee
Golf von Neapel
Gran Canaria
Hamburg
Harz
Hongkong & Macau
Ibiza & Formentera
Irland
Israel
Italienische Adria
Italienische Riviera
Jamaika
Kalifornien
Kanada – Der Osten
Kanada – Der Westen
Karibik
Kenia
Korfu & Ionische Inseln
Kreta
Kuba
Kroatische Küste – Dalmatien
Kroatische Küste – Istrien & Kvarner Golf
Kykladen
Lanzarote
Leipzig
London
Madeira
Mallorca
Malta
Marokko
Mauritius & Rodrigues
Mecklenburg-Vorpommern
Mexiko
München
Neuengland
Neuseeland
New York
Niederlande
Norwegen
Oberbayern
Österreich
Paris
Peloponnes
Piemont, Lombardei, Valle d'Aosta
Polen
Portugal
Prag
Provence
Rhodos
Rom
Rügen, Hiddensee, Stralsund
Salzburg
Sardinien
Schleswig-Holstein
Schottland
Schwarzwald
Schweden
Schweiz
Sizilien
Spanien
St. Petersburg
Südafrika
Südengland
Südtirol
Sylt
Teneriffa
Tessin
Thailand
Toskana
Türkei – Südküste
Türkei – Westküste
Tunesien
Umbrien
Ungarn
USA – Südstaaten
USA – Südwest
Usedom
Venedig
Venetien & Friaul
Wien
Zypern

Weitere Titel in Vorbereitung.

ADAC Reiseführer Jubiläumsbände – Maxi-Umfang! Mini-Preis!

348 bzw. 450 Seiten, je Band 9,95 € (D), 10,25 € (A), 17,50 sFr.

Deutschland
Freizeitparadies Alpen
Italien

ADAC Reiseführer plus – Top-Reiseführer mit perfekten Urlaubskarten.

144 bzw. 192 Seiten, je Band 8,95 € (D), 9,20 € (A), 16,80 sFr.

Ägypten
Allgäu
Amsterdam
Andalusien
Australien 8/2008
Baltikum
Barcelona
Berlin
Berlin (engl.)
Bodensee
Brandenburg
Budapest
Côte d'Azur
Dänemark
Deutschland – Die schönsten Autotouren
Dresden
Dubai 8/2008
Elsass 8/2008
Französische Atlantikküste
Fuerteventura
Gardasee
Gran Canaria
Golf von Neapel
Hamburg
Harz
Irland
Italienische Adria
Italienische Riviera
Kanada – Der Westen
Kanada – Der Osten
Kenia
Korfu/Ionische Inseln
Kreta
Kuba
Kroatische Küste – Dalmatien
Kroatische Küste – Istrien & Kvarner Golf
Leipzig
London
Madeira
Mallorca
Malta
Mecklenburg-Vorpommern
München
New York
Norwegen
Oberbayern
Österreich
Paris
Polen
Portugal
Prag
Rhodos
Rom
Rügen, Hiddensee, Stralsund
Salzburg
Sardinien
Schleswig-Holstein
Schwarzwald
Schweden
Schweiz
Sizilien
St. Petersburg
Südtirol
Südengland
Sylt
Teneriffa
Thailand 8/2008
Toskana
Tunesien
Türkei – Südküste
Türkei – Westküste
Usedom
Venedig
Wien
Zypern

Weitere Titel in Vorbereitung.

ADAC Reiseführer Audio – umfassende Information und einzigartiges Hörerlebnis.

144 bzw. 192 Seiten, mit TourSet auf CD, 9,95 € (D), 10,25 € (A), 17,50 sFr.

Barcelona 8/2008
Berlin
Dresden
Hamburg
London 8/2008
München
New York 8/2008
Paris 8/2008
Rom
Wien

Weitere Titel in Vorbereitung.

Register

Impressum

Redaktionsleitung: Dr. Dagmar Walden
Lektorat und Bildredaktion: Dr. Dagmar Walden, Elisabeth Schnurrer
Aktualisierung: Renate Nöldeke, München
Karten: Huber Kartographie, München
Herstellung: Martina Baur
Druck, Bindung: Offizin Andersen Nexö, Leipzig

Printed in Germany

Ansprechpartner für den Anzeigenverkauf: Kommunalverlag, München

ISBN 978-3-89905-520-7

Gedruckt auf chlorfrei gebleichtem Papier

Neu bearbeitete Auflage 2008

Bildnachweis

Umschlag-Vorderseite: Bauernhof in der Székkutas-Puszta. Foto: János Stekovics, Dößel

Titelseite
Oben: Budapester Panorama mit Burghügel (Wh. von S. 74/75)
Mitte: Jugendstilzauber in Kiskunfélegyháza (Wh. von S. 16/17)
Unten: Grüne Rebenlandschaft am Plattensee (Wh. von S. 51)

BAVARIA, Gauting: 29 (Hardenberg), 33 (Kanus), 49 (Hubert Manfred), 97, 112 oben (Peter Irish), 115 oben (Tibor Bognar) – Bilderberg, Hamburg: 109 unten, 126 oben rechts (Karol Kallay) – Ralf Freyer, Freiburg: 59, 61, 62 oben – Ladislav Janicek, München: 5 rechts, 6 unten rechts, 7, 10/11 Mitte, 11 unten, 72 unten, 74/75, 76, 77, 81, 83, 84, 87, 119 unten, 126 Mitte, 130, 131 – Magyar Képek, Budapest: 40 – Joachim Negwer, Hamburg: 5 links, 6 oben und unten links, 8 unten, 10 links oben und unten, 44 oben, 46 unten, 50 unten, 52, 93, 116, 118 oben, 126 oben links und unten rechts – Horst Schmeck, Köln: 8 oben, 9 (2), 10 rechts oben, 11 oben, 16/17, 19 (2), 21 unten, 22 (2), 23, 24 (2), 25, 26, 28, 30 (2), 32, 34 (2), 35 (2), 36, 37 (2), 38, 39, 41, 42, 43 (2), 44 unten, 45 (2), 47, 48 (2), 50 oben, 51, 53, 54 oben, 55, 56 (2), 57, 62 unten, 63, 64, 65, 66, 67, 69 (2), 70, 71, 72 oben, 88, 89, 94, 95, 96 (2), 98, 99, 100, 101 (2), 102, 103 (2), 105, 106, 107, 108 (2), 109 oben, 110, 111, 112 Mitte und unten, 114, 115 unten, 117, 118 unten, 119 oben, 120, 121, 122, 123 (2), 124, 125, 126 unten links, 132, 133 – Süddeutscher Verlag Bilderdienst, München: 12, 13, 14 (2), 15 (4), 54 unten, 90 – Ullstein Bilderdienst, Berlin: 21 oben (Hain) – ZEFA, Düsseldorf: 8 Mitte (N. N.)